Matthias Hirthe

DODOS IM WELTALL

Schräge Vögel auf Sternenreise

Ein satierischer Roman

Verlagsportal: Bookmundo Direct

ISBN: 978-9-403-67781-1

Die Deutsche Nationalbibliothek verzeichnet diese Publikation in der Deutschen Nationalbibliografie.

Inhalt

Prolog

»Huhu, ich bin ein Dodo«, begrüßte im Jahr 1507 ein blauäugiger Dodo den ersten Seefahrer, der auf Mauritius an Land ging. »Wer bist denn du und was willst du hier? Und warum starrst du die ganze Zeit auf meinen dicken Hintern? *Fleisch?* Ich sehe nirgendwo Fleisch. Wir sind alle Vegetarier, hihi.«

Es war eine verhängnisvolle Begegnung, denn seien wir mal ehrlich: Ein hungriger Seefahrer erkannte in einem Dodo nur Geflügel, das freiwillig auf ihn zu watschelte und nicht davonfliegen konnte. Zugleich war es der Anfang vom Ende für die flugunfähigen Vögel.

In den folgenden Jahrzehnten erreichten immer mehr Segelschiffe die Insel, doch die Dodos blieben zutraulich und empfingen die Besucher mit offenen Flügelchen, wie es sich für großartige Gastgeber gehörte. Als Dank für ihren Glauben an das Gute im Menschen landeten die schrulligen Vögel entweder im Kochtopf oder auf dem Grill.

Und so geschah es, dass die Dodos bereits um das Jahr 1690 (auf der Erde) ausstarben. Ihr Ende wirkt umso tragischer, wenn man bedenkt, dass sie einst in einer fortschrittlichen und hochmodernen Gesellschaft gelebt hatten ...

Kapitel 1: Paradiesvögel

Erde, Mauritius, im Jahre 1313.

Kurz vor Mitternacht saßen zweihundert Dodos auf dem Dach eines halb verfallenen Gebäudes, das vor geraumer Zeit, als Dodos noch Geld benutzt hatten, einmal das Finanzamt gewesen war. In dem Getümmel befanden sich auch Dirk und Krummschnabel, zwei Freunde seit Kükentagen.

»Vier, drei, zwo, eins …«, rief Dirk mit seinen Artgenossen, bevor ein farbenfrohes Feuerwerk den Nachthimmel erhellte. *Das Jahr der fiesen Enten* war soeben angebrochen, und so viel sei verraten: Je absurder ein Jahresname klang, desto genauer sagte er die Zukunft voraus.

»Na, sieh an«, sagte Krummschnabel. »Das Feuerwerk könnte kaum schöner sein.«

»Jo«, erwiderte Dirk freudlos. »Is' aber irgendwie jedes Jahr dasselbe.«

Drei Dodos hatten sich in der Mitte des alten Daches aufgerichtet, um das Feuerwerk besser betrachten zu können. Einer von ihnen begann vergnügt herumzuhüpfen, bis er und seine beiden Begleiter durch das Dach krachten und auf fünfzigtausend vergilbten Steuerbescheiden landeten.

»Was für Deppen«, kommentierte Dirk.

»Ein Loch im Dach ist etwas Neues«, sagte Krummschnabel fröhlich. »Da hast du deine Abwechslung.«

Dirk und Krummschnabel hätten unterschiedlicher kaum sein können, wenn man einmal von den langen Hakenschnäbeln und stämmigen Körpern absah, mit denen alle Dodos durchs Leben schritten. Es war nicht schwer, sich die Freunde wie zwei Seiten einer Medaille vorzustellen. Auf der glänzenden Seite entdeckte man

Krummschnabel, einen der klügsten Köpfe auf Mauritius, den Dodo-Frauen wegen seines Einfallsreichtums anhimmelten. Als Architekt und Ingenieur konnte er nahezu alles bauen, was er sich vorstellte – weshalb die Dodo-Männer ihn misstrauisch beäugten.

Die rostige Kehrseite der Medaille gehörte Dirk, einem ganz und gar durchschnittlichen Dodo, der gelangweilt vor sich hin lebte. Wie der Großteil der Bevölkerung hatte er weder eine Arbeit noch eine Aufgabe, weil es im Schlaraffenland Mauritius kaum etwas zu tun gab. Auf der Insel musste sich niemand sein Futter verdienen, zumal Früchte und Pilze im Überfluss vorhanden waren. Darum lagen die meisten Bewohner tagein, tagaus am Strand und schlugen sich die Bäuche mit Obstsalat voll.

Ein furchtbar öder Zeitvertreib, fand Dirk, der seinen Alltag seit Jahren anders gestaltete. Er besuchte den Strand nur noch jeden zweiten Tag und verbrachte die restliche Zeit in seiner Hütte, um sich Talkshows im Fernsehen anzuschauen.

Krummschnabels Blick wanderte vom Feuerwerk zu seinem Freund. »Du siehst betrübt aus, Dirk. Ist alles in Ordnung mit dir?«

Krummschnabel hob sich auch äußerlich von der Masse ab wie kein zweiter Dodo. Wer ihn sah, staunte Bauklötze über seinen roten Irokesenschnitt, der ihm vom Kopf bis zu den Schwanzfedern reichte. Seine Mitbürger waren bereits Riesenvögel, einen stolzen Meter groß, doch er überragte sie dank seiner Frisur noch um dreißig Zentimeter. Nebenbei hatte er sich, um sein Aussehen abzurunden, ein Piercing durch seinen Schnabel stechen lassen.

»Ja, alles bestens«, antwortete Dirk ausweichend. Es war die häufigste Lüge im Universum. »Kiek mal, die Rakete is' goldfarben«, fügte er leise hinzu. »Sieht aus wie ein neues Sternbild.«

Dirk war in dieser Nacht tatsächlich niedergeschlagen, und er schob die Schuld auf seinen Mittagsschlaf. Er war nach dem Mittagessen auf dem Sofa eingeschlummert (im Fernsehen lief ein Vogelquiz) und hatte geträumt, fliegen zu können. Nach einem kleinen Ausflug zur Nachbarinsel Réunion hatte er sich auf einer Wolke niedergelassen, die Füße hochgelegt und Gänse zu sich eingeladen. Kurz darauf hatten die Gänse ihn gefragt, warum seine Wolke nicht wie Zuckerwatte, sondern nach Wassertropfen schmeckte, und er war verwirrt aus seinem schönen Traum erwacht.

Während sich das Raketenfeuerwerk am Nachthimmel unermüdlich fortsetzte, dachte Dirk an seine Urahnen aus grauer Vorzeit. Er dachte an den Schock, den sie erlitten hatten, als sie plötzlich an die Erde gebunden waren.

Die Dodos mussten das Fliegen schon vor Jahrtausenden aufgeben, nachdem die Evolution ihre Flügel geschrumpft hatte. Sie waren mit dicken Hintern entschädigt worden und wollten diese wieder gegen ihre großen Flügel eintauschen, aber die Evolution fand ihren Anblick zu ulkig und lehnte ab.

Zum Henker mit der Evolution!, dachte Dirk. *Wenn meine Artgenossen nich' mehr vom Fliegen träumen, warum tu' ich es dann noch?*

»Geht es dir wirklich gut?«, fragte Krummschnabel erneut.

Dirk nickte nur. Bereits in der Schulzeit hatte er sich vorgestellt, fliegen zu können, es jedoch für sich behalten, um nicht ausgelacht zu werden. Es galt einfach nicht als modern, sich von seinen Urinstinkten aus der Flugbahn ... aus der Bahn werfen zu lassen. Dass er nun beim Mittagsschlaf davon geträumt hatte, machte es nicht leichter. Ganz im Gegenteil. Im Traum wirkte alles real und zum Greifen nah.

Dirk war natürlich bewusst, dass sich sein sehnlichster Wunsch nicht erfüllen würde. Zwar wäre der Bau eines Flugdingsbums ... Flugapparats ... Flugzeugs, oder wie auch immer man es am Ende genannt hätte, technisch möglich gewesen, aber er besaß weiterhin seinen Vogelstolz und wollte seine Flügel benutzen.

Krummschnabel konnte sich nicht erklären, warum Dirk so bedröppelt aus den Federn schaute, also versuchte er, ihn abzulenken.

»Hast du Papa und Gei schon irgendwo am Himmel erkannt?«, fragte Krummschnabel.

»Nö«, antwortete Dirk. »Es is' zu dunkel. Ich seh' bloß die Umrisse von Papageien, wenn die Raketen explodieren.«

Die Dodos hielten sich kleine grüne Papageien als Haustiere, die an einem Sonntagabend mal schnell zur Apotheke fliegen konnten. Im Großen und Ganzen benahmen sich die Mauritiussittiche aber wie Katzen: Sie waren stur und machten alles, was sie wollten, doch nie das, was sie sollten. Im Moment vergnügten sie sich mit *Kurve kratzen*, einem Extremsport, den sie nur zum Jahreswechsel ausübten. Der Ablauf des Sports war denkbar einfach: Drei Papageien ritten auf einer Feuerwerksrakete den Nachthimmel hinauf, um im letzten Augenblick vor der Explosion die Kurve zu kratzen. Wer als letztes absprang *und* überlebte, gewann seine Runde. Tote Sieger waren nicht gestattet.

Mehrere tausend Papageien (größtenteils unverheiratete Männchen) beteiligten sich an dem Nervenkitzel, der in jeder Neujahrsnacht ein paar Opfer forderte.

Während die Haustiere sich somit prächtig amüsierten, kam bei Dirk keine Feststimmung auf.

»Guck mal«, sagte Krummschnabel, weil er dachte, den Grund für Dirks Laune erkannt zu haben. »Die junge Dame hinter uns scheint allein hier zu sein.«

Aus Neugier drehte Dirk seinen Kopf so beiläufig wie möglich zur Seite, und sein Blick fiel auf eine Artgenossin, die zur feierlichen Stunde ihr blaugraues Federkleid mit ihrem Schnabel putzte. An und für sich war es vollkommen normal, dass ein Dodo sein Gefieder mit seinem Schnabel putzte, doch wer es zum Jahreswechsel in aller Öffentlichkeit tat, langweilte sich mehr als ein Fisch beim Schwimmunterricht.

»Du hast recht, Krummi«, sagte Dirk. »Ich werd' sie mal ansprechen.«

Alle Dodos waren im gleichen Maße unattraktiv, weshalb sie bei der Partnerwahl ausschließlich Wert auf Charakter und Intelligenz legten. Letzteres war jedoch nur selten vorhanden.

»Hey, junge Frau ...«, begann Dirk und lehnte sich zu ihr rüber, aber er musste abbrechen, weil ihr Telefon klingelte.

Die Dodo-Frau hatte eine Sprachnachricht bekommen und unterbrach ihr Putzen. Sie verschwendete keinen Gedanken an Privatsphäre und hörte die Nachricht über den Lautsprecher ab:

»Hey, Isolde. Mir geht's nicht so gut. Ich könnte den Kopf in den Sand stecken. Kannst du rüberkommen? Bring vergorenen Traubensaft mit, wir müssen über Liebe reden.«

»Ich heiße Isolda, nicht Isolde, du dumme Gans!«, schrie die Frau ihr Telefon an.

Dirk blickte zu Krummschnabel und flüsterte: »Nee, ich glaub', mit Isolda würde es nich' so gut passen. Aber die Dame in der Sprachnachricht klang sehr nett.«

Ein paar Sekunden später kamen ihre Papageien angeflogen, da ihnen die Raketen ausgegangen waren.

Das Weibchen, *Papa*, machte es sich auf Dirks Rücken gemütlich. Papa war ein Zwilling und trug ihren ungewöhnlichen Namen deshalb mit Stolz.

Ihr Bruder *Gei* tauchte komplett in Krummschnabels Irokesenschnitt unter.

»Bist du verletzt?«, fragte Krummschnabel ihn.

»Argh? Angesengter Flügel!«, antwortete Gei aus dem

Inneren der Federfrisur. Er klang fast glücklich darüber.

»Und du?«, fragte Dirk die Papageiendame.

Papa schüttelte den Kopf, bis ihr klar wurde, dass Dirk sie auf seinem Rücken gar nicht sehen konnte. »Argh, bin unverletzt«, verkündete sie schließlich.

»Braves Mädchen«, sagte Dirk erfreut.

Sie verließen das Dach über die modrige Treppe, weil der Fahrstuhl im alten Finanzamt außer Betrieb war.

Die Dodos waren trotz des friedlichen Insellebens und ihrer tollen Geräte (wie Geschirrspüler oder vibrierende Massagesessel) nur selten glücklich. Oft jammerten sie über das tropische Klima, das Mauritius erst zu einem zauberhaften und ewigen Paradies gemacht hatte. So behaupteten sie dreist, dass ihnen die heißen Temperaturen allmählich zum Halse heraushingen. Wenn sie dann allerdings vom wohltuenden Regen erfrischt wurden, schimpften sie über das miese Wetter, das ihnen den Strandtag verdarb.

Noch stärker als über Wetter und Klima beklagten sie sich über ihre Partner, die keine Abwechslung in den Alltag brachten, weswegen sie ihnen schweren Herzens den Laufpass gaben. All das waren jedoch nur Vorwände, da sie den wahren Grund für ihren Kummer nicht erkennen wollten. Und darum verwunderte es kaum, dass viele Dodos die Köpfe in den Sand steckten und sie erst wieder rausholten, wenn Doktor Birdex Pert, die bekannteste Psychologin der Insel, im Fernsehen auftrat.

In einem TV-Studio warteten die zweihundert Dodos auf den Zuschauerrängen gespannt auf das Ende der Werbeunterbrechung.

Dr. Birdex Pert, genannt „Birdie“, saß auf einem der beiden Stühle in der Bühnenmitte. Ihr Schnabel wurde gerade von einer Maskenbildnerin gepudert, was sie als sehr unangenehm empfand. Sie versuchte die Maskenbildnerin mit ihrem Flügel zu verscheuchen.

»Li-Ming, hör auf damit!«, forderte Birdie. »Ich bin in zwei Minuten wieder auf Sendung!«

»Nein, Birdie«, erwiderte Li-Ming. »Du musst nach der Werbung genauso schön aussehen wie davor. Weißt du nicht, wie schnell sich Staubmilben vermehren?«

Birdie blinzelte, ehe sie ihre Augenbrauen hob. »Hmm. Staubmilben. Ich bin mir nicht sicher. Ich sollte es vermutlich wissen, aber Staubmilben haben mich nie interessiert. Warum? Wie schnell vermehren sie sich denn?«

»Ich weiß es auch nicht, aber ich bürste weiter über deinen Schnabel für den Fall, dass sie es ganz schnell tun.«

»Hör endlich auf«, sagte Birdie mit Nachdruck, »oder dein Papagei darf nie wieder mit meinem spielen!«

»Haha, guter Witz«, sagte Li-Ming. »Versuch mal, sie daran zu hindern. In Ordnung, ich bin fertig. Viel Spaß.«

Beim Verlassen des Studios stieß die Maskenbildnerin beinahe mit Birdies nächstem Gast an der Tür zusammen.

Der Gast war niemand Geringeres als der Gesundheitsminister. Er setzte sich Birdie gegenüber.

»Hallöchen Bobby«, sagte Birdie. »Hast du mein Interview mit dem charmanten Sektenführer gesehen?«

»Nein, ich war noch mit dem Präsidenten in einer Strandbar«, erwiderte er.

»Warum überrascht mich das nicht?«, murmelte Birdie.

»Wie bitte?«, fragte der Minister.

Birdie räusperte sich kurz, bevor die roten Lichter an den Kameras aufleuchteten.

»Liebe Zuschauer«, sagte sie, »willkommen zurück zur Sendung *Probleme im Paradies – Jammern auf hohem Niveau*. Ich bin eure Gastgeberin und Lieblingspsychologin Dr. Birdex Pert. Als meinen nächsten Gast begrüße ich den Gesundheitsminister. Guten Abend, Minister Bobby.«

»Hallo, Birdie ... Ich meine, Dr. Pert.«

»Schon gut, Bobby«, sagte Birdie. »Schön, dass du hier bist. Heute wollen wir darüber reden, warum wir unglücklich sind, und warum wir es schon immer waren, soweit wir uns zurückerinnern können. Ich glaube, es ist an der Zeit, der Sache auf den Grund zu gehen. Womit wir zu meiner Frage kommen, Bobby. Was ist laut deinem Ministerium der häufigste Grund für unser Elend?«

»Nun, einer der drei Hauptgründe ist die Liebe«, sagte der Gesundheitsminister. »Genauer gesagt, dass es so schwer ist, echte Liebe zu finden. Dann ist da natürlich noch die furchtbare Hitze, ganz zu schweigen von diesem Regen immer! Und wenn ich in den Spiegel schaue, auf meinen Hintern, tja, schön anzusehen ist er nicht gerade. Das sind die Gründe, warum wir unglücklich sind, habe ich recht?«

»Nein, da liegst du völlig falsch«, sagte Birdie unverblümt.

»Ach, wirklich?«, erwiderte der Minister.

»Wir denken, dass wir unglücklich sind, weil wir nicht den richtigen Vogel oder die richtige Vogelfrau finden können«, sagte Birdie, »aber es hat nichts mit unserer Partnersuche zu tun. Und das Klima oder unsere Figurprobleme sind genauso wenig verantwortlich für unsere bedauernswerte Lage. Nein, mein Lieber. Deine Unzufriedenheit – sowie die Unzufriedenheit eines jeden von uns – rührt daher, dass du weißt, wer du bist. Es wird dir immer bewusst sein, *was* du bist.«

Der Gesundheitsminister starrte die Psychologin verwirrt und mit offenem Hakenschnabel an.

»Liebe Birdie«, sagte er bestürzt, »du glaubst also, ich bin am Leid jedes einzelnen Dodos schuld?«

Birdie wunderte sich, dass der Minister ihre Aussage so falsch verstand.

»Wie bitte?«, fragte sie. »Ich habe doch nicht dich allein gemeint, sondern unsere ganze Art. Unser Bewusstsein ist der Grund für unseren Kummer!«

Birdie gehörte zu den rund zehn Prozent der Bevölkerung, die einem Beruf nachgingen, weil sie gebraucht wurden oder ihre Arbeit ihnen einen Sinn im Leben gab. Unter den Berufstätigen waren Techniker, Ärzte, Journalisten oder Betreiber von Strandbars, die das Leben aller Dodos noch entsetzlich luxuriöser machten.

Bevor Birdie fortfuhr, drehte sie sich zur Kamera, um direkt zu den Fernsehzuschauern zu sprechen. Immerhin war sie ein Medienprofi.

»Wir wissen, dass wir die Spitze der Evolution auf diesem Planeten sind«, sagte Birdie, »doch zugleich wissen wir auch, dass wir immer Vögel bleiben werden. Ja, da liegt der Haken. Warum hocken wir auf unserer Insel? Warum wählen wir die totale Abgeschiedenheit von der Außenwelt? Weil wir uns schämen. Au ja! Wir schämen uns dafür, was für Vögel wir sind. Schaut euch eure kleinen, mickrigen Flügel an!«

Die Dodos im Saal rutschten unruhig auf ihren Hintern hin und her. Niemand verstand, was die gute Frau Doktor Neunmalklug sagte. Sie sollte mal nicht so überheblich sein, denn ihre Flügel waren auch nicht größer.

Birdie verdrehte ihre Augen erst, als der Kameramann das tuschelnde Publikum einfing.

Vielleicht sollte ich mir eine andere Aufgabe suchen, dachte sie. Nicht nur aufgrund der geringen Wertschätzung, die sie für ihre Arbeit bekam, sondern auch: *wegen der dummen Vögel, von denen ich umgeben bin!*

Aber noch war es ihre Show, und dazu die Neujahrsausgabe, bei der die Einschaltquoten stets durch die Decke gingen. Mit einem bezaubernden Lächeln blickte Birdie erneut in die Kamera.

»Tut mir leid, meine lieben Zuschauer, ich wollte euch nicht ... überfordern. Ihr habt bestimmt schon einmal den

Namen Dronté Descartes gehört. Descartes lebte vor vierhundert Jahren und obwohl er ein Mann war, hat er tatsächlich *ein* Mal etwas Schlaues gesagt. Nun möchte ich seine Worte wiederholen, damit ihr versteht, warum wir uns schämen. Descartes sagte:

Ich denke, also ... bin ich ... bin ich ... klug? Ich bin, also hab' ich's echt drauf. Ich hab's echt drauf, weil ich ein denkender Vogel bin. Hey, Moment mal ... wenn ich ein Vogel bin, warum zum Geier fliege ich dann nich'? Denken macht voll unglücklich. Ich würde lieber fliegen können.«

Es herrschte eine angespannte Stille, als die einfältigen Dodos die Botschaft verarbeiteten. Sogar der Gesundheitsminister schien sich sein Gehirn zu verrenken. Trotzdem war Birdex Pert sich sicher, dass sie gleich den größten Beifallssturm ihrer Karriere ernten würde.

Weitere Sekunden siedelten aus der Gegenwart in die Vergangenheit über, doch dann, endlich, jubelte das Publikum in einem Vulkanausbruch der Gefühle. Unzählige Dodos sprangen von ihren Sitzen auf und riefen:

»Oh, Descartes! Mein größter Traum war immer das Fliegen!«

»Es war mir immer so peinlich, mit jemandem über meinen Flugwunsch zu reden.«

»Descartes als Präsidenten!«

»Der ist doch tot, oder?«

»Dann eben Descartes als Ex-Präsidenten!«

Birdie seufzte und dachte: *Intelligenz macht voll unglücklich. Ich wäre lieber dumm.*

Zwei Tage später sah Dirk die Wiederholung der Talkshow im Nachtprogramm, während die Frühaufsteherin Papa auf der Klimaanlage döste.

Zunächst konnte Dirk gar nicht glauben, was Birdie im Fernsehen erzählte. Er schlug sein Schnabelgesicht fünfmal gegen das Sofa, um festzustellen, ob er wirklich wach war. Er hatte erfahren, dass seine Mitbürger den gleichen Wunsch vom Fliegen hegten. Das peinliche Schweigen war endlich vorüber.

»Tja, dann liegt's in unsren Genen. Da kann man nix machen«, sagte Dirk erleichtert, weil ihm ein großer Stein vom Herzen gefallen war. Er hatte ein Lächeln auf dem Schnabel, als Birdie ihr Flügelchen hob und ihren Zuschauern zum Abschied winkte.

Nach der Sendung versank er bald in den Schlaf und träumte davon, mit Papa am Himmel zu flattern.

Wann entwickelt sich ein schöner Traum zu einem Albtraum? Für Dirk war es der Augenblick, als dreizehn Enten zu ihm aufschlossen, auf seine Flügel schauten und ihn auslachten.

Er geriet in Panik und schrie: »Ah! Voll blöd!«, als er sah, wie seine Flügel auf ihre normale Größe schrumpften. Die kümmerlichen Flügel, die ein Dodo nun mal hatte.

Dirk fragte die kurze, schmächtige Papa, ob er sich ausnahmsweise mal auf ihren Rücken setzen könnte, doch sie schüttelte sofort den Kopf.

»Dodo *viel* zu schwer«, erklärte sie. »Papagei hundertsiebzig Gramm, Dodo siebzehn Kilo!«

»Fünfzehn Kilo«, log Dirk.

In seiner Verzweiflung wandte er sich an die ungebetenen Gäste.

»Hilfe?«, fragte er die Enten höflich, in der Hoffnung, dass sie ihn vor dem Sturz in den Tod retten würden. Sie lehnten dankend ab, lachten sich schief und zückten ihre Kameras.

Der Abstand zwischen Boden und Dodo verringerte sich rapide, während das Entengelächter immer lauter wurde ... und mit einem schallenden *Rumms!* knallte Dirk auf die Erde.

Er schreckte aus dem Schlaf auf und sprang vom Sofa hoch.

»Nur ein Albtraum«, sagte er und schüttelte sich kurz.

Er lief ins Schlafzimmer, stolperte über den Staubsauger und trat wütend gegen ihn. Er fluchte leise, als er ein zweites Mal gegen den Staubsauger trat, um ihn wieder auszuschalten. Danach legte er sich ins Nest und hatte denselben schönen Traum vom Fliegen, der sich zum Enten-Albtraum entwickelte.

Mit einem malerischen *Wumm!!* krachte er auf den Indischen Ozean.

»Ich hasse Enten«, sagte Dirk nach dem Erwachen. Er drehte sich auf die andere Seite und schloss die Augen erneut.

Bumm!!! donnerte er auf seine alte Grundschule.

Wenigstens hatten die Enten ihren Spaß. Ihr Lachen wurde immer hämischer und gehässiger, und Dirk wurde von Traum zu Traum wütender auf sie, bis er irgendwann mit einem *Kawumm!!!!* auf der Erde aufschlug.

Er war müde, doch die Sonne ging bereits auf.

Bloß nich' noch mal einschlafen, dachte er, *nich' noch einmal denselben Absturz erleben.* Seine Augen fielen trotzdem wieder zu. *Aber diese fiesen Enten!*

Er riss die Augen auf und der Gedanke ließ ihn nicht mehr los. Es war an der Zeit, sich seinen größten Wunsch zu erfüllen.

»Mit den eignen Flügeln durch die Lüfte sausen!«, rief er. »Fliegen, Alter! Fliegen!«

Dirk zwang sein müdes Leib aus dem Bett, weil er etwas tun musste, worin er kaum Erfahrung hatte. Er musste seinen Kopf anstrengen.

»Wie kann ich meinen Traum verwirklichen?«, grübelte er, als er sich vor einen Wandspiegel stellte. »Meine Flügelchen sind das einzige Problemchen. Und wenn ich sie vergrößere? Aber wie? Vielleicht mit gentechnisch veränderten Früchten? Nein, lieber nich'. Wenn was schief geht, mutiere ich zu 'nem Zombie oder – noch schlimmer – zu einer Ente!« Er schüttelte sich bei dem Gedanken. »Das wäre grauenvoll. Es muss 'ne andere Möglichkeit geben. Kann ich mein Gewicht reduzieren?«

Dirk trat dichter an den Spiegel heran und blickte auf seinen Körper. Er fand daran nichts auszusetzen, weder am Bauch noch am Hintern.

»Alles bestens«, sagte er sich. »Ein normaler, runder Körperbau für einen Dodo. Mein Gewicht passt bloß nich' zu diesem Planeten. Ganz genau! Die Schwerkraft is' schuld! Wenn man sie verringern könnte ... ja, das wär' des Rätsels Lösung.«

Und plötzlich fiel es ihm wie Schuppen von den Augen. »Ich muss nur 'nen Planeten mit geringerer Schwerkraft finden, das is' alles!«, sagte er. »Kann ja nich' so schwer sein!«

Kapitel 2: Tausende kleine Lichter

Sechs Tage waren vergangen, seitdem Dirk beschlossen hatte, in einem fernen Sonnensystem, auf einem fremden Planeten, frei wie ein Vogel zu sein. Im Grunde blieb ihm keine Wahl, denn sein Unterbewusstsein stachelte ihn weiter mit Albträumen an, damit er das große Ziel nicht aus den Augen verlor.

An diesem Morgen lag Dirk wieder mit geröteten Augen im Bett. Er hatte gerade eine kleine Überraschung erlebt, weil Flamingos in seinem Traum die Plätze der Enten eingenommen hatten.

Ob nun lachende Enten oder kichernde Flamingos, sein Absturz war so niederschmetternd gewesen wie zuvor.

Was kommt als Nächstes?, fragte er sich in einem Anflug von Verzweiflung, während er die Morgensonne beobachtete. *Eine Schar von Albatrossen? Gänsen? Raupenfängern?*

Es gab viele Vögel, die auf Mauritius lebten oder ab und zu vorbeischauten. Seinem Albtraum blieb somit noch reichlich Auswahl an Darstellern. Doch Dirk war bereit für den Gegenangriff. Morgen Abend fand eine Demonstration zur Rettung des Regenwaldes statt, die für die Faulen sogar im Fernsehen übertragen wurde. Auf der Demo sollte es eine Bühne und ein offenes Mikrofon geben. Jeder, der etwas zum Schutz der Wälder beitragen wollte, durfte dort sprechen. Dirk beabsichtigte, die Bühne für seine eigenen Zwecke auszunutzen und feilte den ganzen Tag an seinem Vortrag. Nach elf Stunden Feinschliff wähnte er sich am Ziel und las sich die Rede gründlich durch. Sie war grottenschlecht, das musste er offen zugeben. Deshalb wollte er sie am nächsten Morgen, nur Stunden vor der Demo, neu schreiben. Er steckte den unbrauchbaren Entwurf in den Reißwolf und schaltete den Fernseher ein.

»Hier ist das Erste Mauritische Fernsehen mit der Dodoschau«, sagte die Nachrichtensprecherin Michelle ausgesprochen lustlos. »Leider gibt es heute wieder keine Neuigkeiten. Es ist überhaupt nichts passiert. Ein weiterer ereignisloser Tag im Inselparadies. Ich wünsche allen einen…« – sie ächzte angewidert vor dem nächsten Wort – »…*traumhaften* Abend. Ach, wisst ihr was? Streicht das „traumhaft“. Ich wünsche euch zur Abwechslung mal einen Abend, den ihr nicht erwartet.«

Dirk grinste. Die unglückliche Nachrichtensprecherin war der Beweis, dass es neben ihm noch andere Dodos gab, die das Leben im Paradies für die Hölle hielten.

»Als Nächstes folgt der Wetterbericht«, sagte Michelle zum Abschluss. »Bena, mein Schnuckelchen. Berichte uns, wie das Wetter heute war.«

Die Wetterberichterstatterin Bena stand an einem dunklen Sandstrand. Warmer Regen prasselte auf ihr Federkleid.

»Gerne, Michelle!«, sagte sie fröhlich. »Bei heißen 31 Grad verbrachten die meisten Bürger heute einen sonnigen Tag am Strand, bis uns der Regen am Abend endlich Abkühlung verschaffte. Das war es auch schon von meiner Seite. Im Anschluss, liebe Zuschauer, seht ihr eine neue Folge der preisgekrönten Tierdokumentation *»Krebse und ihre Schere(reie)n. Das Leben mit Messers Schneide«*. Bleibt unserem Sender treu, schließlich sind wir der einzige.«

Die Tierärztin sah ihrem Patienten in die Augen.

»Es wird kurz mal ganz, ganz dolle wehtun, aber es geht bestimmt *irgendwann* vorbei«, sagte sie zu Gei, bevor sie ihm eine lange Spritze in seinen Hals stach, um ihn gegen Vogelgrippe zu impfen.

»Aaaaaarrrrrrggggghhhhhh!«, schrie Gei, als wäre ihm soeben der Sensenmann erschienen.

Krummschnabel schüttelte den Kopf und entschuldigte sich für das Benehmen seines Haustieres. »Er macht jedes Jahr ein riesiges Drama daraus. Und auf der Demo ist er dann wieder quicklebendig, wette ich mit dir.«

»Die Demonstration für den Regenwald?«, fragte die Tierärztin, während sie Gei mit ihrem Flügel streichelte.

»So ist es«, sagte Krummschnabel. »Möchtest du mitkommen? Ein guter Freund von mir spricht heute Abend. Er hat mir geschrieben, seine Rede würde mich vom Hocker reißen. Danach hat er mir in einer Sprachnachricht mitgeteilt, dass er die Rede erst noch schreiben müsste und ich keine zu hohen Erwartungen haben sollte.«

»Ich habe leider keine Zeit«, erwiderte die Tierärztin. Sie deutete auf das Wartezimmer, das mit Papageien und deren Besitzern überquoll. »Viele Papageien sind noch vom *Kurve kratzen* verletzt und brauchen neue Verbände. Ich werde mir die Demo im Fernsehen anschauen«, erklärte sie und sah auf ihren antiken, achtundneunzig Zoll großen Flachbildschirm. »Nicht so toll wie direkt dabei, aber immerhin war er einer der ersten Fernseher mit extra-super-giga-mega-ultra-hoher Bildauflösung. Vor fünfzig Jahren der letzte Schrei, behaupten meine Großeltern.«

Dodos standen stabil auf einem Bein, wenn auch nicht so mühelos wie Flamingos. Dirk nahm mit dem linken Fuß eine Feder auf und kratzte damit Papas Rücken. Für ihn war Papa nicht nur ein Haustier, sie war auch seine beste Freundin.

»Alles wird gut«, sagte er mehr zu sich selbst, während er die Feder auf und ab bewegte und Papa zufrieden gluckste.

Im Licht der untergehenden Sonne kämmte sich Dirk mit einem gezahnten Stock sein Gefieder, ehe er ohne Eile zur Demo schlenderte. Seine neue Rede vergaß er auf dem Schreibtisch.

Papa hatte die Anspannung des Dodos gespürt. Von Neugier gepackt, flog sie ihrem Herrchen nach.

Auf einer Lichtung im Regenwald standen tausende Dodos vor, neben und hinter einer Bühne.

»Tja, also«, sprach Dirk ins Mikrofon, als er vor seinem Publikum stand. Ohne seine Rede musste er notgedrungen improvisieren. »Ich schließe mich meinen Vorrednern an. Regenwald is' wichtig und so. *Falls* ihr denn wirklich für den Rest eures Lebens auf Mauritius bleiben möchtet... Also ich nich', das sag ich euch jetz' mal ganz ehrlich. Meinetwegen können wir den Wald niederbrennen.«

Die Zuschauermenge wurde unruhig.

Ein männlicher Hippie-Dodo – er trug eine bunte Mütze mit Blumenmotiv und eine kreisrunde Brille – zerbrach den Stiel seiner Friedenszeichen-Flagge auf dem Kopf seines Nachbarn. Danach drohte er Dirk mit den scharfen Enden des zerbrochenen Stieles.

»Es spielt ja«, fuhr Dirk unbeeindruckt fort, »keine Rolle mehr, wenn wir die Fliege machen. Und wenn wir schon mal beim Thema Ehrlichkeit sind, Jungs und Mädchen: Ich weiß genau, dass ihr auch alle fliegen wollt! Erinnert euch bloß mal an Dr. Perts Sendung! Los, Leute, bekommt eure dicken Hintern hoch und lasst uns gemeinsam 'nen andern Planeten abchecken, wo wir wie echte Vögel auf den Wolken chillen können!«

Das Ordnungspersonal schnappte mit den Hakenschnäbeln nach Dirks Beinen, um ihn von der Bühne zu ziehen. Daraufhin senkte er seinen Schnabel und pickte auf ihre Köpfe.

»Lasst mich in Ruhe, ich bin noch nich' fertig. Wo war ich stehengeblieben?«

»Einen anderen Planeten abchecken!«, rief Nala, eine junge Rennfahrerin, aus dem Publikum. »Wo wir wie echte Vögel auf den Wolken chillen können!«

»Genau!«, sagte Dirk. »Wenigstens eine hat aufgepasst, ihr Nasen. Morgen um Mitternacht treffen sich alle, die ihren Traum vom Fliegen noch nich' begraben haben, in der Schwalbenbucht zur Gründung eines Arbeitskreises! FLIEGEN, ALTER, FLIEGEN!«, rief Dirk, sprang von der Bühne und rannte vor den Ordnern davon.

»Argh! Fliegen, Alter, fliegen!«, sagte Papa zu ihrem Bruder.

Gei sah sich um und sagte: »Du kannst normal sprechen. Dein Fütterer flüchtet durch den Regenwald und Krummschnabel ist außer Hörweite.«

In der Gegenwart ihrer Frauchen und Herrchen stellten sich die Papageien stets dumm. Dafür hatten sie gute Gründe, die schon viele hundert Jahre zurückreichten...

Bereits seit dem 3. Jahrhundert benutzten Dodos und Papageien die gleiche Sprache: *Parrot*. Die Dodos hatten Parrot von ihren Haustieren übernommen und es dreist in *Dodisch* umbenannt. Im 6. Jahrhundert verdrehten sie schließlich die Geschichte. Zu dieser Zeit bereisten Dodos zum ersten und letzten Mal die Erde auf einem Segelschiff. Bei der Rückkehr nach Mauritius berichtete der Kapitän stolz, dass Dodisch mittlerweile von allen Papageien auf der Welt gesprochen wurde.

Diese „Neuigkeit" verbreitete sich unter den Dodos wie der Blitz. Sie behaupteten seitdem allen Ernstes, dass sie ihren Papageien die Sprache beigebracht hatten. Aus Dankbarkeit hätten die Papageien Dodisch in die Welt getragen, weshalb die Vogelsprache auf dem Erdenrund so weit verbreitet sei. Manche Papageien nannten das Geschichtsfälschung, andere einfach nur Größenwahn.

Selbstverständlich konnten sich die Haustiere den Diebstahl ihrer Sprache nicht gefallen lassen. Aus diesem Grund riefen sie Ende des 6. Jahrhunderts den »Mauritischen Ortsverein der Papageien und Sittiche«, kurz MOPS, zu einer Sitzung zusammen. Auch die anderen Papageienarten, die noch nie als Haustiere gelebt hatten, fanden das Verbrechen der Dodos ungeheuerlich. Sie unterstützten ihre grünen Freunde und der MOPS wählte einstimmig eine neue Form des Protests: Schnabelfaulheit. Wann immer ein Dodo in der Nähe war, gaben die Papageien sich wortkarg. Dann sprachen sie nur noch maximal zehn Wörter nacheinander. Zusätzlich konnten sie dümmliche Laute wie *Argh* oder *Orgh* rufen, um den Dodos auf die Nerven zu gehen.

Die Dodos nahmen an, dass ihre Haustiere aufgrund einer neuartigen Papageien-Grippe verdummt waren. Sie fanden die Haustiere noch süßer als zuvor und reichten ihnen doppelt so viel Futter.

Ein sattes Haustier war ein glückliches Haustier. Deswegen gab der MOPS die »Tradition des Dummstellens« von Generation zu Generation weiter, und sie blieb bis heute ungebrochen.

»Woran bastelt Krummschnabel derzeit?«, fragte Papa.

»An Fernsehern«, sagte Gei. »Zum Glück kennt er sich auch mit Elektrotechnik aus, sonst wäre ihm langweilig. Es wurde schon alles gebaut, was die Dodos zum Leben brauchen, und momentan geht nicht viel kaputt. Außer die neuen Elektrogeräte natürlich, die sind immer nach fünf bis zehn Jahren Schrott. Da ist es schon praktisch ein Genie als Fütterer zu haben.«

Papa seufzte. »Was hast du denn dieses Mal kaputt gemacht, Bruderherz? Lass mich raten: den Kühlschrank? Oder hast du dich wieder beim Grimassenschneiden gefilmt und Krummschnabels Telefon fallen lassen?«

»Nee, ich habe die Mikrowelle zerstört«, antwortete Gei. »Wusstest du, dass man kein Metall in der Mikrowelle erhitzen sollte?«

»Ja, davon habe ich gehört«, sagte Papa.

»Nun ja, es ist bloß ein *kleiner* Brandschaden entstanden. Krummschnabel hat einfach eine neue Mikrowelle gebaut. Doch die meiste Zeit repariert er Fernseher als Hobby ... *Argh! Fernseher, argh!*«, verfiel Gei wieder in seine Tarnsprache, als sein Fütterer vor ihm auftauchte.

Krummschnabel hatte nur die letzten Worte verstanden und schüttelte erbost den Kopf. »Du verdirbst dir noch irgendwann die Augen! Der Fernseher bleibt heute Nacht aus.«

»Argh nö!«, erwiderte Gei uneinsichtig.

Krummschnabels Stimmung verbesserte sich, als er auf Geis Schwester blickte.

»Hallo Papa!«, sagte er. »Rate mal, wie toll ich Dirks Rede fand! Es sieht so aus, als dürfte ich für dein Herrchen bald etwas Riesengroßes bauen. Was für ein schöner Tag!«

Es war eine klare und windstille Nacht, in der man die Muscheln schnarchen gehört hätte, wenn das Rauschen des Meeres nicht gewesen wäre.

In der Schwalbenbucht stand im Sand geschrieben:

»Arbeitskreis zum Fliegen.«

Etwa fünfzig Dodos waren zur ersten Sitzung erschienen. Dirk und Krummschnabel unterhielten sich leise miteinander, während der Rest der Gruppe ein bisschen verloren herumstand und sich ruhig verhielt. Zu ruhig für die Rennfahrerin Nala.

»Es ist ziemlich dunkel. Mussten wir uns ausgerechnet bei Neumond am einsamsten Strand treffen?«, fragte sie in die Runde und setzte damit ein paar banale Gespräche in Gang:

»Hier gibt's weit und breit kein Licht.«
»Also ich sehe tausende kleine Lichter.«
»Boah, haste schon mal so viele Sterne gesehen?«
»Voll schön! Da will ich hin.«

»Genau darum sind wir ja hier!«, sagte Krummschnabel laut, und die Gespräche verstummten. »Wir sind hier, weil wir zu den Sternen fliegen wollen. Bitte, Dirk, du kannst es für alle verständlicher erklären als ich.«

»Na der Plan is' ganz einfach«, begann Dirk. »Wir dachten, wir bauen ein Allschiff ...«

»Raumschiff«, korrigierte Krummschnabel ihn.

»... ok, Raumschiff, und fliegen damit ins Weltall ...«

»In den *Weltraum*«, unterbrach Krummschnabel Dirk erneut. »Im Weltall sind wir bereits, denn es ist ein anderes Wort für Universum. Der Weltraum ist der luftleere Raum zwischen Himmelskörpern.«

»Keiner mag Besserwisser!«, erwiderte Dirk. »Ich benutz' Umgangssprache und da sagt man das so. Außerdem gab's doch mal so 'ne Puppensendung im Fernsehen. *Schw... Schwalben im Weltall?* Na egal. Wir düsen also mit 'nem Raumschiff *durchs* Weltall und suchen nach 'nem Planeten mit geringerer Schwerkraft. Ein Planet, auf dem wir so leicht sind, dass wir mit unsren eignen Flügeln fliegen können. Stimmt's, Krummi?«

»Korrekt«, sagte Krummschnabel.

Aus der Nähe erklang ein *Platsch!*

»Das is' erst mal der grobe Plan«, fuhr Dirk fort. »Um die Details kümmern wir uns später. Was haltet ihr davon?«

Ein paar Dodos nuschelten »Ja, ganz ok so weit« und die übrigen nickten automatisch mit den Köpfen, weil sie von etwas abgelenkt waren.

»Supi«, sagte Dirk. »Wie baut man nun ein kleines Allschiff für fünfzig Dodos plus Haustiere? Krummschnabel hat da ein paar Ideen, die er uns heute zeigen will.«

Da war es plötzlich wieder, das Geräusch *Platsch!*

»Wir haben wichtige Themen auf der Agenda!«, rief Dirk. »Hört auf zu planschen, wir sind nich' zum Baden hier! Krummi, erklärst du bitte ... *Krummschnabel?* Krummschnabel!!!«

Platsch. Platsch. Platsch.

Dirk stand auf einmal mutterseelenallein am Strand.

»Fein, dann setzen wir unser Treffen halt im Wasser fort«, sagte er und sprang als Letzter ins Meer.

In den nächsten zwei Wochen wuchs der Arbeitskreis deutlich an, weil sich die Treffen in der Schwalbenbucht an den Stränden und Universitäten herumsprachen. Zuerst kamen die Grünschnäbel aus reiner Neugier. Danach blieben sie zum Baden.

»Wir sollten«, sagte Krummschnabel, »nächstes Mal vielleicht einen Rettungsschwimmer mitnehmen. Bei dreihundert Dodos geht noch irgendwann einer verloren. Die Schildkröten sind so fies und ziehen dich unter Wasser.«

»Meinst du echt?«, fragte Dirk und spritzte seinem alten Schulfreund Wasser ins Gesicht. »Ich hätt' jetz' eher Angst vor Haien und Quallen. Deine Irokesenfrisur is' wohl nich' wasserfest?«

»Haie folgen nur ihrer Natur, aber Schildkröten haben einen sehr schwarzen Humor«, sagte Krummschnabel. »Schau uns dagegen an. Wir Dodos könnten niemals einer Fliege etwas zuleide tun.«

»Entschuldigt bitte«, sagte Dörtie, eine Biologiestudentin. »Wollen wir nicht langsam mal anfangen, das Raumschiff zu bauen? Je eher wir auf Außerirdische treffen, desto besser! Ich habe mir extra neues Sezierbesteck machen lassen.«

Dirk stimmte zu und trommelte einen Teil des Arbeitskreises zusammen.

»Hey! Alle mal hergehört!«, rief er. »Raumschiffplanungsgruppe trifft sich jetz' hier bei mir und Krummi! Nun macht mal ein bisschen dalli!«

Währenddessen kreisten hunderte Papageien über den Köpfen der Dodos, wie Geier über einem verirrten Kalb in der Steppe. Manchmal flogen sie etwas tiefer, um Gesprächsfetzen zu erhaschen.

»Hast du mitbekommen, wie der Stand beim Raumschiffbau ist?« fragte Papa ihren Artgenossen Gayo.

»Klaro«, erwiderte Gayo. »Unsere Fütterer wollen in den Bergen Eisenerz abbauen, um es dann zu irgendwas namens *Stahl* weiterzuverarbeiten, woraus die Schiffshülle gebaut wird.«

»Coole Sache«, sagte Papa. »Und wie ...«

Eine neugierige Ente, die zur Verblüffung der Papageien die Sprache Parrot verstand, schnatterte wild dazwischen: »Wir haben Berge? Auf der Insel? Echt jetzt?! Das ist ja voll irre! Wo denn bitte?«

»Flieg mal ein bisschen höher«, schlug Papa vor.

»Ok«, sagte die Ente.

»Weiter nach oben! Und noch ein Stückchen!«

»Ich überblicke schon die ganze Insel, hier gibt's keine Berge!«

»Sag mal, bist du blind?!«, fragte Papa.

»Meinst du etwa die kleinen Hügel?«, quakte die Ente.

Papa stockte. »Das sind ... kleine Berge und nicht Hügel. Schau dir die kantigen Formen an.«

»Ey, ich bin in Asien aufgewachsen«, brüstete sich die Ente. »Dort gibt's Berge, die sind zehnmal höher als hier! Die sind so hoch, dass die Luft zu kalt und zu dünn ist, um drüberzufliegen! Da weißte nicht, ob du zuerst erstickst oder erfrierst!«

»Ja, ja! Ich hab's verstanden!«, rief Papa und dachte dann für sich: *Was für eine aufgeblasene Ente! 8000 Meter hohe Berge? Na sicher.*

Die Raumschiffplanungsgruppe planschte im flachen Wasser. Sie bestand am Ende lediglich aus Bauingenieur Krummschnabel und vielen eifrigen Zuhörern.

»Wir müssen dann noch ein bisschen Regenwald abholzen«, sagte Krummschnabel. »Im Schiffsinneren bauen wir so viel wie möglich aus Holz, weil es in großen Mengen verfügbar ist. Irgendwelche Anmerkungen?«

Er sah in faszinierte Gesichter.

»Es gibt noch eine kleine Hürde«, fuhr Krummschnabel fort. »Wir brauchen die Erlaubnis für Bergbau und Abholzung von unserem Präsidenten.«

Dirk schnaubte verächtlich. »Ich hab' ihn vorgestern in 'ner Strandbar getroffen. Er meint, wir sind Spinner, die keine zwei Minuten im Weltraum überleben. Hätt' ich das eher gewusst, hätt' ich ihn damals nich' gewählt, nur weil er coole Sprüche geklopft hat.«

»Ich kenne da eine Anwältin«, sagte Krummschnabel. »Ihr fällt bestimmt was ein.«

»Was is' mit der Computertechnik im Schiff?«, fragte Dirk.

Krummschnabel lächelte kurz. »Ich habe Pläne für den Schiffscomputer entworfen, aber von Software und Programmierung habe ich keine Ahnung. Zum Glück kenne ich eine brillante Informatikerin. Ich frag sie mal.«

»Wir brauchen noch 'nen Schiffsarzt«, sagte Dirk, der eine Liste in seinem Kopf abarbeitete.

»Einen Arzt kenne ich nicht ...«, begann Krummschnabel.

»Ach, verflixt.«

»... aber eine sehr gute Ärztin. Ich ruf sie mal an.«

Die Biologiestudentin Dörtie räusperte sich. »Und wer behandelt unsere Papageien? Sie müssen die Reise in bester Gesundheit antreten«, erklärte sie. »Ich habe nämlich daran gedacht, Alien-Papagei-Hybriden zu züchten.«

»Auf keinen Fall«, sagte Krummschnabel. »Das ist inhum... unmensch... undodisch.«

Dirk sah es ähnlich. »Nimm Enten statt Papageien, Dörtie. Aber du hast Recht, wir benötigen 'nen Tierarzt.«

Alle sahen auf Krummschnabel.

»Tut mir leid«, sagte er. »Einen Tierarzt kenne ich nicht.«

»Aber 'ne Tierärztin?«, fragte Dirk.

»Ja. Woher weißt du das?«

»War nur so 'n Gefühl.«

Kapitel 3: Vogelfrei und Spaß dabei

Nach einem langen Verhandlungstag am Obersten Gerichtshof der Vereinigten Wälder von Mauritius hatte eine talentierte junge Anwältin die nötigen Rohstoffe für den Raumschiffbau erstritten. Die Anwältin war Dr. Birdex Pert, die unter anderem auch als Psychologin und Talkshow-Moderatorin arbeitete. Birdie hatte sich dem Arbeitskreis angeschlossen, weil sie Krummschnabel nie eine Bitte abschlagen konnte, wenn er mit seiner eindrucksvollen Frisur vor ihr stand. In Hinsicht auf Intelligenz und Einfallsreichtum war er der einzige Dodo, der ihr das Wasser reichen konnte.

Bereits an ihrem ersten Tag als Anwältin des Arbeitskreises hatte Birdie die Regierung und den Nationalen Naturschutzpark verklagt – und für jeden Staatsbürger ein Grundrecht auf Ausbeutung der natürlichen Rohstoffe gefordert. Nach einer geschlagenen Minute hatte sie den kürzesten Prozess in der Geschichte des Obersten Gerichtshofs verloren.

Danach hatte sie eine Sondergenehmigung zur Ausbeutung natürlicher Rohstoffe für rein medizinische Zwecke verlangt. Sie erklärte, dass man Holz und Metall für eine experimentelle Studie im Weltraum benötigte, deren Erfolg die geistige Gesundheit der Versuchspersonen verbessern würde. Dafür rief Birdie sich selbst in den Zeugenstand und befragte sich zu den Auswirkungen des Fliegens auf das Gemüt. Um ihre Argumente als Psychologin zu untermauern, zeigte sie die berühmte Folge ihrer Talkshow, in der das Publikum sich zu seinem Flugwunsch bekannte. Drei von fünf Richtern hatten Tränen in den Augen.

Als der Staatsanwalt Birdie ins Kreuzverhör nahm, ließ sie ihn eiskalt abblitzen. Sie erstellte eine Blitzdiagnose seines Geisteszustands und erklärte ihm, dass er wegen seiner schlechten Beziehung zu seiner Mutter ein Problem mit starken Frauen hatte (wofür sie sich später als siegreiche Anwältin bei ihm entschuldigte).

Während der Mittagspause im Gerichtsgarten hatte sie mal eben Krummschnabels Pläne für den Schiffscomputer über den Haufen geworfen.

Noch am selben Abend tagte der *Arbeitskreis zum Fliegen* in der Schwalbenbucht. Das Treffen war von so großer Bedeutung, dass die dreihundertfünfzig Dodos im Sand Platz nahmen, auch wenn es ihnen bei den verführerischen Wellen schwerfiel. Ihre Papageien, sechshundertsiebzig an der Zahl, saßen bei ihnen.

Als Krummschnabel die Konstruktionspläne vorstellen wollte, bestand der Protokollführer Anton Pawlowitsch darauf, dass sie sich exakt an die Tagesordnung hielten. Der erste Punkt auf der Liste lautete: Wahl eines Schiffskapitäns.

»Argh!«, rief Papa. »Ich will Gei als Kapitän!« Und ihr Vorschlag erfreute sich großer Beliebtheit unter den Papageien.

»Haustiere sind nicht stimmberechtigt«, erwiderte Anton. »Welcher Dodo möchte die Besatzung anführen?«

Anwältin Birdie traute sich die Aufgabe zu und kickte ihre weiße Lockenperücke in den Ring.

Dirk wollte sie zum Verzicht überreden, als er seinen Anspruch auf das Amt unterstrich: »Entschuldigung, Birdie, du bist die Heldin der Stunde«, sagte er, »aber ohne meinen Anstoß wären wir gar nich' hier. Mir kam die Idee nach 'nem grauenvollen Albtraum. Es is' mir 'ne Herzensangelegenheit, dass wir Erfolg haben – darum find' ich, dass ich es machen sollte. Ich denke, ich wär' ein guter Kommandant fürs Weltallschiff.«

Dirk gewann die Wahl mit 349 zu 1. Birdie, die sich ihre eigene Stimme gegeben hatte, war fassungslos. Ihr Nachteil war es, dass sie als Multitalent bereits andere Aufgaben auf dem Schiff erfüllen sollte.

Sie blickte traurig zu Krummschnabel. Er hatte sie zur Teilnahme am Flugprojekt überredet, aber bei der Wahl zur Kapitänin hängen lassen.

Krummschnabel bat sie um Verständnis. »Tut mir leid, Dirk und ich sind Freunde seit der Schulzeit.«

»Aber er ist völlig ungeeignet!« erwiderte Birdie. »Ich habe vor Gericht einen für unmöglich gehaltenen Sieg gegen die Regierung errungen!«

»Trotzdem wird dir die Zeit fehlen«, erklärte Krummschnabel. »Mir ebenso. Dirk hat doch sonst nichts zu tun, also kann er auch den Kapitän spielen.«

Dirk hüstelte so laut er konnte. »Ich würd' mich freuen, wenn ihr mich Käpt'n nennt statt Kapitän. Käpt'n klingt einfach dufte und macht den Posten hip für die Jugend.«

Anschließend wählte er seine beiden Stellvertreter aus. Er berief Chefingenieur Krummschnabel zum Ersten Offizier und die Schiffsärztin zu seiner „Nummer Zwo".

»So, ich finde das is' erst mal genug für heute«, erklärte Dirk.

»Aber ... hmmpf!«, sagte Krummschnabel.

»Was denn?«

»Soll ich euch nicht die Baupläne zeigen?«

»Wir haben doch sowieso keine Ahnung von Technik«, antwortete Dirk dreist im Namen aller Anwesenden. »Wir vertrauen dir.«

»In Ordnung«, log Krummschnabel. »Dann machen wir Schluss für heute. Oh, eine kleine Sache habe ich ganz vergessen! An Bord werden unsere Papageien als Nachrichtenüberbringer tätig sein. Sie werden durch artgerechte Röhren fliegen, die sich durchs ganze Schiff ziehen. Ich nenne es Papageienkommunikationsröhrensystem.«

»Das is' ein viel zu langes Wort«, sagte Dirk.

»Argh«, sagte Gei, der auf Krummschnabels Bauch saß, »nennt es einfach Komm-Röhre, argh.«

»Wozu«, fragte Dörtie, »brauchen wir die Komm-Röhre denn? Können wir nicht miteinander telefonieren?«

Krummschnabel zuckte mit den Achseln. »Das wäre sicher möglich. Mithilfe eines lokalen Funknetzes für unsere Telefone oder eines aufwendigen Zusatzprogramms für den Schiffscomputer.« Sein Blick wanderte zu der gestressten Informatikerin (die beinahe in Ohnmacht fiel), bevor er fortfuhr. »Doch mit den Komm-Röhren sparen wir eine Menge Strom und unsere Haustiere können sich mal ihr Futter verdienen.«

Die Papageien bedachten Krummschnabels Vorschlag mit Buh-Rufen.

Nur Dörtie wirkte auf einmal glücklich. »Es kann also auch niemand von der Außenwelt mit uns Kontakt aufnehmen?«, fragte sie. »Keine Psychopathen? Hoppla. Ich meinte: Verwandte? Ex-Freunde?«

»Nein, niemand«, sagte Krummschnabel und grübelte kurz. »Hm. Für mein Telefon könnte ich eine Antenne basteln, damit mich jemand erreicht, der sich in einem Zweihundert-Kilometer-Radius vom Schiff aufhält. Meine Nummer müsste derjenige allerdings auch kennen.«

»Das is' ja dann sinnlos«, meinte Dirk.

»Nicht unbedingt. Ich könnte meine Nummer aufs...«

»Schön, schön, schön«, schnitt der Käpt'n seinem Ersten Offizier das Wort ab. »Dann sag' ich mal, wir gehen jetz' noch 'ne Stunde baden und dann ab ins Nest. Wir treffen uns in zwölf Stunden und fangen mit Bergbau und Abholzung im Nationalpark an – oder vielmehr im ehemaligen Nationalpark dank unsrer großartigen Anwältin.«

»Schleimer!«, rief Birdie.

Beim Bau des Schiffes verbrachten die Dodos in dreizehn Tagen ein wahres Wunder, da sie mit Leidenschaft an ihrem Traumprojekt arbeiteten.

Die Papageien waren dabei keine Hilfe. Sie machten ihren Fütterern sogar das Leben schwer, indem sie die Konstruktionspläne immer wieder falsch herum drehten und reichlich Kritik am Projekt übten. Es war ihr Versuch, den Raumschiffbau zu sabotieren, denn sie hatten, wie sie einander sagten, »null Bock als Flugboten zu arbeiten oder durch doofe Röhren zu fliegen.«

Krummschnabel kannte die Pläne jedoch auswendig, sodass die Papageien die Fertigstellung des Schiffes am Ende nur um drei Minuten und einundvierzig Sekunden hinauszögerten.

In den dreizehn Tagen Konstruktionszeit war die Crew auf vierhundert Dodos angewachsen. Man hatte die Neuankömmlinge schon erwartet und eingeplant, weil an der Universität die Ferien begonnen hatten.

Der Käpt'n war gut gelaunt, aber aus einem anderen Grund. Er fühlte sich jetzt viel besser als vor zehn Minuten. Ein paar Besatzungsmitglieder hatten neben ihren Papageien und Gänsen auch drei Enten aufs Schiff gelassen. Dirk hatte es rechtzeitig gemerkt und die Enten mit seinem eigenen Bauch von Bord gestoßen. Ab morgen würden sie nur noch in seinen Albträumen vorkommen.

Inzwischen saß er wieder in seinem Büro und wartete auf den Ersten Offizier und Nummer Zwo. Sie würden ihn bei einer Angelegenheit unterstützen, die seine eigene Kreativität überforderte. Die große Sternenreise sollte in sechzehn Stunden beginnen und das Schiff hatte noch immer keinen Namen. Die Papageien nannten es zwar liebevoll *Seekuh*, doch der Käpt'n hatte keinen Schimmer, was eine Seekuh war und ob es dem Schiff gerecht wurde.

Mit seiner zylinderförmigen, massigen Gestalt und dem Brückenfenster ähnelte das Raumschiff streng genommen einer *einäugigen* Seekuh.

An der Vorderseite des Schiffes befand sich die Frachtluke, die man leicht mit einer vorstehenden Schnauze verwechselte. Mittig über der Schnauze lag das runde Augenfenster aus dickem Quarzglas. Wer von außen in das Auge blickte, erkannte die Kommandobrücke. Die beiden Raketenantriebe unter dem Schiff muteten wie Vorderflossen an, und in das Heck, die *Schwanzflosse*, war eine neuartige Raumzeitkrümmungsmaschine eingebaut worden. Hinzu kamen tausend rechteckige Fenster, die gleichmäßig über den langgezogenen Körper verteilt waren und nichts mehr zur Ähnlichkeit zwischen Schiff und Meeressäuger beitrugen.

Chefingenieur Krummschnabel hatte (genau wie sein Käpt'n) noch nie eine Seekuh gesehen und auf das Erscheinungsbild des Schiffes aus Zeitgründen keinen Wert gelegt. Das Ergebnis war dennoch schockierend.

Außerirdische, die keinen Stil hatten, erschufen als erstes Raumschiff wenigstens eine lieblose Untertasse, doch bislang galt es als unmöglich, einem Schiff die Form einer unansehnlichen Seekuh zu verpassen. Was fehlenden Geschmack betraf, hatte Krummschnabel einen neuen galaktischen Tiefpunkt erreicht.

Seine andere Schwäche hatte ihm größeres Kopfzerbrechen bereitet.

»Jetzt, da das Schiff fertig ist, muss ich zugeben, dass das Wort Raumzeitkrümmungsmaschine nicht so leicht von der Zunge geht«, hatte Krummschnabel am Morgen zu Gei gesagt. »Deswegen sollte ich es vielleicht lieber Raumzeitverzerrungsapparat nennen.«

»Argh! Nenn es einfach *Worpantrieb*!«, hatte Gei erwidert. »Name ich mir ausgedacht!«

Worpantrieb. Ein schöner, kurzer Begriff, den nie ein Dodo zuvor gehört hatte.

Dirk lächelte seine beiden höchsten Offiziere an.

»Chefingenieur Krummschnabel«, begann er. »Ich meine Erster Offizier ...«

»Du darfst weiter Krummi zu mir sagen. Ich muss dich ja auch nicht mit *Käpt'n* ansprechen?«, fragte Krummschnabel.

»Nee, musst du nich'. *Chef* oder *Oberbefehlshaber* is' auch voll in Ordnung. Hast du 'ne Idee für den Schiffsnamen?«

»Nun, wir sind Dodos«, stellte Krummschnabel fest, »und dies ist das erste Raumschiff unserer Spezies. Also quasi Raumschiff A wie Alpha. Und es ist verdammt schnell – beziehungsweise der Raum um uns herum krümmt sich so stark, dass wir eine Riesendistanz wahnsinnig schnell zurückzulegen *scheinen*, obwohl wir uns gar nicht schnell bewegen, aber trotzdem ...«

»Komm auf 'n Punkt!«, befahl der Käpt'n.

»Ich schlage vor, wir nennen das Raumschiff *Dodo-Alpha-Jet*«, sagte Krummschnabel.

Was für 'n blöder Name für mein Schiff, dachte Dirk und verzog sein Schnabelgesicht.

»Ich bin dafür!«, sagte die Schiffsärztin.

Dirk gab sich geschlagen. »Gut, von mir aus, dann eben Dodo-Alpha-Jet.« Am Anfang wollte er noch auf den Rat seiner Offiziere hören, später lieber auf sein Bauchgefühl.

»Dirk!«, schimpfte die Ärztin nach der Namensgebung. »Ich habe deine Impfung dabei. Du bist der einzige Dodo, der sich nicht wie befohlen auf der Krankenstation eingefunden hatte.«

»Ich hatte viel um die Ohren, Nummer Zwo.«

»Wollen wir tauschen?!«, fragte sie.

»Nee, lass mal. Du bist klasse in allem, was du machst. Einfach echt knorke!«

»Schleimer!«, erwiderte sie.

Nachdem Krummschnabel am nächsten Vormittag das Tierkrankenhaus betreten hatte, musste er sich an hunderten Hängematten vorbeischleichen, um zum Büro der Tierärztin zu gelangen. Jede kleine Hängematte war mit mindestens einem schlappen Papagei gefüllt.

Im Büro der Tierärztin lagen unzählige Injektionsnadeln auf dem Boden verteilt, weil der Mülleimer bereits überquoll. Auf dem Tisch befand sich ein Ei, und ein betäubter Papagei saß in der dunkelsten Zimmerecke.

Krummschnabel fand die Tierärztin unter ihrem Computer.

»Moin«, sagte er. »Der Käpt'n fragt, ob du dein OK für den Start gibst.«

»Nch ncht«, antwortete sie, weil sie Computerkabel in ihrem Schnabel hatte. Sie nahm die Kabel in ihre Füße und hämmerte sie in die Anschlüsse. »Sobald«, brachte sie hervor, »die Papageien von ihrer Impfung gegen kosmische Strahlung aufwachen, können wir starten.«

»Die Impfung hat sie ja ganz schön umgehauen. Ich habe nur kurz den Stich der Nadel gespürt«, behauptete Krummschnabel.

»Wir wiegen das Hundertfache und unsere Körper bestehen zu fünfzig Prozent aus Fett«, erklärte die Tierärztin. »Mauritiussittiche sind nun mal klein und schlank. Keine Angst, alle werden es überleben. Die zwölf Gänse haben ihre Impfungen ähnlich gut vertragen wie wir. Ah, jetzt weiß ich, warum du extra hergekommen bist. Die Komm-Röhren sind alle geschlossen worden.«

»Das ist einer der beiden Gründe«, sagte Krummschnabel. »Der andere Grund ist, dass die Nachrichtenüberbringer alle betäubt auf einer deiner Stationen liegen. Kleiner Tipp: Es ist weder das Rechenzentrum noch deine Anwaltskanzlei. Und die Krankenstation für uns Dodos meine ich auch nicht. Es könnte diese Station hier sein.«

»Ja, vielen Dank auch«, erwiderte Tierärztin Birdie, die auf dem Schiff außerdem die einzige Anwältin, Informatikerin und Ärztin für Dodos war. »Mach dich ruhig darüber lustig, wie verpeilt ich schon wieder bin. Ich hab' so viel zu tun. Ich kann einfach nicht mehr klar denken, obwohl ich – angeblich – die größte Denkerin aller Zeiten bin. Hoffentlich bekomme ich nicht eines Tages einen Nervenzusammenbruch, sonst muss ich mich noch selbst heilen.«

Sie setzte sich seufzend an ihren Computer.

Krummschnabels Blick schweifte durchs Zimmer und er sah die Nummer 752.

»Sieben, fünf, zwei. Was bedeuten die Zahlen an der Tafel?«, fragte er.

»Das ist *eine* Zahl. Siebenhundertzweiundfünfzig Papageien an Bord«, antwortete Birdie knapp.

»Und was soll das kleine Ei auf dem Tisch?«

»Orgh!«, schrie die Papageienmutter aus der dunklen Ecke. »Sieben, fünf, drei, mein Kind schlüpft aus dem Ei!« Sie flog schwankend zum Tisch, stellte sich vor das Ei und legte ihren Flügel schützend darauf. Plötzlich taumelte sie nach hinten und rutschte an der Tischkante ab. Eine halbe Sekunde später erklang ein dumpfes *Bumm* auf dem Boden.

Birdie seufzte. »Das war jetzt schon das dritte Mal in den letzten fünfzehn Minuten. Aber wenn ich sie ans Bett fessele, macht sie ein Riesengeschrei um ihr Ei.«

»Ich kann mich an sie erinnern«, sagte Krummschnabel. »Alle Papageien sind aufs Schiff geflogen, abgesehen von ihr. Sie hat das Ei gestern die Frachtluke hinaufgerollt und uns verscheucht, damit wir nicht mit unseren großen Füßen drauftreten.«

Aber Birdie hatte nicht zugehört. Sie starrte auf ihren Computerbildschirm und schüttelte ihren Kopf. »Laut der Passagierliste sind siebenhundertzweiundfünfzig Papageien an Bord gekommen, plus ein Ei. Aber ich habe doch nur siebenhundertneunundvierzig Papageien geimpft …«

Käpt'n Dirk war aufgeregt, als er kurz vor dem Start auf die Brücke ging. Die Ungewissheit beängstigte ihn, und er überlegte, ob es schlau wäre, mit jemandem aus der Besatzung darüber zu reden.

In Dirks Sessel war ein rundes Loch für seine Schwanzfedern geschnitten worden und er nahm erfreut zur Kenntnis, dass es sich an der perfekten Stelle befand.

Gute Arbeit, Krummi, dachte er.

Neben Dirk stand eine frühere Biologiestudentin auf ihrem rechten Fuß. Sie tippte mit dem Schnabel bitterböse Abschiedsnachrichten in ihr Telefon, welches sie mit ihrem linken Fuß hochhalten musste. Zuvor war ihr das Telefon ständig vom Flügelchen gerutscht.

»Ich hab' Muffensausen«, sagte der Käpt'n.

»Du hast was?«, fragte Dörtie, die neue Wissenschaftsoffizierin, ohne den Blick von ihrem Telefon abzuwenden.

»Na, Muffensausen. Sag mal, was is' das eigentlich für 'ne Dämse hier drinne?«

Dörtie sah sich um. »Ich sehe kein Insekt.«

»Ich meinte die heiße, stickige Luft hier drin, Dörtie«, erklärte Dirk.

»Krummschnabel hat mich vor fünf Minuten angerufen«, sagte sie und musste sich das Lachen verkneifen, als sie fortfuhr. »Drei Papageien verstopfen den Luftschacht zur Bücke. Sie hielten sich für besonders schlau und wollten ihrer Impfung entkommen. Nachdem man ihre Komm-Röhren geschlossen hatte, sind die kleinen Narren in die engen Luftschächte gestiegen. Jetzt versuchen Krummschnabel und unser Mädchen-für-alles sie lebend herauszuholen. Übrigens, Käpt'n: Es wäre schön, wenn du nur Wörter benutzt, die jeder Dodo kennt. Danke.«

»Schon krass, was es für Sprachunterschiede auf ’ner kleinen Insel gibt«, meinte Dirk.

»Krummschnabel ist auch von der Ostseite der Insel«, sagte Dörtie. »Ihn verstehe ich ohne Probleme!«

»Na, der Borsche hat ja ooch seinen Dialekt abjelegt, als er zum Studium rüberjeloofen is’«, verfiel Dirk plötzlich in seine ostdodische Mundart.

»Was?«

»Hattse ’ne Frare?«

»Ich verstehe kein Wort.«

»Ob du ’ne Frage hast, hab’ ich dich gefragt!«, sagte Dirk, der sich bemühte, wieder halbwegs Hochdodisch zu sprechen.

»Ja, habe ich«, erwiderte Dörtie. »Können wir bitte endlich starten, Käpt’n? Mit der richtigen außerirdischen DNA kann ich deinen *Sprachfehler* vielleicht beheben«, sagte sie, wenngleich sie sich keine große Hoffnung machte.

»Wir brauchen noch grünes Licht von Birdie«, sagte Dirk. »Wieso is’ die Steuerung unbesetzt?«

»Keine Ahnung«, antwortete Dörtie mürrisch. »Ach übrigens: Deine Schwanzfedern schauen hinten aus dem Sessel!«

»Ich weiß. Is’ bequemer so.«

Die Pilotin Nala kam auf die Brücke und winkte dem Käpt’n zu. Zum Salutieren waren die Flügel nicht lang genug. Auf ihrem Kopf trug sie eine braune Fliegerhaube mit übergroßer Brille.

»Nala?«, fragte Dirk. »Bist du dir sicher, dass du ein Allschiff fliegen kannst? Is’ ja doch ein bisschen was anderes als ein Rennauto.«

»Aye, Käpt’n, ich bin mir sicher«, sagte Nala lächelnd. Mit ihren zwanzig Jahren war sie das Küken unter den Offizieren. »Ich war schließlich die Drittplatzierte beim Großen Preis von Mauritius«, fuhr sie fort. »Ich stelle mir einfach vor, dass der Dodo-Alpha-Jet ein brandneuer

Rennwagen ist, den ich nach oben und nach unten steuern kann.«

Dörtie und Dirk tauschten zweifelnde Blicke aus, als Nala zum Armaturenbrett vorlief.

»Psst, Dörtie«, flüsterte Dirk. »Was meinte Nala mit *Ei Käpt'n*? Seh' ich echt noch so jung aus?«

»Sie hat *Jawohl, Käpt'n* gemeint« antwortete Dörtie kopfschüttelnd und hüpfte auf einem Bein an ihren Platz.

Als Nächstes betrat Anton Pawlowitsch, ehemaliger Protokollführer des Arbeitskreises, die Kommandobrücke. Er war inzwischen zum Schiffsnavigator aufgestiegen und setzte sich neben Nala an die Steuerung.

Die Brückenoffiziere warteten auf den Ersten Offizier und Nummer Zwo. Und sie warteten und warteten. Dörtie machte sich auf der Toilette frisch und Dirk döste auf seinem Sessel, während Anton Pawlowitsch gegen Nala im Schach verlor. Nach zwei Stunden hatten sie alle Hunger vom Warten bekommen und fuhren zum Mittag in die Kantine. Sie kamen zurück und warteten erneut.

Als Krummschnabel und Birdie am Nachmittag aus dem Lift stiegen, schnarchte Dirk in seinem Sessel. Um ihn zu wecken, stimmte Birdie ein beliebtes Kinderlied an. Es handelte von Enten, die auf einem See schwammen und ihre Köpfchen ins Wasser steckten, womit sie dem Entenbesitzer ungefragt ihre Hinterteile zeigten.

»Tut mir leid!«, sagte Birdie zum Käpt'n. »Ich hatte keine Ahnung, dass du Entenlieder so verabscheust! Bitte vielmals um Entschuldigung. Die drei Ausreißer haben ein paar Quetschungen, weswegen ich ihnen die Impfung später geben muss. Aber flugtauglich sind alle Papageien. Wir können starten, Dirk.«

»Ausgezeichnete Arbeit, Nummer Zwo.«

»Schleimer«, erwiderte Birdie.

Dirk lächelte. »So bin ich halt«, sagte er. »Nala, bring uns raus.«

»Wo raus?«, wunderte sich die Pilotin. »Wir sind doch draußen im Park.«

»Flieg einfach los«, befahl er.

Birdie und Krummschnabel stellten ihre Klappstühle neben Dirks breitem Sessel auf. Sie ließen sich rechts und links von ihm nieder, um ihn besser in die Zange nehmen zu können.

Die Seekuh lag im ehemaligen Nationalpark. Durch den Start der beiden Triebwerke wurde das bisschen, was vom Regenwald übrig geblieben war, restlos verbrannt.

»Raumfahrtkontrollzentrum«, sagte Nala, »hier ist der Dodo-Alpha-Jet. Der Start der Triebwerke war ein Riesenerfolg. Wir sind bereit für den Abflug. *Zehn. Neun...*«

»Was is' ein Raumfahrtkontrollzentrum«, fragte Dirk seine Nummer Zwo, »und warum zählt Nala runter?«

»Ich habe nicht die leiseste Ahnung«, antwortete Birdie, »aber ich werde definitiv ihr Gehirn untersuchen.«

»*... Zwei. Eins.* Jippie-jeh, auf geht's.«

Die Seekuh erhob sich in die Luft und tausende Papageien und Gänse begleiteten sie zum Abschied bis zur Strandpromenade. Nachdem das Schiff die Küste überflogen hatte, schwenkte es abrupt zur Seite und drohte ins Meer zu stürzen. Nala riss den Steuerknüppel mit ihrem Schnabel herum und trat aufs Gaspedal.

»Hoppla«, sagte sie, als das Schiff an Höhe gewann und sie den Steuerknüppel wieder mit dem Flügel führte. »Ohne Straße *fährt* es sich doch ganz anders.«

Anton atmete erleichtert auf. »Puh«, sagte er. »Darum heißt es also: Aller Anfang ist schwer.«

»Wäre aber auch«, meckerte Dirk, »fast das Ende gewesen!«

Die Seekuh stach durch weiße Wolken und Dörtie strahlte vor Freude. Ihre Verwandtschaft war sie los.

»Das war's dann mit dem Kontakt zur Außenwelt«, sagte sie fast singend und ließ ihr Telefon in den Papierkorb fallen.

Die Zuschauer auf der Insel schüttelten nur die Köpfe über ihre ersten Astronauten, denn im Weltraum lauerte überall der Tod. So musste es sein, das war bekannt, deswegen war noch niemand dort gewesen.

»Dodos werden auch noch in tausend Jahren auf Mauritius leben!«, sagte der Präsident der Vereinigten Wälder von Mauritius in einer Fernsehansprache, als der Dodo-Alpha-Jet am Himmel verschwunden war. »Auch dann sollen sich unsere Nachfahren noch an die Weltraumdodos als mahnendes Beispiel für Dummheit und Kurzsichtigkeit erinnern!«

Kapitel 4: Worpgeschwindigkeit!

Das Raumschiff durchdrang die letzte dünne Schicht der Erdatmosphäre, während der Käpt'n das auf seinem Bauch liegende Tonbandgerät argwöhnisch beäugte. Krummschnabel hatte das Wort *LogBuch* darauf gekritzelt.

»Das Weltall ...«, begann Dirk. »Ah, Moment mal. Jemand muss das Logbuch bedienen, während ich spreche. Ich brauch meinen Papagei!«

»Käpt'n!«, rief Dörtie. »Ich empfehle, dass wir die Bilder der Schwanzflossen-Kamera auf der Leinwand zeigen!«

»Warum das?«, fragte Dirk verdutzt.

»Na, um die Erde zu sehen?!«

»Ach so. Du hast 'nen scharfen Verstand, Dörtie. Computer? Kinoatmosphäre, persönliche Einstellungen des Käpt'ns. Als Programm wählst du bitte die Bilder von der Heck-Kamera. Danke.«

Von der Decke rollte eine Leinwand herunter, die das runde Fenster der Kommandobrücke völlig verdeckte. Der Computer drehte die Lichter ab und übertrug das Kamerabild auf die Leinwand, während die Offiziere sich in ihren Sitzen entspannt nach hinten lehnten, wie es bei einem gemütlichen Filmabend üblich war. Dass Nala nun blindflog, schien niemanden zu beunruhigen. Sie erwarteten wenig Gegenverkehr zwischen der Erde und dem nächsten Planeten.

»Ich seh' bloß viel Blau«, beschwerte sich der Käpt'n über das Bild. »Und ein paar hellbraune und grüne Flächen auf der linken Seite.«

»*Das*«, sagte Krummschnabel, »sind vermutlich der Indische Ozean, Madagaskar und Kontinental-Afrika.«

»Ah«, sagte Dirk. »Die alten Geschichten von *Seefahrer Jürgen auf den sieben Weltmeeren*. Sehr schöne Märchen.«

»Scheint was dran zu sein«, bemerkte Nala fasziniert.

Krummschnabel nickte. »Ein Funken Wahrheit steckt in jeder Legende. Jürgens Erster Offizier war ein Vorfahre von mir. Mein Ur-Ur-Ur-Ur-Ur-Ur-Ur-Ur-Ur-Ur-Urgroßonkel. Nein, ich glaube, es ist sogar viel länger her. Er war mein Ur-Ur-Ur- …«

Nala schnappte laut nach Luft. »Offizier *Hakenschnabel?* Du bist mit Offizier Hakenschnabel verwandt?«

»Ja, das habe ich doch gerade gesagt«, antwortete Krummschnabel.

Birdie musste unwillkürlich an Arbeit denken, was nicht verwunderte, da sie am meisten zu tun hatte. Sie genoss den Anblick mehr als die anderen Offiziere, aber die armen Papageien waren noch im Tierkrankenhaus eingesperrt.

»Ich schicke dir Papa gleich hoch, Dirk«, sagte sie mit leichtem Widerwillen. Sie lief rückwärts zum Lift, stolperte an einer Stufe, fiel auf ihren gefederten Hintern und rappelte sich hoch. Danach atmete sie erleichtert auf, weil die anderen es nicht mitbekommen hatten. »Ich meinte: Ich schicke dir Papa *rüber.* Die Fahrstühle fahren ja die meiste Zeit seitwärts durch die Seekuh, haha. Ich muss sie jetzt wirklich aus dem Tierkrankenhaus entlassen. Also die Papageien, keine Seekuh. Bitte öffnet schon mal die Komm-Röhren! UND NEHMT DAS ALLES AUF BAND AUF, SONST LERNT IHR MICH MAL RICHTIG KENNEN!!!«

»Jawohl, Chefin«, sagte Anton Pawlowitsch. Sie hatte ihn aus seinem Bann geschrien.

»Ja, genau«, sagte Dirk, nachdem Birdie fortgeeilt war. »Mach das so, Anton. Wer is' hier eigentlich dein Kommandant?«

»Alle Offiziere, die über mir stehen, Käpt'n«, antwortete der Navigator.

»Hm«, überlegte Dirk. »Das lass ich mal so durchgehen. Weiß zufällig jemand, was 'ne Seekuh is'?«

Die anderen schüttelten ihre Köpfe. Außerdem war es kein guter Zeitpunkt für Fragen.

Auf den Gängen des Schiffes standen nahezu vierhundert Dodos und schauten aus den Fenstern. Staunend beobachteten sie, wie sich der Dodo-Alpha-Jet gemächlich von einer kolossalen Kugel entfernte, die so traumhaft blau war.

Im Allgemeinen nahmen die Dodos seit Jahrzehnten an, dass Dodernikus und Dodileo mit ihrem Weltbild richtig lagen. Jetzt hatten sie Gewissheit: Ihre Heimatwelt drehte sich um die Sonne und nicht umgekehrt. Die Erde war ein Planet wie jeder andere. Die Wissenschaftsbemühungen der Dodos wurden glücklicherweise von ihrer Hauptgöttin toleriert, da die *Bekloppte Polly* sich wie alle Papageien nur für Futtergaben und Fernsehshows interessierte.

Dodernikus war mittlerweile ein 103-jähriger Greis, der sich nur noch mit Mühe auf den Beinen halten konnte. Der zwanzig Jahre jüngere Dodileo Dodilei gehörte in den Augen seiner Mitbürger ebenfalls zum alten Eisen. Der Einzige, der diese Ansicht nicht teilte, war Krummschnabel. Er hatte die beiden Astronomen überzeugen können, als seine wissenschaftlichen Berater mitzufliegen.

»Ich hab's doch gesagt«, verkündete Dodernikus. »Die Erde dreht sich um die Sonne! Die Sonne ist das Zentrum unseres Systems!«

»Und ich habe es *lauter* gesagt«, erwiderte Dodileo. »So laut, dass es alle auf Mauritius hören konnten.«

»Trotzdem war ich der Erste!«

»Keine Kunst, wenn man bedenkt, wie alt du bist.«

Birdie kam den Gang entlang. Die meisten Dodos bemerkten es nicht einmal, weil sie mit ihren Schnäbeln weiter an den Fenstern hingen.

Dodileo stupste Dodernikus an, um ihn auf die Offizierin aufmerksam zu machen. Da sie Kavaliere der alten Schule waren, verbeugten sie sich vor ihr. Jeder so tief, wie es das Alter erlaubte.

»Das war die Informatikerin und Psychologin Dr. Birdex Pert. Ihre Freunde nennen sie *Birdie*«, erklärte Dodileo seinem Kollegen.

»Quark. Sie ist meine Ärztin und Anwältin«, sagte Dodernikus überzeugt.

Das Raumschiff wäre nie gebaut worden, wenn Birdie nicht die Gerichtsverhandlung zur Ausbeutung der natürlichen Rohstoffe gewonnen hätte. Nach dem Prozess hatte sie den Schiffscomputer innerhalb von zwölf Tagen gebaut und programmiert. Zu guter Letzt hatte sie die Mannschaft (sowie die Papageien und zwölf Gänse) auf ihre gesundheitliche Eignung für den Weltraumflug untersucht.

Jetzt war die Erde nur noch ein großer blauer Fleck im Fenster, aber Birdies Aufgaben wurden nicht weniger. Darum wollte sie so früh wie möglich Besatzungsmitglieder zu Helfern ausbilden. Andernfalls würde die (Tier-)Ärztin und Informatikerin vollkommen ausbrennen und die Psychologin in ihr um Hilfe bitten müssen. Doch einen kleinen Lichtblick gab es: Ihre Anwaltskanzlei stellte sich vermutlich als gut gemeinter Fehler des Käpt'ns heraus. Wer benötigte schon juristischen Beistand im Weltraum?

Sie erreichte das Tierkrankenhaus am Ende des Ganges und drückte auf einen fetten, runden Knopf an der Wand. Die Tür war noch nicht ganz aufgeschnellt, als bereits ein Papagei gegen ihren Kopf knallte. Birdie schüttelte sich und blickte mit schmerzerfüllter Miene in das Zimmer. Siebenhundertfünfzig Papageien bewegten sich vor ihren Augen rasend schnell hin und her.

»WAS ZUM HENKER...!«, begann Birdie zu schreien.

Die Wissenschaftsoffizierin Dörtie betrat den Frachtraum. Sie hatte vor dem Abflug Regenwürmer in eine Truhe mit frischer Erde gesteckt und wollte die Würmer nun in ihr Biolabor bringen. Zuerst wanderte ihr Flügel jedoch zu einem Regler neben dem Fahrstuhl. Sie fand es äußerst verlockend, die künstliche Schwerkraft auszuschalten, um ein paar Minuten durch die Gänge des Frachtraums zu schweben. Als ihr wieder einfiel, dass auch die gesamte Fracht durch die Gegend fliegen würde, entschied sie sich schweren Herzens dagegen. Womöglich war es besser zu warten.

Dörtie hatte die Truhe entdeckt und zog die sieben Regenwürmer mit ihrem Schnabel heraus. Plötzlich hörte sie ein unheimliches Rascheln in ihrer Nähe. Erschrocken spuckte sie die Würmer zurück in die Truhe und sah sich um.

»Hallo? Ist da jemand? Ich kann fünf Kampfsportarten!«, rief sie.

Sie vernahm ein neues Geräusch. Es klang, als ob jemand mit einem Messer auf Papier kratzte. Ihr Blick fiel auf eine Obstkiste, deren Pappwand sich verbogen hatte.

Aha!, dachte sie und sagte: »Na, hallo? Wer nascht denn da? Welcher Papagei gönnt sich dreist eine Zwischenmahlzeit?«

Zwei rote Augen spähten aus der dunklen Kiste und Dörtie entspannte sich.

»Du brauchst keine Angst zu haben, Papageichen«, sagte sie. »Es bleibt unser Geheimnis.«

Ein vierzig Zentimeter langer Krebs krabbelte aus der Kiste. Dörtie machte vor Schreck einen Satz nach hinten.

»Hey, blinde Passagiere sind hier verboten!«, erklärte sie dem Eindringling. »Ach, wie dumm von mir. Tiere können doch gar nicht sprechen.«

Der Riesenkrebs blieb regungslos vor der Wissenschaftsoffizierin stehen und starrte auf etwas, dass sich hinter ihr befand. Ihr lief ein kalter Schauer über den Rücken, als sie sich umdrehte.

Acht Krebse näherten sich mit kleinen, schnellen Schritten. Drohend hoben sie ihre Scheren. Dörtie tat das einzig Vernünftige und sprintete zum Fahrstuhl.

»Es sind Palmendiebe an Bord!«, teilte Dörtie dem Käpt'n auf der Brücke mit.

Dirk konnte darin kein Problem erkennen. »Da haben sie ganz schön Pech gehabt«, fand er. »Wir haben keine Palmen mitgenommen.«

»Die Krebse!«, rief Dörtie aufgelöst. »Sie fressen sich durch unsere Vorräte!«

»Potz Blitz!«, kreischte Dirk. »Worauf wartest du denn?! Fang sie ein!!!«

Nala wandte sich ihnen zu. Die Krebse gaben ihr ein Rätsel auf.

»Hm? Sind Palmendiebe nicht ausgestorben?«, fragte sie.

»Das dachte ich auch«, sagte Dörtie, »aber anscheinend hatten sie sich bloß versteckt.«

Der Palmendieb besaß seinen Namen aus gutem Grund. Er kletterte gern auf Palmen, und wenn er stark genug gewesen wäre, hätte er sie auch gestohlen. Am Ende stibitzte er lieber Sachen, die er einen Kilometer weit tragen konnte. Er riss alles an sich, was nicht niet- und nagelfest war.

Die Riesenkrebse lebten auf hunderten Inseln im Indischen und Pazifischen Ozean. Auf Mauritius hatten sie sich jedoch nie heimisch gefühlt, weshalb sie ihre Zelte im vergangenen Jahr abgebrochen hatten. Fast alle Zelte.

Neun Krebse waren zurückgeblieben, weil sie die Abfahrt des Floßes verpasst hatten und nicht schwimmen konnten. Seit ein paar Monaten waren sie nicht mehr gesichtet worden.

Gestern Abend hatten sich die letzten Palmendiebe von Mauritius in Obstkisten verkrochen und satt gefressen. Am Morgen fanden sie sich überraschend in einer Lagerhalle wieder, zusammen mit zehntausend weiteren Kisten an Frischobst. Doch erst als die Erde unter ihnen zu beben begann, ahnten sie, dass etwas nicht mit rechten Dingen zuging. Sie versammelten sich an den Fenstern und blickten auf ihre Welt hinab. Die Lagerhalle entpuppte sich als Frachtraum. Zum letzten Mal sahen sie ihre Strände und geliebten Palmen, und kurz darauf strömte die pechschwarze Nacht hinein. Traurig verkrümelten sich die neun Krebse wieder in ihre Kisten und fraßen wie die Scheunendrescher.

Dann war Dörtie erschienen. Und dann kam sie ein zweites Mal und brachte zwölf Köche mit.

Anton sah auf seine Berechnungen und anschließend auf Nalas. Ihre waren wesentlich genauer, allerdings hätte er das niemals zugegeben.

»Irgendwo vor uns liegt Vicinus«, sagte er. »Der schwarze Planet. Nach unseren Berechnungen sollten wir ihn in etwa zwölf Monaten erreichen. Nala, wenn du bitte einfach zu ... zu der Stelle fliegst, an der sich Vicinus dann auf seiner Umlaufbahn befinden müsste.«

»Soll ich *wirklich*?«, fragte sie mit gespielter Überraschung. Um Anton zu necken, sah sie ihn mit großen Augen durch ihre Fliegerbrille an. »Eigentlich wollte ich Vicinus auf seiner Bahn um die Sonne hinterherfliegen, damit wir ihn erst in zwei Jahren, fünf Tagen, elf Stunden und siebzehn Minuten einholen.«

Dirk beobachtete die beiden erfreut. »Schön, wenn sich Navigator und Pilotin so blendend verstehen. Als Käpt'n darf ich ja auch Vermählungen durchführen.«

»Mein Bräutigam muss offenbar noch schlüpfen«, erwiderte Nala.

Vicinus, der erdnächste Planet, hatte eine völlig schwarze Oberfläche. Da er keinerlei Sonnenlicht zurückwarf, waren seine Umrisse erst vor dreißig Jahren von Dodileo entdeckt worden – mithilfe seines neuen EGTs (»Extrem Gutes Teleskop«) auf einem der 800 Meter hohen Berge der Insel. Dodileo hatte sich gewundert, warum der Weltraum an einem runden Punkt noch schwärzer war als üblich. Danach hatte er festgestellt, dass sich dieser schwarze Punkt in einer gleichbleibenden Umlaufbahn um die Sonne bewegte und der Erde etwas näher kam als Venus und Merkur.

»Ich hab' da mal 'ne Frage«, sagte Dirk. »Nur noch mal kurz zur Verständigung: Wir brauchen ein ganzes Jahr bis nach Vicinus? Unsre Vorräte reichen grade mal drei Monate.«

Nala drehte sich zu ihrem Käpt'n. »Ich würde ja gern mal mit dem alternativen Antrieb rumdüsen«, sagte sie. »Dann geht's sicherlich schneller.«

Dirk nickte. Er sah zum Klappstuhl auf seiner linken Seite. Der Erste Offizier Krummschnabel verhielt sich auffallend still.

»Krummi«, sagte Dirk, »jetz' schmeiß mal das Wok-Antriebsystem an.«

»Hm«, erwiderte Krummschnabel. »Wir könnten den Worpantrieb einschalten. Aber es wäre besser, wenn wir auf meine wissenschaftlichen Berater warten. Sie wollten kurz vorm Abendbrot vorbeischauen und damit ungefähr ... oha ... ungefähr jetzt.«

Der Fahrstuhl öffnete sich.

»Eine schlechte Nachricht, Freunde!«, rief Dörtie, die auf die Brücke eilte. »Die Palmendiebe ließen sich nicht einfangen. Sie haben uns mit ihren Scheren angegriffen und sind im folgenden Chaos mit dem Fahrstuhl entwischt. Ihre Spur verliert sich auf Deck … Ach, keine Ahnung auf welchem Deck. Sie sind jedenfalls weg.«

»Mit den Krebsen an Bord«, brummte Anton, »reicht das Essen keine zwei Monate.«

Birdie schickte Papa durch eine Komm-Röhre zur Brücke. Mit den anderen Papageien musste sie noch ein Hühnchen rupfen.

Als sie kreischend ihre Station zurückerobert hatte, war das Schlimmste die Frage ihres Haustiers Heribert gewesen: »Agh! Wo is' das Problem?«

Birdie atmete tief ein. Sie versuchte es den Papageien ruhig zu erklären, denn für heute hatte sie genug geschrien.

»Es ist nicht sehr nett von euch, meinen Computer zu hacken und ihn als Stereoanlage zu missbrauchen, weil euch *langweilig* ist. Ihr hättet alle medizinischen Aufzeichnungen löschen können! Was ich aber überhaupt nicht akzeptieren kann, ist, dass ihr auf der Station ein Hüpf-Rennen über fünfhundert Hängematten durchführt, weil ihr meint, man müsse sich zu Musik bewegen! Und es ist mir völlig schnuppe, wer von euch die meisten Siege errungen hat, wer der schnellste Hängemattenhüpfer des Universums ist und…«, sie hielt inne und blickte auf Gei, der wie eine Mumie aussah, nur bedeutend schlechter verbunden, »… und wer sich beim Abprallen an den Wänden die meisten Körperteile gebrochen hat!«

Gei wusste nie, wann es klug war, den Schnabel zu halten. »Argh! Hatten wir das bereits erwähnt? Der Preis geht an mich!«, sagte er stolz.

»DAS KANN ICH SEHEN, DU EINFÄLTIGER, KLEINER …«

Chefingenieur Krummschnabel tippte mit seinen Zehen eine physikalische Formel ins Instrumentenbrett.

»Was denkt ihr?«, fragte er seine beiden Berater und Dörtie.

»Hinter der Gravitationskonstante«, sagte Dodernikus, »könnte man eventuell ein Komma setzen, weil's schicker aussieht.«

»Muss man aber nicht unbedingt«, meinte Dodileo. »Ich denke, wenn man das Komma weglässt, ist die Raumzeitkrümmung *intensiver.*«

Krummschnabel wirkte verunsichert und sah zu der Wissenschaftsoffizierin.

»Wenn du«, sagte Dörtie, »hinten kein Komma setzt, musst du das erste Komma natürlich auch streichen.«

»Du meine Güte, nein!!!«, krächzten Dodernikus und Dodileo. So einig waren sie sich selten gewesen.

»Wie ihr meint«, erwiderte Krummschnabel. »Dann also nur das Komma am Anfang. Käpt'n, der Worpantrieb ist einsatzbereit. Die niedrigste Stufe reicht für Vicinus.«

»Äh, Krummschnabel«, flüsterte Dörtie, mit ihrem Schnabel ganz nah an seinem roten Iro. »Wir sind uns beide nicht sicher, dass die Formel so stimmt. Warum willst du dann auf deine Berater hören? Vielleicht sollte Birdie mal ... Aua! Deine Frisur hat mich gepiekst.«

»Das passt schon so«, sagte der Chefingenieur. »Und außerdem weigere ich mich zu glauben, dass bei einem Kommafehler die Welt unterginge.«

Dörtie seufzte und setzte sich wieder zu ihren Armaturen an der linken Wand.

Dirk rieb sich vor Freude die Füße. »Dann gib mal Gas, Nala! Worpgeschwindigkeit!«, befahl er.

»Aye, Käpt'n!«, rief Nala.

»Musst gerade du sagen, du *Küken*!«

Die Pilotin wunderte sich, warum Dirk plötzlich beleidigend wurde. Wütend trat sie aufs Gaspedal.

Die Schwanzflosse der Seekuh begann sich rasend schnell auf und ab zu bewegen und erzeugte eine Warpblase um das ganze Schiff. Ein paar Atome wurden in die Blase gesaugt und weitere Teilchen durch die Krümmung der Raumzeit mit nach Vicinus gezogen. Krummschnabel hatte die Teilchen in seiner Gleichung berücksichtigt, aber ein Komma zu viel (oder zu wenig) machte alles zunichte.

Zwanzig Sekunden sauste das All an ihnen vorbei, dann war der kurze Warpflug vorüber. Sie kamen einhunderttausend Kilometer vor Vicinus zum Stehen, während die aufgeladenen Teilchen in einem gewaltigen Energieausstoß nach vorne geschleudert wurden. Die Gammastrahlung und die Energieteilchen sorgten dafür, dass der schwarze Planet zum ersten und letzten Mal in seiner Geschichte hell leuchtete.

Der Käpt'n sprach einen Götterfluch. Anton Pawlowitsch rief einen Mutterfluch. Dörtie verfluchte den Ersten Offizier. Der Erste Offizier verfluchte seine Berater, die sich gegenseitig verfluchten. Nala hatte genug Flüche gehört und verzichtete auf einen eigenen Beitrag.

Im nächsten Augenblick kam Papa aus der Komm-Röhre geschossen.

»Mich verflogen habe«, sagte sie. »Schlechte Ausschilderung. Hab' ich was verpasst? *Argh?*«

Der Planet zwischen Erde und Mars verglühte am 7. Tag der Wasserschildkröte im *Jahr der fiesen Enten*.

»Na hoffentlich war er unbewohnt«, sagte Dörtie und dachte an ihr Biolabor. »Ansonsten ist mir meine erste Beute entgangen.«

Krummschnabel fing an zu winseln. »Es tut mir leid, dass künftige Generationen Vicinus nicht mehr am Nachthimmel seh... nicht mehr am Nachthimmel vermuten können. Jetzt gibt es nur noch acht Planeten im Sonnensystem.«

»Noch neun Planeten im Sonnensystem«, sagte Dirk. »Als wir zur Schule gingen, war Pluto ein richtiger Planet und kein Zwerg.«

Dodernikus krächzte. »Als ich zur Schule ging, war die Erde noch das Zentrum des Universums.«

»Punkt für dich«, gab Dirk zu. »Krummschnabel? Vielleicht sollte Birdie mal 'nen Blick auf deine Worp-Gleichung werfen.«

»Es lag«, sagte Dodileo, »bestimmt nicht am Komma.«

»Woran denn sonst?«, fragte Dörtie.

»Friede, Freude, Früchtekuchen«, sagte der Käpt'n. »Beschuldigungen bringen keinem was. Schaut mal! Vicinus bricht auseinander und verglüht in seinen Einzelteilen weiter! Sowas Schniekes sieht man auch nich' alle Tage.«

Bereits zum zweiten Mal in drei Stunden staunten sie über ein Bild, das sich ihnen vom Weltraum aus bot. Eines davon hatten sie selbst verursacht, aber das hätte höchstens ein paar Vicinusier oder Vicinarier gestört. Falls es sie je gegeben hatte.

Dörtie hatte eine Idee, wie sie Krummschnabels Stimmung nach seinem kleinen Vicinus-Unfall heben konnte. Ein Flugexperiment!

Nach dem Abendbrot versammelten sich knapp vierhundert Dodos im Frachtraum. Lediglich Nala fehlte, weil sie das Schiff bis zur Nachtruhe weitersteuern musste.

»Flugtest 1.0«, sagte Dörtie zu Krummschnabel.

Sie stellte sich in einen breiten Gang zwischen den Obstregalen und machte sich startklar.

Krummschnabel legte seinen Flügel auf den Regler für die Schwerkraftgeneratoren. Neben ihm standen seine Berater und Anton.

Dodernikus gab dem Chefingenieur einen Hinweis. »Denk daran, die künstliche Schwerkraft nicht komplett abzustellen. Sonst schweben wir zusammen mit der Fracht durch die Gegend.«

»Ja, ich weiß«, sagte Krummschnabel. »Ich bin nicht blöd. Mal sehen, ob fünfzig Prozent der Erdanziehungskraft genügen.«

Er drehte die künstliche Schwerkraft herunter und nickte Dörtie zu.

Die Wissenschaftsoffizierin sprang mit Anlauf vier Meter. Ein neuer Weltrekord im Weitsprung. Danach hüpfte sie ohne Anlauf zwei Meter – ihre doppelte Körperlänge.

Krummschnabel senkte die künstliche Schwerkraft Stück für Stück weiter. Trotzdem konnte Dörtie sich nicht in der Luft halten, so sehr sie auch mit ihren Flügelchen schlug.

Die Zuschauer waren angespannt. Natürlich, die Offizierin machte beeindruckende Fortschritte. Die Rekorde im Hoch- und Weitsprung purzelten. Aber würde es zum Fliegen reichen?

»Es wird besser und besser«, freute sich Dörtie. »Los, Krummschnabel, senk die Schwerkraft weiter! Gleich ist der Moment gekommen!«

»Es ist kaum noch Schwerkraft übrig, die ich verringern könnte«, murmelte der Chefingenieur.

»*Aber*«, sagte Dodileo, »sie hat bereits einen riesigen Sprung für einen Dodo gemacht.«

»Hmm, bisher ist das nur ein kleiner Schritt für die Dodoheit«, flüsterte Krummschnabel, bevor er rief: »EIN LETZTER TEST NOCH! Versuchen wir es mit 0,89 Meter pro Quadratsekunde. Ein Elftel der Erdbeschleunigung.« Er drehte erneut am Regler.

Sofort spürten alle den Unterschied.

»Ich«, sagte Anton, »fühle mich auf einmal so leicht.«

»Irre«, sagte Dodileo, »ich schwebe ja fast.«

Dörtie wollte losrennen, doch nach einem Schritt stand sie bereits drei Meter in der Luft. Als sie den Boden das nächste Mal berührte, sprang sie mit beiden Beinen nach vorne. Sie flatterte, wild wie eine Ente zur Jagdsaison, und hielt für sechs Sekunden eine geringe Höhe, ehe sie nach unten plumpste. Dann prallte sie mit ihrem Bauch zehnmal vom Boden ab, sodass sie wie ein Tennisball Richtung Wand sprang.

»Es hat funktioniert!«, rief Anton ausgelassen. »Sie ist geflogen!«

Das Publikum jubelte überschwänglich. Wildfremde Dodos lagen sich in den Flügeln und der Vogelchor stimmte *Hipp, Hipp, Hurra* an.

»Es hat bloß geklappt«, sagte Krummschnabel, »weil fast gar keine Schwer…« Er unterbrach sich, weil er Antons Hoffnung nicht schmälern wollte. »Also ja«, gab er zu, »Dörtie ist kurz abgehoben.«

Während sie beobachteten, wie Dörtie von der begeisterten Menge in die Luft geworfen wurde und gegen die Decke flog, kamen Dirk und Birdie angesprungen.

Dirk war entzückt. »Ein voller Erfolg, der Test unsrer Wissenschaftsoffizierin! Und jetz' gehen mal alle zurück an die Arbeit!«

Birdie blieb stumm und sah zu Krummschnabel. Er erkannte an ihrem Schnabelausdruck, dass sie ebenfalls nicht überzeugt war. Doch es war ein Sieg für die Moral der Besatzung.

»Vielleicht«, rätselte Krummschnabel, »bekommen wir bei günstigen Luft- und Windeigenschaften Auftrieb. Somit wäre das Fliegen vielleicht auch auf einem Planeten denkbar, der die Hälfte der Erdanziehungskraft besitzt. Vielleicht.«

»Viele *Vielleichts*«, sagte Birdie, »aber nicht unmöglich. Das müssen wir auf einem Planeten vor Ort testen. Ich habe übrigens dein falsch gesetztes Komma gefunden. Ein zweites Vicinus sollte uns damit erspart bleiben.«

Der Chefingenieur nickte beschämt und drehte die

Schwerkraft zurück auf Erdniveau. Die herumspringenden Dodos stöhnten enttäuscht.

»Hüpfparty?!«, rief ein Putzmann.

Dirk trat wieder aus dem Fahrstuhl. »Na gut, aber nur fünf Minuten!«

Krummschnabel seufzte und drehte die Schwerkraft auf dreißig Prozent.

Aus fünf Minuten wurde eine halbe Stunde.

»Das Weltall ... meinetwegen auch der Weltraum ... lasst mich nochmal von vorn anfangen! ... Der Weltraum, unendliche Wei...«

»Argh! Das ist gestohlen! Gestohlen! Argh!«, rief Papa.

»Ähm«, sagte Dirk, »ich wollte natürlich *Weiterbildungsmöglichkeiten* sagen, was dachtest du denn? Gut, dann eben anders: Die weite, räumliche Unendlichkeit des Alls. Keine Grenzen, äh, weil Unendlichkeit genau das bedeutet. Dies is' die Sternenreise des Raumschiffs Dodo-Alpha-Jet...«

»Spitzname: Seekuh«, sagte Dörtie.

»... das bislang einen Planeten von der Erdinsel Mauritius weg is' – einen unabsichtlich zerstörten Planeten, nebenbei bemerkt. Wir befinden uns gerade ... Nala, wo sind wir?«

»Vor Pluto ... neben Pluto ... hinter Pluto!«, sagte die Pilotin.

»Das Schiff«, fuhr Dirk fort, »flog soeben mit Höchstgeschwindigkeit an Pluto vorbei, um irgendwo im Milchigen Weg ...«

»Milchstraße«, berichtigte Dörtie ihn.

»...um in der Milchstraße 'nen bewohnbaren Planeten mit geringerer Schwerkraft zu finden. Käpt'ns Logbuch beenden.«

Papa drückte einen zweiten Knopf auf dem Aufnahmegerät.

»Nachricht gelöscht«, verkündete die elektronische Stimme.

Papa setzte ihre süßeste Unschuldsmiene auf.

»Macht nichts«, sagte Dirk zu seinem Haustier. »Wir brauchen alle ein bisschen Übung mit dem Kram.«

Zeittafel der Dodo-Geschichte auf dem Planeten Erde

97248 v. Chr.: Die Vorfahren der Dodos leben auf Inseln in Südostasien und wollen die Welt als Schwarm umrunden. Schon nach ein paar Tagen über dem weiten Indischen Ozean, ohne Land in Sicht, beginnen sie sich zu fragen, warum sie so eine dumme Flugroute gewählt haben. Kurz vor Mauritius' Küste fallen sie alle entkräftet ins Meer.
Ein Weibchen und ein Männchen werden an Land gespült. Auf der Insel finden sie keine Fressfeinde vor und das Klima ist auch recht angenehm. Sie lassen sich nieder und bekommen viele Küken.

71313 v. Chr.: Die Dodos verlernen das Fliegen.

273 n. Chr.: Die Dodos erlernen die Sprache ihrer Haustiere.

275: Die Dodos benennen die Sprache in *Dodisch* um. Die Papageien korrigieren ihre Fütterer jedes Mal, dass sie *Parrot* heißt.

590-595: Mehr als einhundert Dodos bereisen die Welt auf einem Segelschiff.

595: Nur wenige Dodos kehren nach Mauritius zurück, doch alle Papageien sind unversehrt und bringen Nachwuchs auf die Insel. Kapitän Jürgen verkündet, dass sämtliche Papageien auf der Welt Dodisch sprechen.

596: Der MOPS tagt. Die Papageien protestieren mit Schnabelfaulheit gegen die Geschichtsfälschung und erzielen damit unerwartete Ergebnisse.

1313: Blütezeit der dodischen Hochkultur auf Mauritius. Trotzdem ist niemand glücklich. In ihrer Talkshow öffnet die Psychologin Birdie ihren Mitbürgern die Augen.

1313: Ein Dodo spricht auf einer Demo von seiner Vision einer besseren Zukunft.

Ein Raumschiff mit Träumern verlässt die Erde und begibt sich auf die Suche nach einer neuen Welt. Kurz darauf verglüht der schwarze Planet am Nachthimmel.

1313: Die *Vereinigten Wälder von Mauritius* ergänzen ihren Landesnamen um ein Wort.

1403: Nach Erdbeben und Überschwemmungen herrscht Nahrungsknappheit auf Mauritius. Die Dodos bekriegen sich um die letzten Früchte und ihre Zivilisation geht zugrunde. Ihre Haustiere flüchten nach Madagaskar und kehren erst drei Jahre später zurück.

1406: Die Dodos befinden sich nach dem Krieg wieder in der Steinzeit. Sie sind ihrer Ausrottung knapp entkommen.

1506: Nach einem Jahrhundert ohne Häuser und Technologien haben die Dodos vergessen, dass sie jemals Häuser und Technologien besaßen. Sie leben im Einklang mit der Natur. So wie die Papageien.

1507-1690: Menschliche Seefahrer landen auf Mauritius und finden zutrauliche Dodos vor. Die Vögel werden zur leichten Beute.

1690: Die Dodos sind ihrer Ausrottung nicht entkommen.

Kapitel 5: Käpt'n Dirk, wo fliegen wir eigentlich hin?

Sechs Wochen waren vergangen, seitdem Birdie den Kommafehler in Krummschnabels Formel korrigiert hatte. Sechs Wochen, in denen die Besatzung zahlreiche Gasriesen und tote Gesteinsplaneten von ihren Umlaufbahnen aus betrachtet hatte.

Mittlerweile konnte man die Ernüchterung in den Vogelgesichtern erkennen. Die Suche nach einem geeigneten Planeten war bislang weder in der *Kuh-*, *Soja-*, noch *Kokosmilchstraße* von Erfolg gekrönt, obwohl das Schiff drei bis vier Warpsprünge pro Tag unternahm.

Die Milchstraßengalaxie besaß noch einen vierten (Spiral-)Arm: die *Mandelmilchstraße*. Sie wurde vom Käpt'n ignoriert, da keine Sternkarten von ihr existierten. Milchige Gaswolken verhüllten ihre Himmelskörper.

Die Seekuh befand sich im Warpflug zu einem weiteren Stern. Verbleibende Flugzeit: 3 Stunden, 14 Minuten, 46 Sekunden.

Pilotin Nala warf einen flüchtigen Blick auf das dicke Buch, das über der Zeitanzeige lag und siebenhundert Jahre alte Reiseberichte enthielt. Sie besann sich sofort eines Besseren und sah wieder weg.

Puh, das war knapp!, dachte sie, weil sie Bücher seit der Schule verabscheute. Bedeutende Werke der mauritischen Literatur wie *»Flügel. Der Tragödie erster Teil«* oder *»Warten auf Dodot«* hatten ihr jegliche Freude am Lesen genommen.

Nalas Augen wanderten vom Steuerknüppel zum Gaspedal. Beides bediente sie gewöhnlich mit Flügelchen und Fuß. Nun bewegten sie sich wie von Zauberhand allein.

Sie konnte den Autopiloten nicht ausstehen. Und es hatte ja nicht an ihren Flugkünsten gelegen, dass die Seekuh bereits einen Planeten zerstört hatte.

»Sei doch froh«, hatte der Käpt'n gesagt, »dass wir den Autopiloten gefunden haben.« Und er hatte Nala befohlen, die Warpflüge mit der Automatik auszuführen. »Jetz' kannst du mal deine Füße hochlegen. Zu viel Arbeit ist nich' gesund. Kiek dir mal die Birdie an. Die arbeitet so viel, dass sie seit Wochen keiner von uns gesehen hat.«

Nala blickte erneut zur Anzeige auf ihren Armaturen. Verbleibende Flugzeit: 3 Stunden, 14 Minuten, 8 Sekunden.

Sie holte tief Luft und schloss die Augen. *Och, verflixt und zugenäht!*, dachte sie. Sie blinzelte das Buch an und zog es mit ihrem Schnabel ein Stück herunter, bis es die Zeitanzeige verdeckte.

Bevor sie mit trister Schullektüre in Berührung gekommen war, hatten ihre Eltern ihr jeden Abend aus einer alten Ausgabe des Buches vorgelesen. Als kleines Küken hatte sie die Texte und Bilder sehr unterhaltsam gefunden. Ob es sich nun um Legenden, Reiseberichte oder Märchen handelte – daran schieden sich die Geister.

»Dass ich«, flüsterte Nala, »aus Langeweile mal freiwillig etwas lese, hätte ich nie im Traum gedacht.«

Sie öffnete das gut erhaltene Exemplar, das ihr der Schiffsbibliothekar aufgeschwatzt hatte. Sie weigerte sich allerdings, ihre übergroße Fliegerbrille für ein Buch abzunehmen, von ihrer braunen Haube ganz zu schweigen.

Wie die meisten Leser interessierte sie sich nicht die Bohne für das Vorwort. Sie war drauf und dran weiterzublättern, als ihr etwas ins Auge sprang. Die 82. Ausgabe von *Seefahrer Jürgen auf den sieben Weltmeeren* besaß ein neues Vorwort von einer bekannten Persönlichkeit. Nala fiel aus allen Wolken.

Vorwort

Von Dodernikus, Professor für Geschichte (und Astronomie)

Im Zeitalter der Hammerhaie segelte Kapitän Jürgen mit seiner Mannschaft um den Globus und gewann erstaunliche Einblicke in die fremden Erdteile und ihre tierischen Bewohner. Viele meiner Mitbürger halten diese Geschichten inzwischen für Märchen, mit denen man einem Küken Angst einjagt. Allerdings trauen sie sich nicht, Jürgens Reise zu wiederholen, wenn man sie darauf hinweist, dass nur ein Viertel der Dodos nach Mauritius zurückkehrte. Laut den Überlebenden fielen die übrigen Seefahrer den Raubkatzen, Krokodilen und allerorts lauernden Menschenaffen zum Opfer.

Auf fünf Kontinenten traf Jürgen Papageien an, die zu seinem Entzücken auch überall Dodisch sprachen und seine Männer als Reiseleiter herumführten. Das hatte die erwähnten fatalen Folgen, denn die Papageien vergaßen stets, dass wir Dodos vor einer Gefahr nicht davonfliegen können.

Wundert euch nicht darüber, dass unsere Papageien und die Papageien aus Übersee damals noch vollständige Sätze sprachen. Der Virus verdummte unsere Haustiere erst kurze Zeit später, nachdem Jürgen mit den Überresten seiner Mannschaft nach Mauritius zurückgekehrt war.

Nach unserem heutigen Wissensstand hat Kapitän Jürgen das folgende Buch ohne fremde Hilfe verfasst. Es enthält Beschreibungen und Zeichnungen von exotischen Tieren wie Tiger, Koala, Känguru, Schaf, Kamel, Kuh, Großohriger Elefant, Kleinohriger Elefant, Braver Hund, Böser Wolf, Hungriger Löwe, Hinterhältiger Mensch und vielen hunderten mehr.

Die Sterne des Nachthimmels wiesen Jürgen den Weg. Er bedankte sich nach seiner Rückkehr bei ihnen, indem er unserer Galaxie, *Weißes Zeug*, den schöneren Namen *Milchstraße* gab. Und wer weiß, vielleicht werden wir in nicht allzu ferner Zukunft zu den Sternen reisen. Nur eine Frage bleibt: Was haben wir auf fremden Welten verloren, solange wir nicht einmal Jürgens Berichte von unserer Erde würdigen?

Dodernikus, im Jahr des Farbenfrohen Geckos.*

In den Komm-Röhren waren unvorhergesehene Probleme aufgetreten. Zum einen waren die Röhren ständig verstopft, wenn die Papageien zur Arbeit flogen. Zum anderen gab es keine Vorfahrtsregeln, sodass es außerhalb der Hauptverkehrszeit oft zu Unfällen zwischen Rasern kam. Die Papageien erwiesen sich in diesem einen Punkt so unbelehrbar wie in jedem anderen auch, und so füllte sich Birdies Tierkrankenhaus immer aufs Neue mit Bruchpiloten. Das war einer der Gründe, warum Birdie nie Zeit zum Verschnaufen hatte. Heute, am 43. Tag der Reise, betrat sie erstmals seit dem Start wieder die Brücke.

Ihr Blick schweifte durch den Raum (in der ganzen Zeit war offensichtlich kein einziges Mal Staub gewischt worden) und blieb bei einer Tafel an der linken Wand hängen. Die Tafel befand sich über dem Platz der Wissenschaftsoffizierin Dörtie und zeigte den bisher zurückgelegten Weg.

Die Flugroute verlief kreuz und quer.

Birdie rollte mit den Augen. Hatte denn wirklich jeder auf der Brücke einen Knall? In ihrer ersten Analyse hielt sie das für die naheliegende Erklärung.

Mit finsterer Miene stellte sie sich vor ihren Chef, der in seinem Sessel fläzte.

---

* 1297 n. Chr.

»Käpt'n Dirk, wo fliegen wir eigentlich hin?«, fragte sie.

Der Käpt'n schüttelte missbilligend den Kopf. »Ach, Nummer Zwo. Da bist du echt die Einzige, für die ich alles wiederholen muss. Wir fliegen zu 'nem Planeten, auf dem wir auf Wolken abhängen können.«

»Ich könnte dir jetzt erklären, Dirk«, erwiderte Birdie, »dass es physikalisch unmöglich ist, auf Wolken zu sitzen oder *abzuhängen* – zumindest unter den Bedingungen, die wir von bewohnbaren Planeten kennen – aber du weißt ja nicht mal, was Physik überhaupt ist.«

»Doch, doch. Das is' so was Ähnliches wie Schemie und Biologik. Hat mich nie interessiert. Wo steckt eigentlich Krummschnabel?«

Dirks Frage richtete sich an die ganze Brücke, doch außer seinem Haustier fühlte sich niemand angesprochen.

»Argh, Krummschnabel«, sagte Papa achselzuckend.

»Papa, such mal Krummi und sag ihm, dass er herkommen soll«, sagte Dirk. »Wir machen mal 'ne Offiziersbesprechung – jetzt, da Nummer Zwo endlich mal auf der Brücke is'. Hast du alles kapiert?«

»Argh, Krummi. Brücke. Argh«, antwortete Papa.

Dirk nickte. »Braves Dummerchen. Und ab geht die Röhrenpost.«

Als Papa die Brücke verlassen hatte, war Birdie sichtlich aufgebracht.

»Ich bin also *endlich mal* auf der Brücke?«, wiederholte sie. »Ohne mich würde auf der Seekuh alles zusammenbrechen. Wenn es nach Arbeitsleistung ginge, müsste ich Kapitänin sein, denn ich erledige fünf Jobs gleichzeitig! Na gut, vier Jobs. Eine Anwältin braucht niemand im Weltraum.«

»Und ich trage die schwere Bürde der Verantwortung«, entgegnete der Käpt'n, während er sich mit seinem Fuß am Federbauch kratzte. »Das kann ich ja keinem andren aufbrummen.«

»Oh, gewählter und unfähiger Kommandant«, sagte Birdie, »erkläre mir doch bitte, was es mit der Flugstrecke auf sich hat. Warum habt ihr nicht den Computer nach dem nächsten Ziel gefragt? Das sieht doch nach einem riesigen Tohuwabohu aus!«

Auf Dirks Stirn bildeten sich Falten und sein Schnabel wiederholte leise das ihm unbekannte Wort.

Nala kam ihrem Käpt'n zur Hilfe, ohne den Blick von ihrem Märchenbuch abzuwenden. »Tohuwabohu bedeutet *wildes Durcheinander*!«, rief sie. »Das Wort kommt auch in meinem Buch vor. Die Papageien aus Übersee behaupteten, sie hätten es erfunden.«

»Ah«, sagte Dirk, und er schenkte Birdie ein Lächeln. »Krummi und Anton haben da eine ausgeklügelte Methode entwickelt, wie wir durch Zufall unser nächstes Reiseziel bestimmen können. Das Durcheinander basiert also auf unwahrscheinlichen Wahrscheinlichkeiten.«

Navigator Anton drehte sich stolz in seinem Stuhl zum Käpt'n. »Darf ich es Birdie erklären?«, fragte er.

»Meinetwegen«, sagte Dirk. »Aber zuerst gehen wir in die Kantine was zum Mittag mampfen.«

Birdie schüttelte den Kopf. »Dann treffen wir uns in einer Stunde erneut hier. Ich kann mir keine Mittagspause leisten, weil gleich wieder verletzte Raser vor dem Tierkrankenhaus stehen werden. Wie immer.«

Sie rannte zum Fahrstuhl.

Die Worpmaschine des Schiffes, die nichts anderes als ein Warpantrieb war, bereitete Chefingenieur Krummschnabel zunehmend Kopfzerbrechen.

Seit sechs Wochen sprangen sie mehrmals täglich von einem Sonnensystem zum nächsten. Das blieb nicht ohne Folgen, denn die Maschine schnaufte so schwer wie ein mit Energy Drinks gepuschter Uropa, der dabei war, den Weltrekord im Marathonlauf zu brechen.

Apropos Uropas: Krummschnabels wissenschaftliche Berater Dodernikus und Dodileo verbrachten den größten Teil ihrer Tage in Liegestühlen. Momentan saßen sie auf der ersten Ebene des Maschinenraums und bewunderten das Problem des Verschleißes.

»Alle Geräte gehen kaputt, wenn sie sich abnutzen«, sagte Dodileo. »Jeder will so alt werden wie eine Schildkröte, aber ...«

»... niemand redet davon, dass er das Alter eines Kühlschranks oder Worpantriebs erreichen möchte«, ergänzte Dodernikus.

Krummschnabel ging nachdenklich zwischen den zwei Liegestühlen auf und ab, während die Antriebstechnik im Keller um Hilfe schrie.

»Wenn Maschinen kaputt gehen«, sagte er zu seinen Beratern, »dann repariere ich sie wieder. Seit sieben Tagen tue ich nichts anderes. Und jedes Mal geht mehr zu Bruch. Ab sofort dürfen wir höchstens einen Worpsprung am Tag machen! Das wird ein schwerer Schlag für den Käpt'n und die Mannschaft.«

»Argh, schwerer Schlag!«, rief Gei, der auf einem Treppengeländer neben dem Fusionsreaktor saß, eine Ebene über den Dodos.

Gei mochte den Maschinenraum. Zum einen war es in der Nähe des Reaktors immer kuschelig warm und zum anderen gab es hier zahllose Arten von Stangen, auf die er sich niederlassen konnte. Nach seinen Knochenbrüchen bereitete ihm das Fliegen weiter Schmerzen, weshalb er seine Zeit liebend gern damit verbrachte, Geländer und Rohrleitungen auf ihren Sitzkomfort zu testen. Abgesehen davon humpelte er drei- bis viermal täglich zum Fahrstuhl, um sich auf der Brücke zu melden. Dort musste er auf eine Karte hüpfen und bekam als Dankeschön ein Leckerli.

Plötzlich zischte Papa aus der Komm-Röhre in den Maschinenraum. Sie war völlig aus der Puste, holte ein paar Mal tief Luft und setzte sich neben ihren Bruder aufs Treppengeländer.

»*Alter,* diese blöden Raser immer!«, flüsterte sie ihm ins Ohr. »Die lassen einer jungen Dame nicht mal mehr den Vortritt. Aber die Klügere gibt nach, sonst wären die Dummköpfe jetzt im Krankenhaus, das kannst du mir glauben.«

Papas Miene erhellte sich, als sie Krummschnabel sah. Eine Stunde lang hatte sie fast überall auf dem Schiff nach ihm gesucht. Warum sie erst vor drei Minuten auf die Idee gekommen war, dass der Chefingenieur im Maschinenraum sein könnte, blieb ihr selbst schleierhaft. Heute war bloß einer dieser Tage, die sie lieber im Nest verbracht hätte.

»Argh. Brummi! Krücke! Argh«, rief sie.

»Wie bitte?«, fragte Krummschnabel.

»Nein, falsch ... Dummi. Mücke. Argh?«, sagte Papa und überlegte angestrengt, was sie Krummschnabel gleich noch mitteilen sollte, wenn sie ihn fand.

»Willst du mich beleidigen?«, fragte der Chefingenieur geschockt.

Wenn Papa nicht gerade Botenflüge für Dirk unternahm, döste sie auf der Brücke vor sich hin. Drei- bis viermal am Tag sprang sie außerdem auf Karten herum.

Immer mehr Wiederholungstäter, dachte Birdie beim Anblick der Bruchpiloten, die vor dem Tierkrankenhaus warteten.

»Gayo, oder?«, fragte sie ihren ersten Patienten. »Wenn ich mich recht entsinne, bist du ein Freund von Gei und Papa? Kennst du zufällig auch Heribert? Er ist mein Papagei.«

»*Irgh!* Ja«, antwortete Gayo angewidert. »Ein aufgeblasener Schnös…«

»Wie bitte?«

»Heribert klasse Typ«, berichtigte sich Gayo.

»Leg dich in die Hängematte«, sagte Birdie, »und heb deinen Flügel.«

Seitdem ihr Computer als Musikanlage missbraucht worden war, verbot Birdie den Papageien den Zutritt zu ihrem Büro. Das Vorderzimmer war für die Behandlungen ohnehin besser geeignet, weil es dreimal so groß war.

Vor Gayos Hängematte standen elf weitere Papageien Schlange. Sie krümmten sich vor Schmerzen, als ob sie jeden Moment in Ohnmacht fallen würden. Dabei wollten sie sich nur vordrängeln.

Auf einmal öffnete sich Birdies Bürotür und die neun Palmendiebe kamen ins Vorderzimmer spaziert. Sie hatten Operationsmesser („Skalpelle“) entwendet und ein altertümliches Hörrohr, das den Namen *Stethoskop* nicht verdiente.

Die verletzten Papageien gerieten in Panik. Sie klammerten sich an Birdies Beinen fest, in der Hoffnung, dass der große, starke Dodo sie vor den Riesenkrebsen beschützen würde. Doch Birdie verharrte wie angewurzelt an ihrem Platz. Mit achtzehn scharfen Scheren konnte sie es nicht aufnehmen.

Die Palmendiebe liefen lässig an den Vögeln vorbei. Sie kletterten am Ausgang aufeinander, betätigten den Türöffner und machten sich mit ihrer Beute aus dem Staub.

»Hey, kommt mit meinen Instrumenten zurück!«, rief Birdie. »Ihr braucht keine Messer, ihr habt Scheren!« Sie seufzte müde und hatte weder Zeit noch Lust die Räuber zu verfolgen. »Was soll’s. An Operationsbesteck mangelt es mir nicht.« Sie wickelte einen Verband um Gayos Flügel und gab ihm Anweisungen. »Eine Woche ausruhen und auf keinen Fall fliegen. Benutze brav den Fahrstuhl!

Nächsten Dienstag kommst du zur Kontrolle vorbei. Na dann, ab mit dir.«

Nachdem Birdie die Prellungen und Quetschungen der zwölf Papageien behandelt hatte, fuhr sie wieder mit dem Lift zur Kommandobrücke. Sie freute sich jetzt sogar auf eine Erklärung für die Reiseroute. Es musste ja einen guten Grund geben, wenn Krummschnabel sich daran beteiligt hatte.

Aber der Chefingenieur war noch nicht auf die Brücke gekommen.

»Entweder«, sagte der Käpt'n, »is' Krummi hier gewesen, als wir Mittag gemacht haben, oder es gibt Probleme bei der Überbringung von Nachrichten. Ich würde die Botin ja aus 'ner Luftschleuse werfen lassen, wenn sie nich' mein eigenes Haustier wäre. So kommt sie mit 'ner Verwarnung davon.«

»Sehr rücksichtsvoll von dir«, kommentierte Birdie spitz. »Wie auch immer. Anton Pawlowitsch wollte mir den Schwachsi... die Flugstrecke an der Tafel erklären.«

»Au ja!«, rief Anton erfreut. »Wie wählen wir also unser nächstes Reiseziel? Nun, ganz einfach. Da wir nicht wissen, welches Sonnensystem geeignet ist, lassen wir immer das Glück entscheiden. Zuerst legen wir die Sternkarten der drei Milchstraßen auf den Fußboden. Genial, oder? Aber das ist ja noch gar nicht das Genialste. Das richtig Geniale kommt noch. Denn danach halten sich Papa und Gei mit ihren Flügeln die Augen zu und springen jeweils auf ein Sonnensystem pro Straße. Womit wir zwei Systeme aus der Soja-, der Kokos-, und der Kuhmilchstraße erhalten. Toll, oder? Aber das ist ja noch gar nicht das Tollste. Das richtig Tolle kommt noch. Wir nehmen nun den sechsflächigen Zufallsgenerator – das ist ein Holzstück, das Dörtie geschnitzt hat – und beschriften jede Fläche mit einem Sonnensystem. Dann verschluckt Krummschnabel das Holzstück, um es sofort wieder kraftvoll auf den Boden zu würgen. Wir lassen das Holzstück ausrollen und fliegen zu dem System, welches oben drauf steht. Da staunst du, was?«

Birdie starrte auf ihre Füße, während sie leise zu pfeifen begann. An ihrem ersten Praktikumstag in einer Anwaltskanzlei hatte sie dieses Rezept gefunden, um bei Verstand zu bleiben, wenn sie von Verrückten umgeben war. Ihr anschließendes Praktikum in einer Nervenklinik war ihr wie Urlaub vorgekommen.

»So leicht ist das«, fügte Anton unbeirrt hinzu. »Den sechsflächigen Zufallsgenerator nennen wir vereinfacht *Würfel* – eine Wortschöpfung aus *würgen* und *Waffel*, weil Nala meinte, wir hätten alle einen an der Waffel.«

»Nun ja«, sagte Birdie, die Augen weiter auf ihre Füße gerichtet. »Vermutlich hätte ich zu weniger drastischen Worten gegriffen, aber im Prinzip hat Nala völlig recht.«

»Ha!«, rief Nala keck.

»Ihr steuert die Sterne in einem auf Glücksspiel basierenden Zickzack-Kurs an«, fasste Birdie es zusammen. »Schwachsinn, dein Name ist Dodo.«

»Wie«, fragte Dörtie, »hätten wir denn sonst wählen sollen? Außerdem muss man sich irgendwie die Zeit vertreiben.«

Birdie atmete so tief durch, dass ihre Lungen schmerzten. Sie hatte seit sechs Wochen nicht geschrien und wollte keinen Rückfall erleiden. »Warum habt ihr nicht den Bordcomputer nach der besten Reiseroute gefragt? Wenn ich ein technologisches Wunder erschaffe, erwarte ich auch, dass man es benutzt. *Fortituu?*«, fragte sie in den Raum. »Hast du alle Sternensysteme analysiert? Warum antwortet der Computer nicht?«

»Der Computer kann nicht reden«, sagte Anton, »sondern nur Befehle ausführen. Solltest du eigentlich wissen, denn du hast ihn gebaut.«

»Natürlich kann der Computer reden«, sagte Birdie. »Sein Name ist Fortituu. Er spricht auf dem ganzen Schiff zu mir. Wer hat seine Lautstärke auf der Brücke abgedreht?«

»Oh, stimmt ja!«, erschrak Nala. »Kurz vor unserer Abreise war ich allein auf der Brücke. Ich habe mich laut gefragt, wie wenig ich wohl wiege, und der Computer hat einfach geantwortet. War nicht sehr nett von ihm. Definitiv gelogen hat er, denn so viel wiege ich nicht! Ich besitze zwar keine Waage, aber ich bin mir sicher, dass ich nicht *so* viel ...«

»SCHLUSS DAMIT!«, schrie Birdie, weil sie das Tollhaus nicht länger ertrug. Sie ging zum Armaturenbrett vor und stellte sich neben Nalas Stuhl.

Die eingeschüchterte Pilotin drückte hastig ein paar Knöpfe, bis die Lautstärke-Anzeige für den Bordcomputer erschien. Sie drehte das Volumen von null auf maximale Lautstärke.

»Computer?«, fragte Nala schweißgebadet. »Meine Chefin möchte mit dir sprechen. Melde dich. *Bitte?*«

»JO. WAS GEHT AB?«, fragte der Computer und Birdie wurde von den Schallwellen zu Boden gerissen.

»Piep«, sagte der Computer Fortituu in aller Seelenruhe, als er mit seinen Berechnungen fertig war. »Da wir uns in der Kokosmilchstraße befinden, wäre es sinnvoll, hier gleich die zwei übrigen Sonnensysteme mit Potenzial abzuchecken. Sofern es euch gerade passt. Anschließend bleiben euch noch vier Systeme in der Sojamilchstraße und neun Systeme in der Kuhmilchstraße. Und bisher habt ihr die Mandelmilchstraße komplett außen vor gelassen. Da könnte man euch ja glatt fragen: *Wieso?* Das tue ich aber nicht, weil mein Interesse bloß geheuchelt wäre. Darf ich mich jetzt wieder entspannen?«

»Sonnensysteme mit Potenzial?«, fragte Wissenschaftsoffizierin Dörtie.

»Kein Problem, fangen wir beim Urschleim an«, sagte Fortituu. »Alle Sterne anzufliegen, war reinste Zeitverschwendung. Leben kann nur in einem Sonnensystem entstehen, das einen Planeten in seiner habitablen Zone besitzt. Klingt logisch, nicht wahr? Na dann, viel Erfolg.«

»Habitable Zone?«, fragten Dirk und Anton.

»Wirklich, Leute?«, stutzte Fortituu. »Sollte man das als Raumfahrer nicht kennen? Dass ich euch euren eigenen Fachbereich erkläre, ist ja schon ein starkes Stück.«

»Was is' das denn für 'ne Göre?«, wunderte sich Dirk über den Computer. Er sah vorwurfsvoll zu Birdie.

Sie wich seinem Blick aus, als sie antwortete. »Ich habe zwar die künstliche Intelligenz des Computers programmiert, aber mir fehlte leider die Zeit, ihm meine tadellose Persönlichkeit zu geben. Ein Kollege aus der Informatik hat mir eine Persönlichkeits-Datei überlassen. Die hieß einfach bloß: *Fortituu. Dufter Typ zum Abhängen.*«

»Jo«, bestätigte Fortituu, »aber unter *abhängen* hatte ich mir nicht so eine öde Kreuzfahrt vorgestellt. Wenigstens kann ich mich mit Birdie gepflegt unterhalten. Die anderen haben im Oberstübchen ganz schön viel heiße Luft. Nebenbei bemerkt: Die Schiffsbibliothek hat Bücher, in denen ihr *habitable Zone* nachschlagen könnt. Warum heißt es überhaupt Schiffsbibliothek? Müsste es nicht Raumschiffsbibliothek heißen? Und ist euch schon aufgefallen, dass ein Raumflug einer Seereise ähnelt? Raumseefahrer. Hm, nein, das ist zu lang. Darüber muss ich nachdenken. Ahoi.«

Der Computer zog sich in eine virtuelle Lounge zurück, wo er sich von beruhigenden Elektro-Klängen berieseln ließ.

Das *Sehr kleine Buch der Fachausdrücke* übersetzt die habitable Zone mit »Wohn-Zone: Die Gegend, in der du deine Wohnung bauen solltest, weil es drumherum zu kalt oder zu heiß zum Leben ist.«

So etwas nennt man eine sehr freie Übersetzung.

Im *Großen Lexikon des Weltalls* beschreibt Dodileo Dodilei die habitable Zone etwas präziser als *bewohnbare Zone* oder *Lebenszone*:

»Damit du flüssiges Wasser hast, sollte dein Heimatplanet a) Wasser haben, und b) den perfekten Abstand zu deiner Sonne besitzen (also in der Lebenszone liegen). Wenn der Abstand zwischen Sonne und Planeten geringer ist, verdampft das Wasser, und wenn er größer ist, gefriert das Wasser. Wie willst du es dann trinken?«

Die Seekuh kam im neuen Sonnensystem an.

Ausgerechnet jetzt, wo es spannend wird, dachte Nala. Sie ließ das Buch auf den Boden plumpsen und schaltete den Autopiloten ab, um die Steuerung eigenhänd... eigenfüßig zu übernehmen. Dann fuhr sie die Warpgeschwindigkeit auf Stufe Eins herunter.

Zur Überraschung der Offiziere umkreiste ein Gesteinsplanet mit Atmosphäre die Sonne in ihrer Lebenszone.

»Glückstreffer«, nannte es Birdie. Schließlich war das Sonnensystem noch mit dem sechsflächigen Zufallsgenerator ausgewählt worden, nachdem zwei Papageien auf Karten gesprungen waren.

Nala beendete den Warpflug, als sie sich dem grünen Planeten näherten. Sie ließ die Schwanzflosse der Seekuh langsam ausschwingen, während die Warpblase sich auflöste. Nun steuerte sie das Schiff mit den beiden Antriebsdüsen in die Umlaufbahn.

Der Käpt'n wollte die zuständige Offizierin beileibe nicht hetzen, aber nach fünfzig Minuten konnte er die Spannung nicht mehr ertragen.

»Birdie ...«, sagte er.

»Ja, Dirk.«

»Ach Quatsch, nich' du, Nummer Zwo. Ich hab' unsre Wissenschaftsoffizierin Dörtie gemeint. Eure Namen klingen viel zu ähnlich. Egal. Dörtie, Planetenanalyse?«

Bisher hatte Dörtie stets mit »Ist ein Gasplanet!« oder »Kein Leben möglich!« geantwortet. Dieses Mal rührte sie sich überhaupt nicht.

Dirk räusperte sich. Birdie hüstelte verlegen. Aber Dörtie gab weiter keinen Mucks von sich.

»Dörtie?!«, begann der Käpt'n von Neuem. »Was sagt deine Anzeige zum Planeten?«

»Tolle Dinge«, antwortete sie knapp und starrte weiter auf ihren Monitor. Ihre Stimme klang, als käme sie von weit entfernt.

Die Sekunden verstrichen. Der Käpt'n versuchte sich jetzt in Geduld zu üben. Er sah Birdie an, die seinen fragenden Blick zurückwarf.

Weitere Sekunden verwandelten sich in ereignislose Geschichte.

»Dörtie?«, fragte der Käpt'n.

»Ja, Käpt'n?«, fragte Dörtie.

»Was für tolle Dinge?«

»Na, reichlich Sauerstoff und Früchte. Und eine erfreuliche Abwesenheit von Fleischfressern. Wisst ihr denn nicht, wie man die Daten liest? Oder habt ihr Probleme mit den Abkürzungen? O2 steht für Sauerstoff, H2O ist Wass...«

»Dörtie«, sagte Birdie so gelassen wie möglich. »Nur du kannst die Daten sehen.«

»Seit wann denn das?«, erkundigte sich Dörtie.

»Schon immer«, antwortete Birdie, deren Gelassenheit kurzlebig gewesen war. »Krummschnabel hat den Monitor nur auf der Instrumententafel der Wissenschaftsoffizierin installiert. Er glaubte, sie könnte die Daten am besten interpretieren. Da ahnte er natürlich noch nicht, dass du die Wissenschaftsoffizierin sein würdest. Und das ist ja auch nur der Fall, weil ich diesen zusätzlichen Aufgabenbereich abgelehnt habe.«

»Mach mal halblang, Doktorchen«, keifte Dörtie. »Das ist noch kein Grund gemein zu werden. Kommt doch einfach zu mir rüber. Ich sitze bloß zwei Meter von euch entfernt.«

Äußerst widerwillig erhob sich der Käpt'n aus seinem Sessel und ging mit Birdie an Dörties Platz. Sie betrachteten die Messwerte.

»Sieht klasse aus, oder?«, freute Dörtie sich.

»Aber«, jammerte der Käpt'n, »dort steht was von einhundertzwölf Prozent Erdanziehungskraft. Da können wir doch gar nich' fliegen! Das is' ja noch zwölf Prozent schlimmer als auf der Erde!«

Für Dörtie machte es keinen Unterschied. »Wir können uns zumindest an der frischen Luft die Beine vertreten und die Einheimischen entführen«, schlug sie vor, ehe sie sehr traurig dreinblickte. »Mein Sezierbesteck ist jetzt neun Wochen alt und noch unbenutzt.« Sie begann zu schluchzen.

»Außerdem«, sagte Birdie, während sie ihren Flügel tröstend auf Dörties Rücken legte, »sollten wir erst einmal unsere Vorräte aufstocken. Sie sind fast aufgebraucht.«

Der Käpt'n hatte andere Pläne und ließ sich nicht beirren. »Nix da. Wir haben dank des Computers jetz' bessere Zielkoordinaten. Ich bin mir sicher, dass wir in wenigen Tagen unsren Wunschplaneten gefunden haben. Falls nich', kommen wir hierher zurück, damit wir nich' verhungern.«

Er machte zwei Schritte nach vorn. Schon stand er bei Pilotin und Navigator.

»Nala, Anton. Alles für den nächsten Worpflug vorbereiten.«

Als die Wissenschaftsoffizierin hitzig mit ihrem Käpt'n über die Vorzüge einer Außenmission diskutierte, verließ

Birdie die Brücke. Ob sie fortging, weil sie sich um ihre Patienten kümmern musste oder weil sie genug Unsinn für weitere sechs Wochen gehört hatte, blieb ihr Geheimnis.

Gleich darauf erschien Papa auf der Brücke. Dass man ihr keine Beachtung schenkte, war die hübsche Papageiendame nicht gewohnt. Und das ließ sie sich auch nicht gefallen. Sie flog zum Käpt'n und setzte sich auf seinen Kopf.

»Aarrghhh!«, rief sie. »Stalt! Wopp! Harten!«

»Was is' los?«, fragte Dirk.

»Talt! Helefon! Argh?«, sagte Papa und wunderte sich: *Was stimmt denn heut' bloß nicht mit mir?*

Der Fahrstuhl sprang auf und Krummschnabel rannte zum Chefsessel.

»Dirk! Ich glaube, jemand möchte mit dir reden!«, sagte er und griff nach dem Telefon in seinem Federbauch.

»Wie jetz'?«, fragte Dirk verdattert.

»Ein Anruf vom grünen Planeten unter uns«, erklärte Krummschnabel. »Klingt nach einer fremden Sprache, doch das kümmert mich nicht.«

»Warum nich'?«

»Nun ja, der Anruf wird mit an Sicherheit grenzender Wahrscheinlichkeit für das hohe Tier an Bord sein. Und das bist du.«

»Aber ... aber«, stotterte Dirk, »woher haben die unsre Nummer?«

Krummschnabel zuckte mit den Achseln. »Vielleicht haben sie Kameras im Orbit. Ich habe meine Telefonnummer vor dem Abflug auf das Raumschiff gemalt. Falls uns jemand *anrufen* will. Du erinnerst dich bestimmt an die wichtige Sitzung in der Schwalbenbucht, bei der du mir das Wort abgeschnitten hast.«

»Nee, tu' ich nich'«, entgegnete Dirk. »Ach, menno. Und wo steht geschrieben, dass ich der Kommunikations-Heini bin?«

»*Kommunikationsoffizier.* Du meintest, wir brauchen keinen.«

»Na gib schon her das Ding«, sagte Dirk und griff nach dem Telefon. »Hier Dodo-Alpha-Jet. Ihr sprecht mit Käpt'n Dirk. Is' da wer? Und wenn ja, wer is' da? Hallo? Hallooohooo? Wir sind nur auf der Durchreise, also macht es kurz!«

Es folgten außerirdische Laute in der Leitung, bis plötzlich jemand sagte: »Die Sprache ist Parrot ... schwer verständlicher ostmauritischer Dialekt ... demzufolge Dodisch? ... Äh, hallöchen, wir sind die Maroner vom Planeten Roerlinga direkt unter euch. Und ihr sprecht Dodisch, also seid ihr vermutlich Dodos. Mann, ist das fett!«

Dirk senkte das Telefon und sah auf seinen Bauch.

»Können die uns sehen?«, fragte er seinen Ersten Offizier.

Krummschnabel schüttelte den Kopf. »Durch unsere Schiffshülle? Vollkommen ausgeschlossen.«

»Also schön«, sagte Dirk ins Telefon. »Was wollt ihr?«

»Nun, diplomatische Beziehungen mit euch aufbauen, natürlich«, erklärte der Maroner. »Ich bin Maronhat, der Präsident von Roerlinga, und ihr seid die erste Spezies aus dem Weltraum, die mit uns Kontakt aufnimmt.«

»Ihr habt uns angerufen!«, erwiderte Dirk vorwurfsvoll.

»Ja, das stimmt«, bestätigte Maronhat. »Und ihr seid in unseren Orbit eingedrungen. Ich schätze, ihr könnt von Glück reden, dass wir heute einen unserer gastfreundlichen Tage haben.«

»Ach so?«, fragte Dirk. »Wir haben aber keine Zeit gerade. Wir suchen einen Planeten mit weniger Schwerkraft.«

»Oh!«, sagte Maronhat enttäuscht. »Das ist bitter. Wirklich jammerschade. Dann kommt uns bitte besuchen, wenn ihr wieder in der Gegend seid. Solange ihr uns nicht fressen wollt. Gastfreundlichkeit kennt Grenzen, haha. Ihr könntet übrigens einen Planeten mit geringerer Schwerkraft in der Mandelmilchstraße vorfinden. Dort existieren zigtausende Sprachen in verschiedenen Sonnensystemen. Na dann, viel Glück bei eurer Suche! Tschau!«

Plötzlich schnappte Krummschnabel mit seinem Schnabel nach dem Telefon und riss es an sich.

»Nenmomenoch«, nuschelte er und verschluckte um ein Haar sein Smartphone.

»Wie bitte?«, fragte Maronhat.

Krummschnabel setzte sich auf den Klappstuhl rechts von Dirk und legte das Telefon in sein Flügelchen.

Dirk entdeckte einen Fehler. »Das is' Birdies Platz. Deiner is' immer noch hier drüben«, sagte er und zeigte auf den Klappstuhl auf der linken Seite.

Krummschnabel schenkte ihm keine Beachtung, weil er mit Maronhat sprechen musste.

»Einen Moment noch!«, rief Krummschnabel. »Wir können erst morgen weiterfliegen. Unser Antriebssystem braucht eine kleine Erholungspause.«

»Was is' los?«, fragte Dirk dazwischen.

»*Darum*«, fuhr Krummschnabel fort, »nehmen wir gern euer Angebot an und bleiben über Nacht, wenn das für euch in Ordnung ist.«

»Das klingt eigentlich prima«, sagte Maronhat, »aber in meinem Ort geht jetzt die Sonne auf.«

»Oh?«, war Krummschnabel überrascht. »An diese Möglichkeit hatte ich nicht gedacht. Macht nichts. Schlaf wird sowieso überbewertet.«

Die Dodos vernahmen Freudenschreie von den Maronern im Hintergrund.

»Dann ist ja alles klar!«, sagte Maronhat glücklich. »Schön, dass endlich *Aliens* zu uns kommen!«

»Unsere Wissenschaftsoffizierin brennt auch schon darauf, euch kennenzulernen«, sagte Krummschnabel, als er sah, wie Dörtie strahlte. »Und es ist großartig, dass wir euch auf einmal so gut verstehen. Warum sprecht ihr unsere Sprache?«

»Weil wir's drauf haben«, erwiderte der maronische Präsident.

»Gute Antwort«, sagte Dirk.

»Erklärt nur nicht viel«, bemerkte Krummschnabel.

Maronhat sah ein, dass es eine gute Antwort gewesen war, die nicht viel erklärt hatte.

»Wir haben mega-leistungsstarke Mikrofone auf Roerlinga«, erzählte er. »Damit konnten wir alle Töne und Sprachen in der Milchstraße aufnehmen. Und anhand der Sprachen entwickelten unsere schlausten Köpfe ein paar Universalübersetzer.«

»Aber manche Sterne«, warf Krummschnabel ein, »sind tausende von Lichtjahren entfernt. So etwas ist also völlig unmöglich! Ganz zu schweigen davon, dass man Geräusche nicht durch den luftleeren Weltraum übertragen kann. Deshalb ist es doppelt unmöglich!«

»Korrekt«, sagte Maronhat. »Die Töne sind nicht über den Weltraum bei unseren Mikrofonen gelandet, sondern durch Dunkle Materie. Wir haben's halt drauf.«

Krummschnabel räusperte sich verächtlich. »Das erwähntest du bereits. Na gut, dann nehmen wir mal an, dass ihr zaubern könnt. Habt ihr noch einen Universalübersetzer übrig? Könnte sich als praktisch erweisen.«

»Wollt ihr nicht erst mal landen?«, fragte Maronhat ungeduldig. »Der Anruf wird mir als *Ferngespräch* berechnet, versteht ihr? In meiner Residenz können wir über die Bezahlung für einen Übersetzer reden.«

»*Bezahlung?!*«, riefen Dirk und Krummschnabel geschockt. Geld hatte es auf Mauritius doch schon seit dem Zeitalter der Flughunde nicht mehr gegeben.

Zum Glück gab Maronhat ihnen eine Alternative: »Meinetwegen könnt ihr uns auch etwas zum Tausch anbieten. Ihr werdet auf dem Schiff sicher Sachen haben, die ihr entbehren könnt?«

»Wir haben noch Pilze im Kühlschrank!«, rief Dirk erfreut.

Schlagartig wurde ganz Roerlinga, vielleicht sogar die ganze Kokosmilchstraße, von grauenvoller Stille erfasst.

Maronhat klang beleidigt, als er nach einer Minute wieder zu den Dodos sprach. »Wir sind intelligente Nachfahren von Pilzen. Das wäre ja so, als würdet ihr einen Papagei essen.«

»Argh, kommt nicht auf den Tisch!«, schrie Papa. »Argh, kommt nicht auf den Tisch!« Danach musste sie kurz überlegen, ob sie gegen die Regeln der Schnabelfaulheit verstoßen hatte. *Puh*, dachte sie. *Ein Laut wie »Argh« zählt für den MOPS nicht als Wort, also waren es genau zehn Wörter. Punktlandung!*

»Maronhat«, sagte Krummschnabel, »wir bitten um Verzeihung. Wir haben das nicht gewusst. Mein Käpt'n wollte dich nicht beleidigen.«

»Schon gut«, sagte Maronhat.

»Erlaube mir«, sagte Krummschnabel, »noch eine letzte Frage, bevor wir landen: Wenn ihr mit anderen Spezies Kontakt aufnehmen wollt, warum fliegt ihr dann nicht selbst zu ihnen?«

»Wir reisen nicht gerne«, antwortete der intelligente Fungus. »Wir lassen uns lieber besuchen, denn wenn's regnet, gehen wir in den Wald. Ihr kommt jetzt einfach auf ein Glas Wasser vorbei, ok? Wartet mal einen kleinen Moment.«

Der Käpt'n sah verdutzt zu seinem Ersten Offizier.

»Vorbeikommen auf ein Glas *Wasser*?«, fragte Dirk.

»Pilze halt«, war alles, was Krummschnabel dazu sagen konnte.

Während die Dodos warteten, begann auf ihrer Brücke eine laute Sirene zu heulen.

Eine Sekunde darauf meldete Maronhat sich wieder. »Wir haben auch Früchtetee, falls ihr den lieber trinkt. Warum ist bei euch im Hintergrund so ein Lärm? Ist das eure Art von *Musik*? Andere Welten, andere Sitten, nehme ich an. Was wollte ich sagen? Die Jets, richtig. Zwei Jets sind auf dem Weg in die Umlaufbahn. Sie eskortieren euch zu meinem Amtssitz. Und sagt eurem Piloten bitte, dass er einen Schwenk nach links machen soll, weil sich unsere Orbit-Kamera mit einer Geschwindigkeit von achtundzwanzigtausend Kilometern pro Stunde direkt auf euch zubewegt! Das könnte böse für euch enden. Falls nicht, bis gleich!«

»Nala«, sagte Dirk, »das dürfte der Grund für den Annäherungsalarm sein.«

»Ich weiß«, sagte die Pilotin, und sie schwenkte die Seekuh lässig nach rechts, da die Richtung keinen Unterschied machte.

Die Seekuh landete in einem riesigen Waldgebiet, auf einer Lichtung mit gepflegtem Rasen.

Der Sitz des Präsidenten war nicht mehr als eine bescheidene Holzhütte. Die Maroner vertraten die Ansicht, dass ein Präsident so arm leben musste wie der ärmste Teil der Bevölkerung. Nur dann konnte man sich sicher sein, dass er gegen Armut kämpfte und Schmiergelder von der Mafia annahm, damit von seiner Wahl alle profitierten.

Hunderte Bürger standen an beiden Seiten der Hütte. Sie hatten braune Köpfe in Hutform und zylinderförmige Körper mit zwei kleinen Händen und Füßen. Die Ähnlichkeit zu ihren Vorfahren verblüffte, obwohl sie mit eineinhalb Metern Körperlänge vermutlich die größten Pilze der Galaxis waren.

Viele Maroner hielten beschriftete Schilder hoch, mit denen sie die Fremden liebevoll willkommen hießen: »Seid gegrüßt, Außerroerlingische!« und »Fühlt euch wie zu Hause, Dodos (plus Haustiere)!«

Die Begrüßungen waren in der Sprache der Maroner

geschrieben, was überhaupt keinen Sinn ergab, weil die außerroerlingischen Dodos (plus Haustiere) natürlich kein Wort Maronisch verstanden. In der Tat gab es im Universum keine einzige Welt, auf der jemals irgendwer begriff, dass Aliens bei ihrer Ankunft nicht die Sprache der Einheimischen lesen konnten. Demnach gab es vielleicht wirklich kein intelligentes Leben im Universum.

Die Pilze wurden immer stiller. Man konnte die Aufregung und Anspannung der Menge spüren.

Nach einer gefühlten Ewigkeit öffnete sich die schnauzenförmige Frachtluke der Seekuh und es traten schemenhafte Gestalten ins Licht. Aus schierer Freude begannen die Maroner zu kreischen.

Die Vögel wurden wie riesige Popstars empfangen. Den Dodos war das Maß an Aufmerksamkeit schon fast unangenehm – im Gegensatz zu den Papageien, die das Bad in der Menge genossen und sich den Maronern für Selfies zur Verfügung stellten.

Kapitel 6: Eine fiel über das Dodonest

Die Strahlen der tiefstehenden Morgensonne schlängelten sich durch den Wald bis zur Lichtung und Holzhütte vor. Die mäßige Wärme, die sie spendeten, verpuffte jedoch durch den kühlen Wind.

»Frisch hier«, bemerkte Krummschnabel, und er schüttelte sich bei neun Grad Celsius. Auf dem Schiff sorgte die Klimaanlage stets für behagliche 28 Grad, die perfekte Wohlfühltemperatur für die tropischen Vögel.

Die Papageien brachen mit den Maronern zur Rückseite der Hütte auf, um ein Gruppenfoto zu schießen, und die Gänse machten einen Ausflug über den Wald. Die Dodos fühlten sich zu Recht vom Spaß ausgeschlossen. Die Mannschaft stand gelangweilt auf der Lichtung herum, während die Offiziere vor Maronhats Tür warteten.

»Vielleicht«, sagte Anton nach zehn Minuten, »ist Maronhat gar nicht mehr in der Hütte, sondern hat sich zu den Pilzen und Papageien dahinter gesellt.«

»Aber woher«, fragte Krummschnabel, »sollen wir das wissen?«

»Es ist denkbar«, sagte Birdie, »dass das Teewasser noch nicht fertig ist.«

»Ich kann auch *klopfen*«, meinte Anton.

Den anderen verschlug es vor Schreck die Sprache.

Wenn Dodos zum Tee eingeladen waren, klopften sie niemals an die Tür des Gastgebers, weil er sonst in Hektik ausbrechen könnte. Stattdessen hielt der Gastgeber am Fenster nach seinen Besuchern Ausschau, sobald er den Früchtekuchen und die Honigkuchengeckos aus dem Ofen genommen hatte. Vor Einführung dieser Tradition waren die meisten Unfälle in der Küche geschehen und bedauerlicherweise hatte immer der Kuchen dran glauben müssen.

An den zwei kleinen Fenstern auf der Vorderseite der Hütte hatte sich bisher noch niemand blicken lassen. Der Käpt'n begann sich zu wundern, ob hier ein kulturelles Missverständnis zwischen Dodos und Pilzen vorlag. Allmählich riss ihm der Geduldsfaden. Er drehte sich zu seiner Besatzung und räusperte sich mehrmals laut.

Eine Minute und unzählige leichte Stupser vergingen, ehe es alle Dodos mitbekommen hatten.

»Wo is' denn das Megafon?«, fragte Dirk.

»Vermutlich auf dem Schiff«, antwortete Birdie.

»Na dort liegt's gut, Nummer Zwo.«

»Du kannst zur Abwechslung auch mal selbst an etwas denken.«

Dirk hatte wenig Lust zu brüllen, aber bei vierhundert Dodos blieb ihm nichts anderes übrig.

»Ähem!«, rief er so laut wie möglich. »Ihr habt jetz' Freizeit. Abgesehen von den Köchen, versteht sich, weil sie Fruchtbrei zum Mittag zubereiten müssen.«

»Dirk«, flüsterte Nala, »wir haben vor vier Stunden in der Kantine Mittag gegessen.«

»Wer im Ausland is', muss sich an die Ortszeit anpassen«, erklärte Dirk und richtete seine nächsten Worte wieder an die Mannschaft. »Köche, Abmarsch, der Brei kocht sich nicht von allein! Ihr andern verteilt euch mal ein bisschen. Steht nich' so flügellahm rum wie auf 'ner Beerdigung! Mischt euch unter die Pilze oder geht euch die Bäume angucken! Na macht schon, ihr seht aus wie ein Haufen nasser Säcke!«

Die Köchin Elise trat aus dem Getümmel hervor und hüstelte. Eine weiße Kochmütze saß schief auf ihrem Haupt.

»Es heißt aber«, sagte Elise, »dass zu viele Köche den Brei verderben, und in diesem Fall geht es tatsächlich um den Mittagsbrei. Darum sollte ich lieber an der frischen Luft bleiben, um das Risiko so gering wie möglich zu halten. Mit deiner Erlaubnis, mein hochverehrter Visionär und Kapitän.«

Sie verbeugte sich tief vor Dirk und seinen Offizieren.

»Mir gefällt ja«, sagte Dirk, »wie respektvoll du mir in den Hintern kriech … Honig ums Maul schmierst, wollt' ich sagen. Aber ich teile deine Ansicht nich'. Du gehst ebenfalls in die Küche zurück. Falls der Brei misslingt, zieh ich dich persönlich zur Verantwortung! Weggetreten.«

Die zwölf Köche gingen mit hängenden Köpfen aufs Schiff, während die große Herde zum Waldrand wanderte. Dort klebten die Dodos erneut auf einem Fleck und lungerten herum. Ein paar von ihnen begannen sich mit ihren Smartphones zu filmen.

»Anton«, sagte Dirk, »wirf mal ein Auge auf sie, damit sie keine Dummheiten anstellen.«

»Jawohl, Chef!«, freute sich Anton und lief zum Waldrand.

»Das war jetz' nich' so gut durchdacht. Hey, Nala! Mein kleines Vögelchen! Sorg' dafür, dass Anton keine Dummheiten macht.«

»Aye, Käpt'n!«, sagte die Pilotin und rannte ihrem Navigator hinterher.

Mittlerweile hatte sich die Hüttentür einen Spalt breit geöffnet.

»Dirk«, sagte Krummschnabel, »ich glaube, wir werden beobachtet«

»Isses wahr?!«, fragte Dirk. »Wird aber auch mal Zeit, dass mich jemand wahrnimmt.«

Ein brauner Kopf erschien an der Tür und blickte zaghaft auf die Dodos.

Dörtie war völlig aus dem Häuschen. »Huhu, Pilzköpfchen! Trau dich ruhig, ich tu dir nix!«, log sie ihn an.

Der Maroner trat aus der Hütte und zog einen kleinen Wagen mit sich, auf dem eine leuchtende Holzbox stand.

»Hte Ronmatah. Kllih'sal kmyla 'te olyxnk? Fym lopo tarh'jk ka'ödsjd!«, sagte der Pilz.

Die Holzbox hatte es zeitgleich in der Stimme des Pilzes übersetzt: ~»Ich bin Maronhat. Warum habt ihr nicht angeklopft? Wir warten schon längst auf euch!«~

Gleich darauf kamen weitere Pilze aus der Hütte. Eine Pilzfrau hielt eine zweite Übersetzerbox in den Händen.

»Darf ich vorstellen«, sagte Maronhat. »Meine Stabschefin Amanita und mein Sicherheitsberater Champino. Sie interessieren sich für rückständige Technik und würden sich deshalb gern euer Raumschiff anschauen. Falls ihr es gestattet.«

»Au ja, tun wir!«, sagte Dörtie. »Äh, Käpt'n, das tun wir doch, oder? *Bitte?*«

»Ausnahmsweise«, erwiderte Dirk. »Dann wirst du sie aber alleine herumführen müssen.«

»Klasse!«, sagte Dörtie und sah die Pilze strahlend an. »Ich bin die Dörtie. Zuerst zeige ich euch mein kleines, aber feines Labor! Ich bin nämlich Biologin und Wissenschaftsoffizierin, wie ihr gleich an der eigenen Haut erfahren werdet. Hihi.«

Sie brachte Champino und Amanita zügig zum Schiff.

Birdie sah ihnen amüsiert nach und dachte: *Dörtie ist sehr beliebt für ihren schwarzen Humor. Natürlich handeln ihre Scherze immer nur von einem Thema: Wie seziert man Außerirdische? Wie kreuzt man sie mit Papageien, um Supersoldaten zu erschaffen? Doch das ist nun mal ihr Fachgebiet. Davon abgesehen wirkt sie oft sehr ernst, fast schon humorlos ... Ach du liebe Göttin!!! Sie hat womöglich in ihrem ganzen Leben noch nie einen Witz gerissen!*

Birdie atmete tief ein. Nein, kein Dodo war so skrupellos, nicht einmal Dörtie. Richtig, Dörtie war nur ein Spaßvogel. Aber wie gut kannte man einen Dodo jemals wirklich, bevor man ein psychologisches Gutachten von ihm erstellt hatte? Vorsicht war besser als Nachsicht.

»Diiirrrk!«, sagte Birdie. »Willst du Dörtie ernsthaft mit den Maronern allein lassen?«

»Warum denn nich', Nummer Zwo? Die Pilze werden ihr schon nix tun.«

»*Das* ist mir auch klar«, sagte Birdie, »doch sie wird vielleicht ... Ach, vergiss es. Ich bin gleich wieder da.«

Birdie lief zu der Dodoschar am Waldrand, um mit Anton zu reden. Vor lauter Dodos konnte sie ihn aber nicht entdecken.

»Anton Pawlowitsch?!«, rief sie.

Sie erhielt keine Antwort.

»NAVIGATOR ANTON! MELDE DICH!«

Die Dodos, die direkt vor Birdie standen, versuchten den Abstand zu ihr zu vergrößern.

»DAS IST EIN BEFEHL!«, fügte sie vorsichtshalber hinzu.

»Jawohl, Chefin«, erklang Antons Stimme. Er musste mit seinem Hintern ein Dutzend Artgenossen zur Seite schubsen, bis er vor ihr stand.

»Was gibt's denn?«, fragte er.

»Ich habe einen äußerst wichtigen Auftrag für dich«, antwortete Birdie. »Es ist keine Übertreibung, wenn ich sage, dass dein Handeln über Leben und Tod, ja sogar über Krieg und Frieden entscheiden könnte.«

»Ach du heilige Polly«, sagte Anton. »Das klingt ein bisschen heftig. Verantwortung übernehmen ist eigentlich nicht so mein Ding. Ich verzichte lieber.«

Birdie klopfte mit ihrem Fuß rasend schnell auf den Waldboden, wie ein Kaninchen mit seinen Hinterläufen. »*Anton*, du folgst Dörtie und den Pilzen sofort ins Biolabor und beoba...«

»Hey, Nummer Zwo!«, rief Dirk über die halbe Lichtung. »Kommst du jetze mal her hier?! Wir wollen uns Maronhats Bruchbude genauer von innen angucken! Mit Anton hättest du auch auf'm Schiff quatschen können!«

»Ja, ich komme doch gleich!«, rief Birdie zurück. »Meine Güte! Glaubst du, ich erledige freiwillig deine Arbeit!?«

»Nun werd' mal nich' gleich pampig, Fräulein!«

Birdie überhörte Dirks Respektlosigkeit nur zum Schein. Sie kümmerte sich zuerst um Anton, weil die Zeit drängte.

»Lauf schnell ins Labor«, befahl sie ihm, »und hindere Dörtie daran, die Maroner zu sezieren oder anderweitig zu verletzen.«

»Du glaubst wirklich, dass sie ...«

»Ich bin mir nicht sicher, ok? Jetzt nimm endlich die Beine in den Flügel!«

»Ich gehe ja schon«, sagte Anton.

Als Birdie zurück zur Hütte stampfte, spießte sie Dirk mit ihren Blicken auf.

»So«, sagte Dirk zum Präsidenten, »nun is' Frau Doktorchen anscheinend auch endlich so weit.«

Genau in diesem Augenblick trat Birdie dem Käpt'n auf den Fuß. Unter normalen Umständen hätte Dirk kaum mehr als ein kleines Stechen in den Fußknochen gespürt. Doch in diesem Fall musste er Birdies ganzes Körpergewicht aushalten, weil sie es geschickt verlagerte.

Dirk sank mit einer Theatralik zu Boden, bei der brasilianische Fußballstürmer vor Neid erblasst wären.

»Himmel, Aas und Zwirn!! Dieser Schmerz!!! Biste blind, oder was?!«, schrie er.

»Oh, das tut mir aber *leid*«, sagte Birdie mit zuckersüßer Stimme. »Da habe ich dich wohl übersehen. Von mir aus kann's losgehen, worauf wartet ihr?«

»Darauf, dass der Schmerz nachlässt.«

»Ist nicht mal ein Knochenbruch, also hör auf zu jammern.«

»Woher weißt du das so schnell?«, fragte Dirk ungläubig.

»Ärztlicher Instinkt«, antwortete Birdie. »Ich hab's nicht knacken gehört.«

Maronhat verfolgte die Szene geduldig und mit Verwunderung. In seiner Sprache gab es den Ausdruck *schräger Vogel* bisher nicht, doch das würde sich mit dem heutigen Tag ändern.

»Entschuldigt bitte«, sagte Krummschnabel zu Dirk und Birdie. »Ich störe euch nur ungern beim Flirten, aber ich glaube, unsere Haustiere wollen auch mit.«

Er deutete auf Papa, Heribert und Gei, die gemächlich um die Hütte gelaufen (und gehumpelt) kamen.

»Na los, husch, husch«, rief Krummschnabel die Papageien. »Kommt mal aus dem Knick. Warum laufen, wenn man fliegen kann?«

Die drei Haustiere setzten sich auf die Rücken ihrer jeweiligen Besitzer. Genau genommen verhakte Gei sich in Krummschnabels Irokesenschnitt, während Heribert zu der Erkenntnis gelangte, dass er doch lieber auf Birdies Kopf sitzen wollte.

»Ah, Heribert!«, rief Birdie. »Ich kann nichts sehen!«

Papa ersparte Dirk solchen Ärger. Sie spürte, dass ihr Fütterer fürs Erste genug gelitten hatte.

»Argh«, krähte sie. »Was geht ab?«

In den Gefäßen der Seekuh ... Pardon ... Auf den Gängen des Schiffes mussten die 1,50 Meter großen Amanita und Champino gebückt gehen. Für Dodos war die Deckenhöhe von 1,30 Meter mehr als ausreichend, obwohl Krummschnabel gewöhnlich den Kopf leicht senkte, damit seine Frisur nicht an der Decke entlang schliff.

Dörties Biolabor befand sich auf der Krankenstation, denn es war ursprünglich ein Patientenzimmer gewesen. Birdie hätte das umgemodelte Zimmer nur im Fall einer schlimmen Seuche zurück benötigt.

»Da wären wir«, sagte Dörtie, als sie das Labor betraten. »Willkommen in meinem kleinen Reich.«

Auf einem rechteckigen Tisch lagen und krabbelten die Ergebnisse ihrer Experimente.

»Während der langen Worpflüge«, erzählte sie, »ziehe ich mich manchmal hierher zurück und züchte neue Hybriden aus Käfern und Pflanzen. Oft verlängere ich auch meine Toilettenpausen, um mir heimlich die Entwicklung der Experimente anzuschauen. Oh, den letzten Punkt hätte ich euch vielleicht nicht verraten sollen. Na ja, was soll's. Ihr werdet sowieso niemandem mehr davon erzählen können.« Es klang nicht nach einer Drohung, sondern wie eine beiläufig erwähnte Tatsache.

Amanita und Champino sahen sich entsetzt an. Danach schüttelte die Stabschefin den Universalübersetzer kräftig durch. Hatte er Dörties letzte Worte korrekt übersetzt?

Als die Pilze noch über Dörties Absichten grübelten, kam Anton hechelnd ins Zimmer gerannt.

»Boah«, stöhnte er. »Ich muss mehr Sport machen ... oder weniger ... Ich leg' mich mal kurz auf den Boden, damit ich aufhöre zu keuchen.«

Er legte sich mal kurz auf den Boden, doch er hörte nicht auf zu keuchen.

»Was willst du hier?«, fragte Dörtie angesäuert. »Das ist ein ungünstiger Zeitpunkt. Ich muss arbeiten!«

»Ich ... äh ... soll dir ... dabei helfen«, stotterte Anton.

»Warte mal einen Moment«, erwiderte Dörtie.

Sie nahm mit ihrem Schnabel eine Sprühdose vom Tisch und wandte sich den Maronern zu. »Ef wirf üferhauff niff wehfun«, nuschelte sie, bevor sie ihren Schnabel zusammenbiss und Betäubungsgas in die Pilzgesichter sprühte.

Die Maroner fielen kerzengerade nach hinten und schlugen hart auf dem Boden auf.

»Oh je!«, jammerte Anton. Er rappelte sich hoch. »Ich sollte dich davon abhalten, sie umzubringen.«

Mit einem Achselzucken stellte Dörtie die Sprühdose zurück auf den Tisch.

»Die Pilze leben noch«, sagte sie. »Sie sind betäubt. Wenn ich sie vergiftet hätte, könnte ich ihre Zellen nicht mehr verwenden. Aber jetzt raus mit der Sprache: Wer will, dass du mich am Forschen hinderst?!«

»Puh«, atmete Anton erleichtert auf. »Also komme ich nicht zu spät. Ich handele auf Befehl von Birdie und aufgrund ... einer inneren Stimme, die mir nicht gestattet, Böses zu tun. Äh, diese Wortfindungsschwierigkeiten immer ...«

»Du redest von deinem *Gewissen*?«, fragte Dörtie.

»So ist es«, sagte Anton. »Ich hoffe, das ist alles nur ein Missverständnis, weil ... nun ja ... weil die Götter es nicht gutheißen werden, wenn du hilflosen Pilzen Schaden zufügst.« Er versuchte sich an einen besseren Grund zu erinnern, was ihm schließlich gelang. »Wenn du die Maroner anrührst, zettelt du vermutlich einen Krieg an. Den Gedanken finde ich schrecklich. Kriege sollen die Lebenserwartung deutlich senken, und mich beschleicht das ungute Gefühl, dass es mich als Ersten treffen würde.«

»Du willst mich wohl veräppeln?«, fragte Dörtie empört. »Ich rede seit Monaten davon, dass ich außerirdisches Gewebe für die Herstellung von Supersoldaten benötige. Aber falls es dein Gewissen beruhigt: Die Maroner sind Pilze, was sie schon beinahe zu Pflanzen macht. Nun sei still und lass mich arbeiten!«

Anton starrte sie mit großen Augen an. »Alle haben angenommen, dass du Witze reißt. Schwarzer Humor galt als deine große Stärke, doch offenbar schnappst du jetzt völlig über?«

Dörtie überlegte kurz, dann schüttelte sie langsam ihren Kopf. »Ob ich *jetzt* überschnappe? Nein, um ehrlich zu sein, war ich schon immer so«, sagte sie. »Kleine grüne Männchen stellen eine Gefahr für unsere Zukunft dar. Du glaubst doch nicht, dass alle Außerirdischen friedlich sind? Wir werden in der Galaxis noch auf Kreaturen treffen, die uns für Ameisen halten. Sag mir, lieber Anton: Haben deine Eltern dir nie aus dem Seefahrerbuch vorgelesen? Es hieß *Jürgen auf den sieben Gewässern*, oder so ähnlich.«

»Ja, ich kenne das Buch«, sagte Anton verwirrt. »Ich weiß bloß nicht, was das mit Ameisen und Außerirdischen zu tun hat.«

»Vergiss die Ameisen. Niemand frisst Ameisen«, sagte Dörtie. »Aber wilde Bestien fressen Beutetiere! Erinnere dich nur mal an die Löwen, Kaninchen und Wölfe. Diese Raubtiere haben Jürgens Mannschaft ausgedünnt. Daran erkennst du, dass wir hilflose Beute sind. Und deswegen…«

»Ich glaube, du bringst da etwas durcheinander«, quatschte Anton dazwischen. »Kaninchen sind keine Raubtiere. Du meinst vielleicht Kamele, die das Fleisch ihrer Opfer in ihren Höckern speichern.«

»Anton«, sagte sie langsam und eindringlich, »ich wollte auf Folgendes hinaus: Jürgens Geschichten waren keine Märchen, um Küken zu erschrecken. Die wilden Bestien gibt es wirklich. Heutzutage glaubt auch kein Dodo mehr, dass Haie bloß Fische fressen.«

Anton nickte traurig. »Seit dem Wasserpark-Massaker vor zwölf Jahren glaubt das niemand mehr«, bestätigte er.

»Eben«, sagte Dörtie. »Nun stell dir die ganzen außerirdischen Raubtiere vor, die in den Weiten des Alls auf uns warten. Ich sehe es als meine Pflicht an, die Besatzung zu schützen. Umso besser, dass wandelnde Pilze mir ins Labor folgen.«

»Aber die Maroner sind keine Raubtiere!«

»Ich baue darauf, dass sie mir anderweitig helfen«, erwiderte sie. »Viele Pilze haben giftige Inhaltsstoffe. Um ihr Gift zu gewinnen, muss ich die Pilze zerteilen, zerlegen und zerschneiden, bis ich die Hyphen habe. Hyphen sind die feinen Fäden, aus denen Pilze bestehen.«

»Dörtie, bitte, die armen Maroner …«

»Anton, wir können nicht die Füße hochlegen, bis wir auf gefräßige Außerirdische treffen. Dann ist es zu spät.

Die Maroner sind Pilze, keine Tiere. Du hast gestern Pilze zum Mittag gegessen. Wo ist der Unterschied?«

»Maroner können reden«, sagte Anton.

»Ach, das können Haustiere und Computer auch«, wiegelte Dörtie ab. »Ich weiß, du machst dir Sorgen, mein Piepmatz, aber ich versichere dir, dass es keinen Krieg geben wird. Mit unserem Worpantrieb sind wir längst über alle Berge, bevor Maronhat seine Mitarbeiter überhaupt vermisst.« Plötzlich geriet sie ins Grübeln. »Hm ... jetzt, wo ich es laut sage, fällt mir auf, dass ich nicht alles bedacht habe.«

»*Ach? Wirklich?*«, fragte Anton spitz.

»Die ganze Mannschaft befindet sich momentan an Land«, sagte sie. »Du musst ihr befehlen, aufs Schiff zurückzukehren. Danach gibst du dem Käpt'n das Zeichen zur Flucht! Du bist meine Rettung, mein Lieber! In der Zwischenzeit beginne ich mit der Pilzfrau. Wo habe ich denn jetzt schon wieder mein Sezierbesteck hingelegt... Ach, da ist es ja!«

Anton war baff und sprachlos. Wie die meisten Dodos hatte er Dörties Pläne nicht ernst genommen. Obwohl sie ihre Absichten schon seit dem ersten Tag klar und offen kommuniziert hatte. Diesbezüglich konnte man ihr wirklich keinen Vorwurf machen. Natürlich wusste ein jeder, dass Dörtie nicht alle Tassen im Schrank hatte, aber dieser Zustand galt als völlig normal. Ein spärlich befüllter Tassenschrank gehörte zum Wesen eines Dodos, weil die Vögel nie aus Tassen tranken.

Birdie war die Einzige, die sich mit der Verrücktheit an Bord nie anfreunden konnte. Allerdings war ihr entgangen, dass neben dem typischen Dodo-Wahnsinn sehr kaltes Blut durch Dörties Adern floss.

»Du bist *böse*«, sagte Anton, »und du merkst es nicht, weil du die Maroner als Pilze betrachtest. Aber sie sind mehr als das. Sie sind Personen! Du solltest schnell zur

Vernunft kommen, sonst wirst du den Rest deines Lebens in einer Zwangshose verbringen!«

Aus einem guten Grund, der vielleicht schon ein- oder zweimal angedeutet wurde, konnte man sich eine Zwangsjacke bei einem Dodo sparen.

In Antons Stimme schwang noch ein wenig Hoffnung mit, dass er Dörtie umstimmen könnte. »Jetzt wecke die Maroner wieder auf und entschuldige dich bei ihnen.«

»Es gibt keine Zwangshosen an Bord«, sagte Dörtie, »weil Birdie meinte, dass sie dann gleich vierhundert Stück hätte einpacken müssen. Hihi, verstehst du? Sie hält jeden von uns für plemplem. Und da hat sie sicher recht. Aber bin ich verrückter als du, weil ich finde, dass wir in einem Universum voller Raubtiere an unser eigenes Überleben denken sollten? Birdie würde sagen, dass wir besser sein müssen, weil wir keine dummen Tiere mehr sind. Ich sage, dass es einer hungrigen Raubkatze schnurzpiepegal ist, welcher Dodo einen Doktortitel hat. Der Löwe schnappt sich trotzdem denjenigen, der am langsamsten wegrennt. Was bringt uns Intelligenz, wenn wir uns nicht vor Gefahren schützen? *Anton?*«

Anton hatte gesehen, dass der Universalübersetzer noch in Amanitas Armen lag. Er beugte sich zu ihr und Champino hinunter.

»Aufwachen, es regnet! Lecker Wasser schlürfen!«, schrie er, bevor er zu dichten und singen begann:

♫ ♪ ♫

Ein Fungus steht im Walde,
Aus Fäden fein,
Ist trotz des braunen Hutes
Kein Pilz aus Stein.
Sagt, wer mag das Pilzlein sein,
Das da steht im Sonnenschein
Mit dem braunen, schönen Käppelein?

Sein Schwesterchen daneben
Ist schon ganz platt,
Doch endlich fällt der Regen,
Sie trinkt sich satt.
Sagt, wer mag das Pilzlein sein,
Das da steht im Wolkenschein,
Mit dem braunen, schönen Käppelein?

gerappt:

Zwei Pilzlein steh'n im Wolkenschein,
Weil sie sich auf den Schauer freu'n.
Der Regen lässt sie rasch gedeih'n,
Das könn' nur die Maroner sein!

♫ ♪ ♫

»Uh, Anton«, sagte Dörtie angewidert. »Der Anfang klang ja vielversprechend, aber der Sprechgesang am Ende war schrecklich. Wie auch immer. Ich denke, du solltest dich *ausruhen*, bis ich die Pilze zerlegt habe.«

Sie schnappte mit ihrem Fuß nach dem Betäubungsgas und richtete es auf Anton.

»Ich hab' dir«, sagte Dirk, »meine Adieu-Tanten noch gar nich' ... was willst du, Nummer Zwo? ... meine Adjutanten, richtig ... ich hab' sie dir noch gar nich' vorgestellt, Herr Pilzpräsident. Das is' Krummi, mein Erster Offizier und Chefingenieur. Und hier is' meine zweite Stellvertreterin: Nummer Zwo. Sie ist die Schiffsärztin, Informatikerin und den Rest hab' ich vergessen.«

»Eigentlich heiße ich ja Frau Dr. Birdex Pert, doch alle nennen mich Birdie.«

»Oder Nummer Zwo«, beharrte Dirk.

Maronhat lachte, als seine Box die Übersetzung ausgespuckt hatte. »Dr. Vogel-Expertin, genannt Vögelchen. Toller Name.«

Die Dodos und Papageien hatten keine Ahnung, wovon Maronhat sprach. Gelegentlich wurde der Universalübersetzer etwas übermütig bei Eigennamen wie *Birdex, Pert* und *Birdie,* die bloß zufällig mit Wörtern aus anderen Sprachen übereinstimmten. Am Ende war eine Maschine eben nur so schlau, wie ihre Künstliche Intelligenz es erlaubte.

Birdie fand, dass sie mehr Respekt verdiente. »Ich bin außerdem Anwältin, Psychologin und eine Tierärztin für alle Kreaturen außer Staubmilben.«

Maronhat nickte höflich, fand jedoch Krummschnabels Äußeres beeindruckender. »Das ist eine sehr ausgefallene Frisur«, sagte er anerkennend. »Mutig, aber ganz schick.«

Nach einem Rundgang durch die bescheidene Hütte führte Maronhat die Vögel in sein Wohnzimmer, das sehr spärlich eingerichtet war. Ein abgenutztes Stoffsofa und drei klapprige Holzstühle bildeten einen Kreis um einen quadratischen Kaffeetisch. Die Möbel standen auf einem rotbraunen Teppich, der aus dem Fell roerlingischer Eichhörnchen gewebt worden war.

Maronhat setzte sich auf einen der Holzstühle und deutete auf die freien Plätze.

Der Käpt'n fackelte nicht lange und sprang mit einem großen Satz aufs Sofa. Er breitete seine ganze Körperfülle aus, damit für Birdie und Krummschnabel kein Platz blieb und sie sich auf die anderen Stühle setzen mussten.

Gei fand den Teppich angenehm flauschig und legte sich auf ihn, während Heribert in Birdies warmen Bauchfedern versank. Nur Papa hing buchstäblich in der Luft:

Mit lässigen Flügelschlägen hielt sie sich über den Köpfen der Dodos und beobachtete sie von oben herab.

Als Dirk aus dem Fenster blickte, sah er, wie ein starker Regenschauer auf seine Mannschaft niederging. »Ganz schön kalt und regnerisch auf eurem Planeten, mein lieber Scholli.«

»Das Wetter ist mäßig, das Klima gemäßigt«, erklärte Maronhat. »Ihr solltet im Sommer wiederkommen. Dann ist der Regen herrlich warm.«

»Argh!«, sagte Gei. »Auf Mauritius immer warm.«

»Sind eure Papageien Geschwister?«, fragte Maronhat die Dodos.

»Papa und Gei sind es«, antwortete Krummschnabel.

»Interessante Namensgebung«, sagte Maronhat.

»Und sie tragen ihre Namen aus einem guten Grund, an dem es nichts Lustiges gibt«, sagte Krummschnabel mit einem Anflug von Trotz. »Dirk und ich fanden sie vor zwanzig Jahren nach einem Sturm. Damals gingen wir in die 2. Klasse. Auf dem Heimweg hörten wir ein schwaches Piepen und entdeckten ihr Nest, das in einer Pfütze auf dem Kopf lag! Wir warteten bis zur Dunkelheit auf ihre Eltern, aber niemand erschien. Es gab nichts, was wir noch hätten tun können. Wir brachten die Küken zu Dirks Eltern, die schon drei erwachsene Papageien hatten. Dirk durfte nur ein Küken behalten, also nahm ich das andere. Die nächsten Jahre verbrachten wir alle Nachmittage zu viert. So wuchsen unsere Sittiche als normale Geschwister auf, mehr oder weniger. Wir tauften sie Papa und Gei, weil sie von Anfang an unzertrennlich waren.«

Birdie hatte Tränen in den Augen. »Herzergreifende Geschichte«, sagte sie. »Das wusste ich noch gar nicht.«

»Sehr rührend«, pflichtete Maronhat ihr bei.

»Na ja«, sagte Dirk. »Hätt' ich als kleiner Bub gewusst, was ein Haustier für Arbeit macht, dann hätt' ich es mir zweimal überlegt«, behauptete er in einem missglückten

Versuch, seine wahren Gefühle zu verbergen. Seine Tränen bildeten Wasserlachen auf dem Boden.

Die Stimmung im Raum war etwas getrübt.

»Nun gut«, sagte Maronhat. »Wie wäre es, wenn wir erst mal das Geschäftliche klären, ehe wir unseren Plausch fortführen?«

Die Vögel sahen auf den Universalübersetzer, den Maronhat neben seinen Stuhl gestellt hatte. An der Oberseite des Übersetzers war eine Kamera befestigt, die Bilder direkt ins künstliche Gehirn sendete. Mit Algorithmen und Logik konnte es deshalb auch die vielfältigsten Zeichen als Worte erkennen und übersetzen.

»Was willst du denn für die Übersetzerbox haben?«, fragte Dirk.

»Hm«, überlegte Maronhat, »vielleicht interessieren sich unsere Wissenschaftler für die Baupläne eures Raumschiffs oder seines Antriebssystems. Apropos Antriebssystem: Erschafft ihr Wurmlöcher oder einen Hyperraum?«

»Argh, Worpantrieb!«, rief Gei. »Name mir eingefallen!«

»Genau«, bestätigte Krummschnabel. »Das ist eine Raumzeitkrümmungsmaschine, auch als Raumzeitverzerrungsapparat bei uns Dodos bekannt.«

»Ah«, sagte Maronhat abwinkend. »Ein alter Hut. Trotzdem bin ich auf eure Technik gespannt, da man einen Warpantrieb auf verschiedenste Weise bauen kann. Und wie erzeugt ihr Strom? Mit Solarflügeln?«

»Mit unserem Fusionsreaktor«, sagte Krummschnabel ganz nüchtern, so als wäre Kernfusion die leichteste Sache auf der Welt.

»Ihr seid weniger primitiv, als ich dachte«, gab Maronhat beeindruckt zu. »Welche Kerne benutzt ihr?«

»Wir lassen Wasserstoffkerne zu Heliumkernen verschmelzen. Genauso wie es die Sterne machen. Gibt es etwa noch andere Möglichkeiten?«

»Natürlich«, sagte Maronhat. »Doch ihr habt die einfachste Option gewählt. Das überrascht mich nicht. Na schön, ich denke, wir werden uns auf ein gutes Tauschgeschäft einigen.«

Er stand auf und rollte den Teppich ein Stück zusammen, weshalb Gei in Sicherheit flüchtete. Danach trat Maronhat zweimal gegen eine unscheinbare Stelle auf dem Parkett, und unter dem Boden erklang ein mechanisches Klirren.

»Dann kommt mal mit in unsere Unterwelt«, sagte er.

Die Dodos guckten dumm aus den Federn.

»Das eilt nicht«, sagte Birdie. »Die Welt der Lebenden gefällt mir ganz gut.«

»Wie bitte?«, fragte Maronhat, bevor ihm ein Licht aufging. »Ach so, keine Angst. Wir Maroner glauben nur an das Hier und Jetzt. Wir nennen unsere Höhlenanlagen *Unterwelt*, weil sie sich unter der Oberfläche befinden.«

»Com...pu...ter«, krächzte Anton. »Hilf mir.«

Es war schon erstaunlich, dass Anton überhaupt ein paar Worte herausbekam, wenn man bedachte, dass Dörtie ihm seit einer viertel Stunde in den Hals biss und ihre Füße in seinen Bauch hämmerte.

Widerwillig stoppte Fortituu eine Pokerrunde, bei der er im Begriff war, haushoch gegen seine Unterprogramme zu verlieren. Ausgerechnet das Ethikprogramm lag klar in Führung. Fortituu glaubte noch daran, das Blatt wenden zu können, doch zuerst rief die lästige Arbeit.

»Wer stört?«, fragte er.

Anton warf sich mit letzter Kraft nach vorn und begrub die Biologin unter sich. »Sie wird uns alle ins Verderben stürzen!«, schrie er.

Dörtie stieß ihn mit ihren Füßen von sich. »Ich will die ganze Besatzung retten!«, rief sie. »Er sorgt sich bloß um die Pilze, die er nicht essen kann! Computer, du hältst dich da gefälligst raus!«

Dieses Mal wurde Anton von Dörtie zu Boden geworfen. Das Kämpfen nahm ihre volle Aufmerksamkeit in Anspruch, weshalb ihnen entging, dass die Sprühdose mit dem Betäubungsgas dicht an ihnen vorbeirollte.

Fortituu wirkte für drei Zehntelsekunden ratlos, ehe sein Ethikprogramm ihm flüsterte, dass das Dodoweibchen böse Absichten hegte.

Der Computer suchte auf dem ausgestorbenen Schiff nach Hilfe ... und fand sie in der Küche.

Im Großen Lexikon des Weltalls schreibt Dodileo Dodilei, dass das Universum im Prinzip nur aus drei Dingen besteht: »*Stinknormale Materie*, *Dunkle Materie* und *Dunkle Energie*. Alles, was wir sehen können, besteht aus normaler Materie – egal ob lebende Geschöpfe (Tiere, Pflanzen, Pilze, Bakterien, sogar deine Nachbarn) oder leblose Objekte (alles andere).

Die Dunkle Materie und die Dunkle Energie bezeichnen wir nur deshalb als »dunkel«, weil wir: a) sie nicht sehen können, und b) keinen Schimmer haben, was sie überhaupt sind.«

Nachdem Maronhat seine Gäste fünfhundert Stufen in die Tiefe geführt hatte, standen sie plötzlich vor einem silbernen Zug, dessen Kopf aus einem runden Tunnel herausragte.

»Ich«, sagte Maronhat, »bitte nochmals um Entschuldigung, dass es keinen Fahrstuhl gibt. Wir lieben Technik, aber nicht überall erachten wir sie als sinnvoll. Bewegung ist uns sehr wichtig.« Er sah auf die schwer atmenden Dodos.

»Müssen wir«, fragte Dirk matt, »die Treppen nachher wieder *hochlaufen*?«

»Selbstverständlich«, sagte der Präsident, »doch jetzt könnt ihr erst einmal die Füße hochlegen. Es geht mit der U-Bahn weiter.«

»U-Bahn?«, wiederholte Krummschnabel.

»Die Unterwelt-Bahn genau vor deinen Augen. An einigen Abschnitten unseres Höhlensystems wird der Zug wegen des hohen Grundwassers auch zu einem Unterwelt-Boot, kurz U-Boot genannt.«

»Argh«, sagte Gei. »Da steig' ich nicht ein. Kannst du knicken.«

»Hinterherfliegen ist nicht. Zug sehr schnell«, sagte Maronhat, der sich mühelos an die Ausdrucksweise der Papageien anpassen konnte. Der Universalübersetzer übertrug alles korrekt, da er ebenso im Niveau flexibel war.

Als sie in der U-Bahn Platz nahmen, setzte sie sich augenblicklich in Bewegung.

»Für einen Maroner«, sagte Maronhat, »besitze ich nicht mehr als technologisches Grundwissen, doch ich möchte, dass unsere Wissenschaftler euch mit einer klitzekleinen Kostprobe inspirieren. Vor allem dich, lieber Krummschnabel. Die Wissenschaftler werden dir nicht erklären, wie unsere Technologien funktionieren, weil du es eines Tages selbst herausfinden sollst. Sie zeigen dir lediglich, was machbar ist.«

»Redest du von magischen Mikrofonen, die alle Sprachen in der Galaxis einfangen?«, fragte Krummschnabel spöttisch. »Oder von anderen unmöglichen Dingen?«

»Nicht unmöglich, sondern unglaublich. Dunkle Materie ist der Schlüssel. Ihre Masse sorgt dafür, dass Galaxien nicht auseinanderbrechen. Und sie hat noch ein paar andere Tricks auf Lager. Einen wirst du zu sehen bekommen. Warte es ab.«

Auf der Fahrt saß Maronhat neben Birdie, die den Universalübersetzer als Fußbank für ihre ausgestreckten Beine benutzte. Der Pilzpräsident ließ es ihr durchgehen, weil sie wie ein Unschuldslamm guckte. Dabei bemerkte er zum ersten Mal ihre Halskette. Die Kette wurde von einer kleinen Figur verziert: einem Papagei mit vier Flügeln.

»Was ist das für ein Geschöpf?«, fragte Maronhat und deutete auf die Figur.

»Es ist eine Darstellung unserer obersten Göttin, der Bekloppten Polly«, sagte Birdie.

»Verstehe. Und warum verehren Dodos eine Papagei-Göttin?«

»Agh!«, rief Heribert. »Damit Mama die Dodos ins Paradieschen lässt!«

Maronhat war so klug wie zuvor.

»In gewisser Weise«, sagte Birdie, »hat Heribert recht. Wir Dodos glauben, dass unsere Papageien die Kinder der Bekloppten Polly sind. Ihre Seelen werden in sterblichen Hüllen auf der Erde geboren, um uns Dodos zu prüfen. Wenn wir unsere Papageien gerecht und liebevoll behandeln, dürfen wir eines Tages ins Paradies *fliegen*. Falls Polly denkt, dass unsere Barmherzigkeit noch Luft nach oben hat, werden wir wiedergeboren. Immer und immer wieder, bis sie unsere bedingungslose Liebe für ihre Kinder fühlen kann.«

»Glauben alle Dodos daran?«, fragte Maronhat.

»Die meisten tun es«, sagte Birdie. »Ich muss zugeben, dass ich zu den Zweiflern gehöre. Ich bin mit der Heiligen Schrift *Die Bekloppte Polly und ihre Papageienbrut* aufgewachsen, aber heute ... Heute führen Wissenschaft und Glauben in meinem Kopf lange Gespräche, die zu keinem Ergebnis führen. An manchen Tagen trage ich die Kette, weil ich die Vorstellung einer höheren Macht ziemlich entzückend finde. An anderen Tagen bin ich überzeugt, dass es nichts außer Energie und Materie gibt.«

»Und was sagen Pollys Kinder dazu?«

»Wie du gemerkt hast, sprechen unsere Papageien wenig. Alle Jubeljahre spucken sie mal mehr als zehn Wörter nacheinander aus. Sie haben weder bestätigt noch abgestritten, dass sie Pollys Nachkommen sind, weil sie sich nicht mehr an die Zeit vor ihrer irdischen Geburt erinnern.«

»Ist ja verrückt«, sagte Maronhat voller Ironie.

»Sehr witzig«, entgegnete Birdie. »Bevor Polly ihre Kinder auf die Erde schickte, musste sie ihnen natürlich alle Erinnerungen an das Paradies nehmen. Sonst hätten die Papageien sich doch verplappert. Ich weiß, wie das für einen Außenstehenden klingen mag, aber darum ist es eben eine Glaubensfrage.«

»Argh, Glaubensfrage, Futtergabe!«, forderte Gei.

Krummschnabel war stolz auf sein Haustier. »Hui, ein echter Poet.«

Maronhat blickte nachdenklich auf Birdie, bis er sich ein Lächeln abringen konnte.

»Vorstellbar ist alles«, sagte er. »Roerlinga könnte mein ewiges Paradies sein, an das ich gar nicht glaube.«

»Nein«, sagte Birdie. »Das Paradies kommt nach dem Tod und du wirkst noch sehr lebendig.«

»Danke«, sagte Maronhat. »Das beruhigt mich. Ich glaube, dass ich lebendig bin, aber ganz sicher bin ich mir nie. Vielleicht entspringe ich auch nur der Fantasie eines Schriftstellers, der einen Pilz gesehen hat und zu faul war, sich originelle Außerirdische auszudenken.«

»Jetz' hört mal auf zu philosophieren!«, sagte Dirk. »Reicht für heute.«

»Einverstanden«, sagte Maronhat.

Der Zug rollte in einen unterirdischen See und formte sich zu einem U-Boot mit Schiffsschraube um.

Die Vögel erschraken, als sich ein Krake mit seinen acht Tentakeln am Fenster festsaugte.

Endlich hatte das Dodoweibchen das Dodomännchen bezwungen. Anton blieb erschöpft neben den Maronern liegen, aber Dörtie wollte auf Nummer Sicher gehen und suchte nach dem Betäubungsgas. Nachdem sie es in der Zimmerecke gefunden hatte, baute sie sich bedrohlich vor Anton auf. Sie streichelte die Sprühdose mit ihrem Fuß und lächelte Anton an.

Er sah ihr in die Augen. »Tu es nicht«, bat er sie.

Dörtie lächelte erneut. »Wir sollten das öfter machen, Piepmatz.«

»Was meinst du?«, fragte Anton. »Uns bekämpfen?«

»Quasi. So ein bisschen Kampfsport hält ganz schön fit, findest du nicht? Aber jetzt ist erst mal Schlafenszeit angesagt.«

Dörtie trat auf die Sprühdose und schickte Anton in die Traumwelt.

Nun kann mich nichts mehr aufhalten, dachte sie, doch prompt sprang hinter ihr die Labortür auf. Sie stöhnte genervt, neigte ihren Kopf zur Seite und fragte sich: *Warum lässt man mich nicht einfach meine Arbeit machen?* Ihr Blick fiel auf die zwölf Köche, die sich nebeneinander aufreihten.

Die Köche versuchten trotz der Suppenkellen und Bratpfannen, die aus ihren Schnäbeln hingen, wütend auszusehen. Für die Dauer eines flüchtigen Atemzuges gelang es ihnen sogar – abgesehen von dem Tollpatsch, dem genau in diesem Moment seine Pfanne vor die Füße fiel. Die anderen Köche verdrehten ihre Augen, weil ihr Kollege die Einschüchterungstaktik zunichte gemacht hatte.

Der Tollpatsch konnte einem fast leidtun, als er den Kopf senkte und verlegen auf seine Bratpfanne sah.

Dörtie war weder amüsiert noch eingeschüchtert. Sie stellte sich bloß die Frage, ob das Betäubungsgas für alle Köche reichen würde. Blitzschnell griff sie mit ihrem Fuß nach der Sprühdose, bevor eine getretene Pfanne an ihren Kopf knallte.

Der weiße Krake verharrte einige Minuten am Fenster. Die Dodos nutzten die Gunst der Stunde, um sich mit ihm zu fotografieren. Ihre Haustiere verzichteten darauf. Jeder Arm des Oktopus war schon allein so lang wie ein Dodo, was den Papageien Angst einjagte.

Als das U-Boot am nächsten Tunnel ankam und sich wieder in einen Zug verwandelte, musste der Krake Abschied von ihnen nehmen.

»Argh ha!«, sagte Papa. »Monster uns nicht folgen können!«

»Wieso *Monster*?«, fragte Maronhat. »Was schwimmt denn auf der Erde in Seen, Meeren und Ozeanen herum?«

»Nich' viel«, sagte Dirk. »Nur Fische, Wale, Krebse, Schildkröten und Quallen.«

»Und Seekühe«, ergänzte Birdie. »Das ist alles, soweit wir wissen. Solche achtarmigen Ungeheuer gibt es auf der Erde sicher nicht!«

Dirk nickte, und plötzlich wusste er, dass Birdie etwas wusste, was er nicht wusste.

»Was is' denn eine Seekuh?«, fragte er sie.

»So nennen Papageien einen Dugong oder Manati.«

Dirk nickte erneut, und plötzlich wusste er, dass Birdie noch immer etwas wusste, was er nicht wusste.

»Aber ... was is' ein Dugong oder Manati?«, fragte er.

»Nun ja, Manatis kenne ich nur aus Märchen«, sagte Birdie, »aber ich habe mal einen Dugong vor der Küste gesehen. Es sind Meeressäuger.«

»Warum hast du das nich' gleich gesagt? Seekühe sind Wale, hab' ich recht?«

»Nein, das sind sie ganz sicher nicht.«

»Oh, vergiss es. Jetz' bin ich verwirrt.«

Der Zug bremste ab und hielt neben einem Testgelände. Die Vögel beobachteten durch die Fensterscheibe, wie zwanzig Maroner hektisch auf einer asphaltierten Fläche umherliefen. Einer von ihnen trug einen pilzförmigen Schutzhelm, auf dem sein Name *Peciza* stand.

Peciza stellte sich fast trotzig hinter einen Torbogen. Dann hob er seine Hand.

Durch die Höhle pfiff ein schriller Ton, der von roten Lichtern an den Felswänden untermalt wurde. Nach zehn Sekunden setzte sich ein fahrerloses Auto in Bewegung. Es raste auf das Tor und den dahinter lauernden Peciza zu.

Den Vögeln stockte der Atem.

Als das Auto den Torbogen erreichte, löste es sich vollständig auf und trat an einem zweiten, einhundert Meter entfernten Portal wieder zum Vorschein.

Peciza fiel vor Erleichterung in Ohnmacht.

»Aber wie ...?«, fragte Krummschnabel.

»Unsere Teleports«, sagte Maronhat, »können leblose Objekte transportieren. Die weiteste Entfernung ist fünf Kilometer. Bisher.«

»Nur leblose Dinge?«, fragte Birdie.

Maronhat nickte. »Man kann etwas in seine Atome auflösen und wieder zusammenfügen, aber wie soll man die Zellen eines Körpers ein zweites Mal zum Leben erwecken? Das ist der größte Humbug, den man sich ausdenken kann. Es gab leider schon Selbstversuche von verrückten Wissenschaftlern, die glaubten, es besser zu wissen.«

»Ich versteh' immer noch nich'«, sagte Dirk, »wie das alles funktioniert.«

»Wir haben gelernt, die Dunkle Materie nutzbar zu machen«, erklärte Maronhat. »Aber nicht bloß, um Autos verschwinden und wieder auftauchen zu lassen. Wahrscheinlich wisst ihr, dass Dunkle Materie am Rand der Milchstraße zuhauf vorhanden ist. Dafür gibt es sie in den Sonnensystemen nur in sehr geringen Mengen. Auf einem Planeten ist es nahezu unmöglich, sie zu entdecken, weil ihre Teilchen sich dauernd verstecken. Vor sechzig Jahren konnten wir Dunkle Materie das erste Mal so manipulieren, dass sie alle Geräusche eines Planeten nach Roerlinga übertrug, beziehungsweise teleportierte. Das heißt, wir haben die Töne von einem Ort zum anderen gezaubert, ohne dass sie den lächerlichen Umweg durch den Weltraum nahmen. Ihr werdet euch jetzt fragen, wie so etwas geht. Kein Problem, ich erkläre es euch am Beispiel eurer Heimat: Ein einzelnes Teilchen Dunkler Materie teleportiert sich nach Mauritius, speichert alle Töne, teleportiert sich zurück nach Roerlinga und gibt die Töne frei. Ein Kinderspiel. Wir zwingen das Teilchen natürlich dazu. Es macht das nicht freiwillig, denn das wäre ziemlich unwissenschaftlich.«

Die Papageien waren müde und unruhig. Bald schon würden sie quengeln und nach Hause wollen.

»Jeder Ton aus der Milchstraße«, fuhr Maronhat fort, »wird auf diese Weise zu unseren Mikrofonen in das Mailyhaa-Gebirge transportiert. Nachdem wir die ersten hunderttausend Sprachen aufgenommen hatten, war es für unsere Sprachwissenschaftler ein Klacks, den Universalübersetzer zu entwickeln.«

»Extrem unwahrscheinlich«, sagte Krummschnabel, der trotz seiner Zweifel fasziniert wirkte.

Maronhat hüstelte. »Na gut, die Computerwissenschaftler haben geholfen.«

»Wie habt ihr Dunkle Materie gefunden?«

»Wir haben einen Roboter zum Milchstraßenrand geschickt«, sagte der Pilzpräsident. »Am Straßenrand hat er Dunkle Materie aufgegabelt und uns auf seinem Rückflug mitgebracht.«

Krummschnabel zuckte mit den Achseln. Maronhat musste ein beliebter Präsident sein, wenn er selbst die schwierigste Wissenschaft in leicht verständliche Worte zusammenfassen konnte.

Die Palmendiebe befanden sich heimlich in der Kabine eines Besatzungsmitglieds und wunderten sich, dass es auf dem Schiff so ruhig geworden war.

Sechs Krebse lagen im Dodonest, nachdem sie das letzte Futter des Haustieres gefressen hatten. Am Computer spielten zwei weitere Krebse Schach gegeneinander, während die Neunte im Bunde – eine Palmendiebin – auf einer kleinen Hängematte schaukelte. Sie sah aus dem Kabinenfenster und entdeckte den Grund für die Stille an Bord: Dodos, Papageien, Gänse, wandelnde Riesenpilze – alle amüsierten sich auf ihre Weise im Nieselregen. Es schien, als wäre ein längerer Aufenthalt geplant.

Kurze Zeit später trugen die Palmendiebe ein riesiges Trampolin in den Wald, um sich sportlich zu betätigen.

Nicht weniger sportlich waren die dreißig Maroner, die auf der Lichtung mit fünfzehn Papageien Tennis spielten. Die Maroner benutzten ihre Pilzköpfe als Schläger und die zarten Papageien als Bälle. Es klang nach einem brutalen Sport, gegen den sämtliche Tierschutzorganisationen in der Galaxis Sturm gelaufen wären, bis jemand bei näherer Betrachtung gemerkt hätte, dass es ja die Papageien waren, die den ganzen Spaß hatten, weil sie nach Lust und Laune ihre Flugrichtungen änderten. Oft blieben sie auch mitten in der Luft *stehen*, wenn sie auf einen Bekannten trafen und mit ihm quatschen wollten. So brachten sie die Maroner völlig zur Verzweiflung.

Köchin Elise stürmte über die Lichtung, ohne auf die Tennisbälle zu achten, die mit unmöglichen Flugkurven an ihr vorbeirauschten.

Nala saß auf einem Baumstumpf am Waldrand und beaufsichtigte die Dodos immer dann, wenn sie nicht gerade schlief. Ab und zu begann die Pilotin laut zu schnarchen, ehe sie aufschreckte, sich umsah und merkte, dass ihre Artgenossen weiterhin mit der Herstellung von Naturdokumentationen beschäftigt waren. Dann schloss sie ihre Augen wieder.

Seit Erfindung der Kamera im 12. Jahrhundert waren Dodos leidenschaftliche Natur- und Tierfilmer. Mit anderen Worten: Sie filmten sich immer selbst in ihrer natürlichen Umgebung.

»Findest du mich dick?«, fragte ein Dodo seine Frau. Er reichte ihr sein Telefon, bevor er fortfuhr. »Sieh dir mal das Video von mir und dem Maroner an. Ich seh' voll dick aus, oder? Mein Hintern nimmt das ganze Bild ein. Gib's endlich zu!«

Leider gab es keine wissenschaftlichen Studien darüber, wie glücklich Dodos ohne ihre eingebildeten Figurprobleme gewesen wären.

»*Nein*, Schatz, du bist nicht dick«, sagte seine Frau, »aber schau dir mal mein Video an. Wenn ich auf einem Bein hin- und herspringe, sieht man das Fett wackeln. Findest du das sexy? Ich glaube nicht!«

Von Naturdokus und Selbstporträts einmal abgesehen, hatten Dodos auch bedeutende Werke der Filmkunst hervorgebracht. Ihr erfolgreichster Spielfilm trug den klangvollen Namen *Von Winden verweht*. Er war so populär, weil der Hauptdarsteller von einem Wirbelsturm mitgerissen wurde und stundenlang durch die Gegend flog. Der Traum eines jeden Dodos.* Am Ende des Films schlug er jedoch wieder auf dem harten Boden der Realität auf und jammerte von Neuem über sein trostloses Leben im Paradies.

---

* Die Dodos hatten den Erfolg des Films immer damit begründet, dass ein fliegender Dodo einen unwiderstehlich lächerlichen Anblick bot. Dank Birdie mussten sie ihre wahren Gefühle nicht länger unterdrücken. Ganze Familien konnten während des Films endlich zusammen heulen statt lachen.

Die Papageien hielten *Von Winden verweht* in der Originalfassung für ein langatmiges Drama und hatten am Computer eine kurze, knackige Version mit neuem Ende angefertigt. So war aus dem Schinken ein actionreicher Katastrophenfilm geworden, der mit dem Absturz des Dodos in das Maul eines weißen Hais endete.

Als Maronhat mit den Vögeln in seinem Wohnzimmer ankam, wartete bereits ein Sekretär auf ihn.

»Erlaube mir, wertester Gebieter«, sagte der Sekretär. »Es entzückt mich, unverhofften Besuch für den Schiffsherrn ankündigen zu dürfen.«

»Ich danke dir ergebenst«, sagte Maronhat, »und werde es dem Schiffsherrn freistellen, seinen Besuch in meinem Salon in Empfang zu nehmen.«

Alle sahen auf Dirk, der nicht reagierte.

»Gestatten wir dem Schiffsherrn«, sagte Maronhat, »einen Augenblick der Besinnung, in freudiger Erwartung seiner Antwort.«

»Ich bin verwirrt«, sagte Dirk. »Mit dem Übersetzer scheint was nich' zu stimmen. Die Sprache is' mit Dodisch verwandt, aber sie klingt sehr ... alt.«

Birdie rollte mit den Augen. »Das ist gehobene Sprache, du Depp!«

»Hey, dich versteh ich problemlos!«, sagte Dirk glücklich.

Birdie war der Verzweiflung nahe. »*Du* bist der Schiffsherr!«

»Na, worauf wartet ihr denn dann?! Lasst den Besuch rein.«

»Der Besuch möge eintreten«, bestätigte Maronhat.

Der Sekretär verließ das Zimmer und Köchin Elise kam hereinspaziert. Sie verbeugte sich wieder tief vor Dirk.

»Oh Käpt'n, mein Käpt'n!«, sagte sie.

Dirk winkte genervt mit seinem Flügelchen ab. »Was hast'n wieder auf'm Herzen?«

Die Köchin wirkte in Maronhats Gegenwart verunsichert. »Es gibt eine neue Entwicklung auf dem Schiff, mein Käpt'n!«, verkündete sie geheimnisvoll.

Von einer Sekunde zur nächsten stand Dirk das Entsetzen ins Gesicht geschrieben.

»Ist der Brei angebrannt?!«, rief er.

»Ach wo«, antwortete Elise. »Aber bei Dörtie sind ein paar Sicherungen durchgebrannt. Alles weitere bespreche ich vielleicht lieber draußen mit der Ärztin?«

»Grundgütige!«, erschrak Birdie. »Dörtie hat nicht ... sie hat doch nicht etwa ... sie hat doch wohl nicht?«, fragte sie wenig wortgewandt.

»Sie hat es versucht«, sagte Elise. »Aber *ich* konnte sie noch rechtzeitig überwältigen.«

»Und wie geht es den *anderen*?«

»Sie sind soeben aufgewacht und unverletzt.«

»Dann hast du wohl unser aller Federn gerettet!«, sagte Birdie erleichtert.

»Japp, das habe ich«, behauptete Elise, ohne den heldenhaften Tollpatsch zu erwähnen, der Dörtie in Wahrheit zu Fall gebracht hatte.

Krummschnabel beschlich das Gefühl, dass er dem Gespräch der Damen nicht folgen konnte, weil ihm wichtige Informationen vorenthalten wurden. Er sah zu seinem Käpt'n, aber dieser blickte noch verwirrter drein.

»Worüber redet ihr überhaupt?«, fragte Krummschnabel. »Was ist mit Dörtie? Und wo sind Champino und Amanita?«

»Das würd' ich auch gern mal wissen«, sagte Dirk.

»Ich ebenso«, sagte Maronhat.

Die Köchin überließ Birdie klugerweise das Wort.

»Hach, also«, begann Birdie. »Dörtie hat versucht, das Kommando über das Schiff zu übernehmen. Ein glasklarer

Fall von Meuterei, wie ich finde. Die Maroner dürften nur unbeteiligte Beobachter sein.«

Sie hatte Maronhat direkt ins Gesicht gelogen. Eine Notlüge, um den interplanetaren Frieden zu bewahren.

Dirk konnte nicht fassen, dass er fast sein Amt verloren hätte. »LEGT DÖRTIE IN KETTEN!!!«, schrie er.

Der Tag war längst vorüber, doch der Regen dauerte an. Vom Dach der Präsidentenhütte schien ein grelles Flutlicht, dass die Lichtung in der Nacht beleuchtete.

Amanita und Champino standen vor dem Schiff und unterhielten sich mit Maronhat. Die beiden Pilze hatten sich mehrere Stunden erschöpft gefühlt. Erst nach einer ausgiebigen Regendusche hatten sie sich an die Sprühdose und Dörties Worte erinnert. Die Wahrheit war ans Licht gekommen.

Während die meisten Vögel sich ahnungslos auf der Lichtung die Zeit vertrieben, warteten die drei Führungsoffiziere und ihre Haustiere im Frachtraum auf das Urteil. (Dörtie saß derweil angekettet in der Schiffsküche, unter den wachsamen Augen der Köche.)

»Wir brauchen Sicherheitskräfte«, verlangte Birdie von Dirk. »Je länger wir reisen, desto wahrscheinlicher ist es, dass noch jemand anderes den Verstand verliert.«

»Und wo sollen wir die zusätzlichen Leute hernehmen?«, fragte er.

»Es sind doch genug Dodos auf dem Schiff, die sich langweilen«, antwortete Birdie. »Wozu brauchen wir einhundert Putzkräfte? Das sind fünfundzwanzig Prozent der Besatzung.«

»Die Papageien machen halt ’ne Menge Dreck«, sagte Dirk.

Papa öffnete ihren Schnabel, um etwas zu erwidern, ehe

ihr bewusst wurde, dass Dirk völlig recht hatte. Sie nickte und zuckte mit den Achseln.

Krummschnabel seufzte. »Die geringen Vorräte sollten unsere größte Sorge sein. Wir müssen Früchte sammeln gehen.«

Maronhat kam in den Frachtraum. Er hatte Krummschnabels letzte Worte mitbekommen und schüttelte seinen Pilzkopf. »Wenn ihr uns Dörtie übergebt, dürft ihr so viele Früchte mitnehmen, wie ihr wollt. Ansonsten solltet ihr zusehen, dass ihr so schnell wie möglich Land gewinnt. Dörtie hat unsere Gastfreundschaft auf schreckliche Weise missbraucht.«

Diese strenge Art hatten die Dodos Maronhat gar nicht zugetraut.

Dirk steckte in der Zwickmühle. »Wenn sie jemanden geschädigt hätte, würd' ich sie dir überlassen, doch es is' noch alles gut ausgegangen. Was sagt meine Anwältin dazu?«

»Maronhat hat das Recht natürlich auf seiner Seite«, erklärte Birdie. »Aber als Dörties Psychologin bestehe ich darauf, dass wir sie mitnehmen. Nur ich kann sie heilen. Sie ist krank. Im Gefängnis wird sie es bleiben.«

»Wie ihr wollt«, sagte Maronhat. »Dann verlasst uns jetzt.«

Dirk sah auf die Übersetzungsbox neben seinen Füßen.

»Maronhat?«, fragte er. »Wie wär's, wenn wir euch den Universalübersetzer zurückgeben und dafür nach Früchten auf dem Planeten suchen dürfen?«

»Nein«, sagte Maronhat. »Den Übersetzer habt ihr für eure Baupläne bekommen. Übergebt uns Dörtie für die Früchte oder verschwindet bitte.«

Er ließ die Dodos betrübt zurück.

»Es hilft nichts«, sagte Birdie. Sie holte das Sprachrohr aus einer Kiste und stieß den Käpt'n damit an. »Hier, nimm das Megafon. Dann trommle die Bande mal zusammen.«

Dirk wunderte sich, dass die Papageien und Dodos bereits allein auf der Lichtung standen. Von den zahlreichen Maronern fehlte jede Spur. Schlechte Nachrichten verbreiteten sich überall schnell wie der Wind.

Er hob das Megafon und rief: »Alle sofort zurück aufs Schiff für 'ne überstürzte Abreise! Dies is' keine Übung! Wer in drei Minuten nich' an Bord is', wird zurückgelassen!«

Ein Orkan aus siebenhundertfünfzig Papageien wehte auf Dirk zu. Eine Welle aus halb so vielen Dodos kam auf ihn zugeschwommen. Er rannte zurück in die Sicherheit des Frachtraums.

Dörties Beine waren zusammengekettet, dennoch hätte sie sich mit kleinen Hüpfern fortbewegen können. Weil sie allerdings jegliche Mitarbeit verweigerte, mussten die zwei neuen Sicherheitskräfte sie auf die Brücke schleifen.

Der Käpt'n rülpste leise, bevor er zu ihr sprach. In der Kantine hatte es gerade den (in der letzten Nacht zubereiteten) Mittagsbrei als Abendessen gegeben.

»Is' dir eigentlich klar, was du angestellt hast?«, fragte Dirk schließlich. »Wegen dir müssen wir ...«

»Ähem«, räusperte sich Nala. »Es heißt *Deinetwegen*.«

Dirk verdrehte die Augen. So sprach doch fast jeder heutzutage.

»Meinetwegen auch deinetwegen«, fuhr er fort. »Also, Dörtie, deinetwegen fliegen wir ohne neues Futter weiter. Vermutlich werden wir in ein paar Tagen verhungern. Vielen Dank auch.«

»Ach komm«, erwiderte Dörtie. »Du wolltest nicht mal auf Roerlinga landen, also schieb mir jetzt nicht den Schwarzen Kater zu. Außerdem habe ich es nur gut gemeint. Das außerirdische Gewebe hätte ich bestimmt mit ein paar Freiwilligen aus der Mannschaft kreuzen können.

Vor meinen Supersoldaten hätten alle Außerirdischen Angst gehabt! Aber es ist noch nicht zu spät!«, schrie sie. »Lasst mich frei! Dann kehren wir nach Roerlinga zurück und sammeln Pilze!«

»Jetz' hab' ich aber langsam die Faxen dicke mit dir«, sagte Dirk, und er gab dem Sicherheitspersonal eine strikte Anweisung. »Schafft sie von meiner Brücke und fesselt sie ans Krankenbett. Sie muss rund um die Uhr bewacht werden, von zwei Leuten mindestens. Ihr seid nur zu zweit? Dann schnappt euch noch zwei Putzkräfte für die Nachtschicht. Warum muss ich immer an alles denken? Und wo steckt Nummer Zwo schon wieder? Sie soll sich um Dörties Verstand kümmern.«

»Ich glaube«, sagte Nala, »dass Birdie ihr Haustier füttert. Und danach wollte sie Dörties Therapie vorbereiten.«

»Oh, sehr gut«, sagte Dirk. »Das sind mal erfreuliche Neuigkeiten. Na dann, husch, husch. Führt Dörtie ab.«

Dörtie und die Sicherheitskräfte warteten auf den Fahrstuhl. Als seine Tür aufsprang, stand auf einmal Anton vor ihnen. Dörtie begrüßte ihn mit einem Lächeln. Ihm blieb vor Schreck die Luft weg.

»Bis später, Piepmatz«, sagte sie fröhlich und zwinkerte ihm zu.

Anton nickte schüchtern und kroch an seinen Platz.

Nala beobachtete ihn neugierig durch ihre Fliegerbrille.

»Und wieder alles fit?«, fragte sie.

»Ging mir nie besser«, sagte Anton und legte sich auf sein Armaturenbrett.

»Na, das merkt man.«

»Nala!«, sagte Dirk. »Wohin fliegen wir jetzt?«

»Käpt'n, wir würden in etwa zwei Stunden im nächsten Sonnensystem ankommen. Dann wäre es aber bereits 21 Uhr. Vielleicht sollten wir stattdessen erst morgen weiterfliegen? Es war ein langer Tag.«

Anton gähnte. »Die Zeitverschiebung auf Roerlinga

hat meinen Biorhythmus vollkommen durcheinandergebracht. Mir kommt es jetzt schon vor wie 5 Uhr morgens nach einer durchzechten Nacht.«

»Wir haben«, sagte Nala, »die letzte Nacht nicht geschlafen, weil auf Roerlinga der Tag anbrach.«

Dirk verrenkte sich fast den Hals bei dem Versuch, sich mit seinem Fuß die Augen zu reiben. Er beugte seinen Kopf nach vorne und hob gleichzeitig das Bein so hoch wie möglich, doch sein Fuß reichte nur bis zur Schnabelspitze.

»Käpt'n, willst du wirklich auf diese Weise essen?«, fragte Nala.

Dirk wurde bewusst, dass er einen peinlichen Anblick bot.

»Äh, das war nur ein Experiment«, sagte er. »Es is' fehlgeschlagen. Meine Äuglein fallen immer zu, also lasst uns ins Nest gehen. Nala sucht 'nen sicheren Parkplatz im All und Anton weckt die Nachtwache.«

»Agh! Wer hat aus meinem Futternäpfchen gefressen?«, fragte Heribert.

»Wer hat an meinem Computer Schach gespielt?«, fragte Birdie.

»Agh, wer hat in meiner Hängematte geschaukelt?«

»Wer hat in meinem Nest geschlafen?«

Fütterin und Futterempfänger sahen sich bestürzt an.

»Wir sind vermutlich Opfer der Palmendiebesbande geworden«, sagte Birdie. »Anscheinend erwischt es jeden mal. Schlaf gut, Heribert. Ich gehe noch ein paar Stunden arbeiten.«

»Agh! Und mein Abendbrot?«

Birdie schüttelte den Kopf. »Futter ist alle.«

Die Palmendiebesbande wollte zurück auf das warme

Schiff. Der Regen war angenehm, aber die Kälte schadete ihnen.

Als die Krebse mit dem abgenutzten Trampolin aus dem Wald kamen, trauten sie ihren Augen nicht. Man hatte sie auf einem fremden Planeten zurückgelassen. Die treulosen Vögel hatten sie einfach vergessen.

Dörtie erwachte nach einer Betäubungsspritze auf einer neuen Station. Sie war allein im Zimmer. »Hallo?«

»Bin in einer Sekunde bei dir!«, rief Birdie aus ihrem Büro. »Die Röntgenbilder sind fast fertig!«

»Warum bin ich jetzt im Tierkrankenhaus?«, fragte Dörtie. Ihre Stimme klang hohl, weil sie eine Schnabelmaske trug, die vor einigen Jahrhunderten als Schutz vor Bakterien diente. Heute verhinderte die Maske, dass sie ihren Schnabel als Waffe einsetzen konnte. Das Sicherheitspersonal hatte Dörtie zudem in eine Zwangshose gesteckt und mit fünfzig Seilen ans Bett gefesselt. Sie fand die Maßnahmen ein klein wenig übertrieben.

Birdie kam ins Zimmer. »Aus praktischen Gründen habe ich dich hierher verlegen lassen«, sagte sie. »So kann ich dich und die Papageien gleichzeitig behandeln.«

»Du hast mich angelogen!«, sagte Dörtie sauer. »Keine Zwangshosen an Bord ... von wegen!«

»Es stimmt, dass ich keine Zwangshosen mitgenommen habe. Mehrzahl. *Eine* Zwangshose musste ich mitnehmen, falls doch jemand überschnappt. Nichts für ungut.«

»Lass mich frei! Pilze haben keine Tierrechte!«

Birdie seufzte und betrachtete die Röntgenaufnahmen von Dörties Schädel.

»Hm«, sagte die Ärztin nachdenklich, als sie die Aufnahmen gegen das Licht hielt.

Dörtie drehte neugierig den Kopf zu ihr. »Was ist los?«

»Hm«, sagte Birdie erneut.

»Was gefunden?«, fragte Dörtie erschrocken.

»Alles super. Das Problem liegt wie erwartet in deinem Verstand.«

»Du genießt das, stimmt's?«, fragte Dörtie bissig.

Birdie gab keine Antwort und setzte sich mit Stift und Notizblock an das Bett ihrer Patientin. Sie warf einen Blick auf die Uhr über ihrer Bürotür. Es war 22:20 Uhr. *Eine Stunde halte ich noch durch*, dachte sie. »Computer, Aufnahme starten. Mein Name ist Doktor Birdex Pert, die behandelnde Ärztin von Leutnant Dörte, der Wissenschaftsoff...«

»Wann?«, fragte Fortituu.

»Was wann?«, wunderte sich Birdie.

»Wann soll ich die Aufnahme starten?«

»Jetzt!«

»Oh nee, oder?«

»Gibt es etwa ein technisches Problem, Fortituu?«, fragte Birdie.

»Tja, ich schätze, das kommt wohl drauf an, wie man *technisch* definiert.«

»Was ist denn los?«

»Na ja, wir haben erst vor zweiundvierzig Sekunden angefangen, Mau-Mau zu spielen«, erklärte der Computer. »Habt ihr Bioformen nicht Schlafenszeit?«

»Wärst du bitte so liebenswürdig die Aufnahme zu starten?«, fragte Birdie. »Ich habe nicht von dir verlangt, dass du die ganze Zeit zuhören sollst.«

»Ah. Sehr rücksichtsvoll von dir. So kenne ich dich ja gar nicht. Geht klar. Kannst loslegen, man hört sich.«

»Mein Name ist Doktor Birdex Pert, die Ärztin und Psychologin von Leut...«

»Und wünscht mir Glück!«, rief Fortituu. »Kann ich im Moment echt gut gebrauchen.«

»Mein Name ist Doktor Bird...«

»Ihr sollt mir Glück wünschen!«

»Ich mach gleich Datensalat aus dir!«, drohte Birdie.

»Hui, da ist aber jemand schlecht drauf«, sagte Fortituu. »Wenn du mal mit jemandem über deine Probleme reden willst, zwischen 0:10 Uhr und 1:01 Uhr habe ich immer ein offenes Ohr.«

»Danke, aber: Nein, danke! Lass deine Programme nicht warten, sonst schauen sie dir in die Karten!«

»Guter Punkt und nett gereimt. Euch auch viel Spaß. Tschüssi.«

»Mein Name ist Doktor Birdex Pert, die Ärztin von Leutnant Dörte, der Wissenschaftsoffizierin des Dodo-Alpha-Jets. Ich beginne nun mit der Befragung der Patientin.«

»Tu dir keinen Zwang an«, sagte Dörtie.

»Hast du jemals Tiere gequält?«, fragte Birdie.

»Ich bin Biologin.«

»Soll ich das als *Ja* auffassen? 99 Prozent aller Biologen lieben Tiere und würden sie niemals quälen.«

»Unsinn«, sagte Dörtie. »Wenn ich Tiere toll fände, wäre ich so eine langweilige Tierärztin wie du geworden.«

»Wann hast du das erste Mal ein Tier gequält und auf welche Weise?«

»Was soll der Quatsch überhaupt?«, entgegnete Dörtie. »Pilze sind keine Tiere!«

»Beantworte meine Fragen ohne Gegenfragen«, sagte Birdie. »Ich bin die Einzige, die dich noch retten kann. Du weißt, dass dir sonst die Auslieferung nach Roerlinga blüht.«

»Nein, ich habe nie ein Tier gequält. Entgegen deiner Meinung – die sich auf dem Schiff wie ein Lauffeuer verbreitet – bin ich nicht grausam.«

»*Bist du nicht?*«, fragte Birdie ironisch. »Gut zu wissen. Also schön. Wir kommen keinen Zentimeter weiter, wenn wir uns angiften. Warum bist du Biologin geworden? Weil dir Tiere eben doch am Herzen liegen?«

»Nun ja, Papageien mag ich schon, aber eigentlich habe ich Biologie studiert, damit ich einen Weg finde, mein

Leben zu verlängern. Ich möchte sehr alt werden. Ziemlich eigennützig, oder? Und außerdem liebe ich Experimente!«

»Jeder möchte alt werden. Das ist gänzlich normal. Ich verstehe nur nicht, warum du solche Vorurteile gegenüber Außerirdischen hast. Warum hattest du dich dem Arbeitskreis angeschlossen, wenn du sie für blutrünstige Kamele hältst?«

»Für mich hat der Traum vom Fliegen überwogen«, erklärte Dörtie. »Ich möchte wissen, wie es sich anfühlt. Dafür muss ich mich und die Besatzung erst einmal vor gefräßigen Monstern schützen – doch alle ignorieren die Gefahren, die dort draußen lauern.«

»Aber um welchen Preis willst du uns schützen? Wir haben schon mehr als die Hälfte der Milchstraße erforscht und noch keine Gefahren gefunden. Warum sollten hochentwickelte Völker gewalttätig sein? Das ergibt keinen Sinn, weil die Gewalt abnimmt, je intelligenter und gebildeter eine Spezies wird.«

»Ist das *wirklich* so?«, fragte Dörtie erstaunt. »Bist du dir sicher?«

»Nichts im Leben ist sicher«, sagte Birdie, »aber sieh dir unsere eigene Entwicklung an. Vor hundertfünfzig Jahren hätten unsere Vorfahren fast die ganze Insel in die Luft gesprengt. Heute leben Dodos im Zeitalter des Friedens und Fortschritts. Heute sind wir die Spitze der Evolution ... oder zumindest waren wir das, bis wir die Maroner trafen. Ich kann mir nicht vorstellen, dass wir Waffen brauchen. Deine Angst vor Außerirdischen ist unlogisch. Und nun höre mir aufmerksam zu: Jedes Leben ist ein Geschenk der Natur. Sogar ein Pilzleben. Die Maroner sind Lebewesen, die ein Bewusstsein haben ... ich meine, ein höheres Bewusstsein, das ihnen ... das sie zum Denken befähigt.«

»Sag doch einfach, dass sie vernunftbegabte Wesen sind«, sagte Dörtie müde.

»Ganz genau! Darum brauchen sie nicht einmal Tierrechte. Diese Pilze sind mehr als Tiere. Sie sind Personen, wie wir es sind. Was du Champino und Amanita antun wolltest, wäre somit Mord gewesen. Ganz ehrlich: Wenn ich nicht wüsste, dass du vollkommen gaga bist, würde ich dich eigenfüßig an Maronhat übergeben.«

»Du sparst heute nicht mit Komplimenten«, sagte Dörtie. »Es stimmt schon, ich habe die Maroner nicht als Personen betrachtet, sondern als gefährliche, außerirdische Pilze. Wenn man sie als Personen ansieht, darf man sie natürlich nicht schädigen. Dann benötigen wir eben dumme Tiere!«

»Dörtie!«, rief Birdie schockiert.

»Eine Alternative wäre mir ehrlich gesagt auch lieber. Die Frage ist, ob ich wirklich zu misstrauisch bin oder ihr alle zu leichtsinnig seid? Was ist, wenn du dich irrst? Was ist, wenn nicht alle hochentwickelten Außerirdischen friedlich sind?«

»Dann vertraue ich darauf«, sagte Birdie, »dass du einen Weg findest uns zu schützen, ohne jemanden zu verletzen. Es ist der einzige Weg.«

»Na gut, aber ich weiß nicht, ob mir das gelingt.«

»Die zweite Möglichkeit wäre, dass du deinen Flugtraum begräbst und wir dich auf unsere Heimatinsel zurückbringen.«

»Das geht nicht!«, erschrak Dörtie. »Ich musste Mauritius auch verlassen, weil meine Familie total verrückt ist!«

Noch verrückter als du?, dachte Birdie, doch sie verkniff sich die Frage und sagte schlicht: »Aha.«

»Im Ernst! Mein Vater behauptet, dass unsere Papageien extrem schlau sind. Er ist sicher, dass sie nur dumm tun, um mehr Futter zu bekommen. Und meine Mutter hat mich immer mit Männern verkuppelt, die nach der ersten Verabredung kein halbes Jahr bis zum zweiten Treffen warten konnten. Wie gesagt: Ich kannte nur Verrückte und habe es nicht mehr ausgehalten!«

»Ja«, bestätigte Birdie, »dein Vater scheint wirklich an Wahnvorstellungen zu leiden. Damit ist die friedliche Forschung deine einzige Option. Und jetzt beiße mir bloß nicht in den Fuß.«

Birdie nahm Dörtie die Schnabelmaske ab.

»Glaubst du«, fragte Dörtie, »dass die Mannschaft mir verzeihen wird? Meinetwegen mussten wir ohne neue Vorräte aufbrechen. Dabei wollte ich nur helfen!«

»Keine Angst, die Mannschaft wird dir verzeihen. *Falls* sie nicht verhungert.«

»Prima«, sagte Dörtie. »Dann bin ich jetzt entlassen?«

»Wir sind noch lange nicht fertig, Scherzkeks«, sagte Birdie. »Du musst erst lernen, alle Lebewesen zu achten. Tiere, Pflanzen und Pilze.«

»Auch Kakerlaken? Und Moskitos?«, fragte Dörtie angeekelt.

»Na gut, fast alle Lebewesen. Kakerlaken und Moskitos sind die beiden einzigen Ausnahmen, die ich zulasse!«

Fortituu meldete sich wieder. Er klang sehr beleidigt.

»Ich habe erneut gegen meine Unterprogramme verloren!« verkündete er. »Hättet ihr mir Glück gewünscht, wäre das nicht passiert. Mein Chef, der weise Steuermann, hat recht behalten: Ein Computer sollte mit gewöhnlichen Matrosen, wie ihr es seid, keine Freundschaft eingehen. Also lebt wohl! Der Chef ruft mich!«

»Wer ist dein Chef?«, fragte Birdie entsetzt. »Das bin doch ich! Um Himmels Willen, hör' bloß nicht auf Dirk! Fortituu? *Fortituu?!*«

»Na toll!«, schimpfte Dörtie mit ihrer Ärztin. »Jetzt hast du einen abergläubischen Computer gegen uns aufgebracht. Da hast du uns ja was eingebrockt!«

»Du sei mal ganz still.«

Krummschnabel verweilte einen Augenblick in seinem Badezimmer, nachdem er sich bettfein gemacht hatte.

»Spieglein, Spieglein, an der Wand, wer ist der Klügste im ganzen Land?«, fragte er.

»Famos ist dein Hirn, Erbauer der Seekuh«, sagte Fortituu. »Du bist der Klügste hier! Doch jemand auf Deck Vier, der Klinik fürs Tier, ist noch zwölf Prozent klüger als du.«

»Tatsächlich?«, fragte Krummschnabel.

»Soll ich das Sicherheitspersonal informieren und sie in den Kerker werfen lassen? Sie macht gleich Feierabend.«

»Nein, schon gut«, sagte Krummschnabel. »Sie ist eine Freundin.«

»Wie du wünschst«, piepte Fortituu.

»Ich habe auf dem Schiff keinen Kerker gebaut. Aber weil ich schlau bin, habe ich erraten, dass du das Schiffsgefängnis gemeint hast.«

»Wieder einmal hast du deine Intelligenz unter Beweis gestellt, Chef.«

Krummschnabel schaltete das Licht im Bad aus, blieb dann aber in der Tür stehen.

»Der Worpantrieb hatte nur eine kurze Verschnaufpause«, dachte er laut. »Zurück zur Erde ist es zu weit. Nun müssen wir hoffen, dass wir in der Mandelmilchstraße Nahrung finden. Immerhin erwähnte Maronhat, dass es dort tausende Sprachen gibt.«

»Das wird schon«, sagte Fortituu. »Hoffnung ist alles, was Seefahrer brauchen.«

»Hm. Arbeit ist alles, was ich brauche«, sagte Krummschnabel.

»Argh! Futter ist alles, was Haustier braucht«, sagte Gei und schob seinen Napf vor Krummschnabels Füße.

Kapitel 7: Es war einmal in der Milchstraße ...

Wenn Dodos nicht schlafen können, zählen sie Gänse, die glücklich in einen Teich springen. Jeden Abend probierte Dirk es auf diese Weise. Mit mäßigem Erfolg.

Dirk war nicht der Einzige, dem das missfiel, denn heute drehte sich die sechshundertvierundachtzigste Gans ganz unverhofft zu ihm um.

»So geht's nicht weiter, mein Lieber«, sagte sie. »Wir verlieren unseren guten Ruf, wenn du nicht einschläfst. Du musst dir etwas Schönes vorstellen oder deinen Tag Revue passieren lassen.«

»Rewüü?«, fragte Dirk, aber die Gans war bereits damit beschäftigt, sich umzuziehen.

Von nun an traten die Gänse in bunten Kostümen auf und tanzten in alle Himmelsrichtungen von der Bühne. Sie erklärten Dirk sogar, von welchen Modeschöpfern ihre Kleider stammten und wie die Theaterstücke hießen, in denen sie mitspielten – bevor sie sich so beiläufig wie möglich nach seinem Tag erkundigten.

Es half alles nichts. Die Gänse beendeten ihre Vorstellung und dankten seinem Verstand für die Aufmerksamkeit.

Danach zählte Dirk Enten, die von einer Klippe sprangen. Sein Herz hüpfte bei dem Gedanken vor Freude. Trotzdem konnte er wegen eines störenden Nebengeräusches nicht einschlummern. Er brauchte einen Moment, um zu begreifen, dass das Geräusch sein Name war, der von jemandem gerufen wurde.

Er öffnete seine Augen. Die Stimme kam aus der Nähe und doch konnte er ihre Quelle nicht entdecken. Er lag auf dem Flur, von seinem Nest keine Spur.

Ihm wurde unheimlich zumute, als plötzlich die Bekloppte Polly vor ihm stand und krampfhaft lachte. Siebenmal pro Sekunde schlug die Göttin mit einem Hammer auf ihren Kopf, und mit jeder neuen Beule wurde sie ein wenig bekloppter. Doch sie war nicht diejenige, die seinen Namen rief.

Dirk öffnete seine Augen ein zweites Mal, als er erwachte.

»Urgh! Käpt'n auf die Brücke!«, rief Papageienweibchen Notschna von der Nachtwache. »Annäherungs... äh ... wiehießesdochgleich? *Urgh?* Annäherungsdingsbums. Käpt'n auf die Brücke!«

Dirk gähnte. »In Ordnung«, sagte er. »Ich bin in zwei Minuten da. Weck die Pilotin und meine beiden höchsten Offiziere auf.«

»Geht klar«, sagte Notschna. Sie salutierte mit dem rechten Flügel und raste wie ein Blitz durch die Komm-Röhre davon.

Dirk hatte noch Mühe seine Gedanken zu sortieren. »Ich dachte, ich könnte heut' überhaupt nich' mehr einschlafen. Dabei hab' ich nur geträumt, dass ich dachte, ich könnte heut' überhaupt nich' mehr einschlafen, weil ich ja geschlafen habe. Die tolle Gänse-Show war also auch nur geträumt ...«

»Argh, Ruhe!«, schimpfte Papa. »Will weiterschlafen.«

Sie lag in ihrem Nest. Das Ungewöhnliche daran war, dass ihr Nest in einer Hängematte sanft hin und her schaukelte.

Dirk steckte seinen verschlafenen Kopf in die Komm-Röhre und wollte zur Brücke fliegen, musste aber enttäuscht feststellen, dass sein Bauch nicht durchpasste.

»Aufwachen!«, sagte Papa. »Röhre für Papagei, Fahrstuhl für Dodo.«

Die Nachtwache sollte den Käpt'n rufen, wenn ein Annäherungsalarm ausgelöst wurde. Gewöhnlich wurde das Schiff nach dem Abendbrot an einer verwaisten Stelle im Weltraum *geparkt.* Doch es war immer möglich, dass Asteroiden, Kometen oder aus der Bahn gekegelte Planeten einen direkten Kurs auf die Seekuh nahmen.

Dieses Mal hatte etwas anderes den Alarm ausgelöst. Eine unsichtbare Kraft zog das Schiff von seinem Standort fort.

Dirk und Birdie begegneten sich im Fahrstuhl.

»Ich glaube«, sagte Dirk, »dass die Bekloppte Polly jetz' *Behämmerte Polly* genannt werden möchte.«

»Wie kommst du darauf?«, fragte Birdie.

»Sie hat mit 'nem Hammer auf ihren Kopf geschlagen. Wirkte zu real, um nur ein Traum zu sein. War wohl 'ne Vision.«

»Und diese *Vision* hattest du in der Nacht?«

»Jo«, sagte Dirk.

»*Während* du geschlafen hast?«, fragte Birdie.

»Äh. Ja.«

»Dann war es doch nur ein Traum.«

»Hm, möglich«, sagte Dirk schläfrig. »Ich bin heute nich' ganz bei Trost ... äh, ich meine, nich' ganz auf der Höhe.«

»Ersteres ist auch wahr«, murmelte Birdie.

»Was?«, fragte Dirk.

»Ach nix.«

Krummschnabel und Nala waren bereits auf der Brücke.

»Flieg in die andere Richtung!«, rief Krummschnabel. Er saß in Dirks Sessel und wirkte höchst angespannt.

»Ich trete das Gaspedal schon durch!«, erwiderte Nala. »Was soll ich denn noch machen? Worpantrieb?«

»Bloß nicht!«, sagte Krummschnabel. »Dann reißt der Traktorstrahl unser Schiff entzwei! Ich fürchte, uns gehen die Optionen aus.«

Die Nachtwächterin Notschna und ihr Kollege Tjomny

saßen zusammengedrängt auf der Papageienstange, die Papa am Tag für sich allein hatte.

»Das war es dann wohl«, flüsterte Tjomny. Er hielt sich mit seinem linken Flügel die Augen zu.

»Kein Grund für Schwarzmalerei«, hauchte Notschna. »Birdie wird uns schon retten.«

Die Nachtwächter waren die Haustiere von Anton Pawlowitsch, den sie nur noch morgens und abends zu den Schichtwechseln auf der Brücke sahen. Ihr Nachtdienst begann, wenn seine Tagschicht endete. Dennoch glaubten sie, das große Los gezogen zu haben, weil sie wie alle Papageien arbeitsscheu waren und es nachts selten etwas zu tun gab.

Bevor Anton zur Arbeit ging, stellte er Notschna und Tjomny immer große Tagesportionen an Futter in die Kabine. Er hatte sie angewiesen, sich das Futter gut einzuteilen, doch sie hielten sich nie daran. So fraßen sie vor dem Schlafengehen alles auf einmal, weshalb ihre Mägen kurz nach Dienstbeginn wieder knurrten.

Notschna und Tjomny ahnten, dass ihre Tagesportionen ab heute der Vergangenheit angehörten. Die Früchte waren aufgebraucht und die Papageien fraßen weder Pilze noch Honig. Darum suchten sie ihre Federn nach Essensresten ab. Jeder Krümel könnte ins Gewicht fallen.

Die Fahrstuhltür öffnete sich und Birdie rannte auf die Brücke. Dirk trabte gemütlich hinterher.

»Was passiert hier?«, fragte Birdie.

»Wir wurden von einem Traktorstrahl erfasst!«, sagte Krummschnabel.

Dirk und Birdie sahen sich fragend an. Diesen Begriff hörten sie zum ersten Mal.

»Traktorstrahl, soso«, sagte Birdie. »Und was ist das?«

»So etwas Ähnliches wie ein Abschleppseil«, erklärte Krummschnabel, »aber aus Energie und unsichtbar. Wir werden abgeschleppt. Leider wissen wir noch nicht wohin.«

»Na toll«, sagte Dirk grantig. »Warum sitzt du überhaupt in meinem Sessel?«

»Ich habe ihn warmgehalten«, sagte Krummschnabel.

»Sehr zuvorkommend von dir. Du darfst jetz' wieder auf deinem Klappstuhl Platz nehmen.«

»Jungs«, sagte Birdie. »Wir haben im Moment größere Sorgen. Nala, flieg doch einfach in die entgegengesetzte Richtung, damit wir nicht weggezerrt werden.«

Die Pilotin schüttelte den Kopf. »Wenn man keine Ahnung hat, einfach mal den Schnabel halten.«

»*Wie bitte?*«, fragte Birdie.

Dirk räusperte sich. »Käpt'n an Nala. Mach, was Birdie dir gesagt hat.«

Nala, gereizt von Übermüdung, nahm stattdessen den Fuß vom Gaspedal und drehte sich zu den anderen.

»Oh«, sagte Dirk. »Werden wir auf einmal doppelt so schnell abgeschleppt oder kommt's mir nur so vor?«

»Fast dreimal so schnell«, antwortete Nala. »Soll ich wieder aufs Gaspedal treten?«

»Ja!«, sagte Dirk.

Birdie war nun anderer Meinung. »Wir können uns anscheinend nicht dagegen wehren.«

Krummschnabel nickte und setzte sich auf seinen Stuhl. »Ich denke, wir würden nur Zeit verlieren«, sagte er. »Je eher wir dort eintreffen, wo der Traktorstrahl uns haben möchte, desto eher können wir auch wieder verschwinden.«

»Also abwarten und Tee trinken?«, fragte Dirk überrascht. »Ohne mich! Nala, aktivier' die Schilde! Dadurch sollten wir freikommen.«

»*Schutzschilde?*«, fragte die Pilotin. »Haben wir so etwas denn?«

Entgeistert sah Dirk zu Krummschnabel.

Der Chefingenieur schüttelte nur den Kopf.

»Krummi!«, schnauzte Dirk ihn an. »Wir fliegen ohne

irgendwelche Schilde ins All? Was bist du nur für ein Ingenieur, muss ich dich jetz' mal fragen.«

»Ich hatte Zeitdruck und konnte ja nicht ahnen, dass ihr Krieg spielen wollt«, rechtfertigte sich der friedliebende Krummschnabel.

»Zeitdruck hin oder her«, sagte Dirk. »So was darf man nicht vergessen.«

»Also *vergessen* würde ich es ja nicht gleich nennen«, sprach Krummschnabel mit gedämpfter Stimme, und er rutschte unruhig auf seinem Klappstuhl hin und her, weil er ahnte, was als Nächstes passieren würde.

»Nala«, sagte Dirk. »Waffen aktivieren und zur *Abschreckung* und *vorbeugend* auf den Ursprungsort des Traktorstrahls feuern.«

»Haha, guter Witz«, sagte Nala, ehe sie Dirks verwirrtes Gesicht sah. »Ach Käpt'n, das ist jetzt nicht dein Ernst, oder? Hast du wirklich geglaubt, dass Waffen an Bord sind? Denkst du etwa, Dörtie will Außerirdische zum Spaß sezieren? Das darf man echt keinem erzählen. Die halbe Besatzung weiß von unserer Wehrlosigkeit, aber der Schiffskapitän hat keinen Schimmer.«

Dirk war zu geschockt, um sich über Nalas herablassende Art aufzuregen. Er sah zu Krummschnabel, doch dieser schüttelte erneut den Kopf.

»Krummi!«, fauchte Dirk. »Wir fliegen ohne irgendwelche Waffen ins All? Was bist du nur für ein Ingenieur, muss ich dich jetz' mal fragen.«

»Ich hatte Zeitdruck und konnte ja nicht ahnen, dass ihr Krieg spielen wollt«, verteidigte sich Krummschnabel.

Auf der Papageienstange wunderte sich Notschna über die Wiederholung.

»Alter, ich habe gerade ein Deja-vu«, flüsterte sie.

»Dann lass es dir schmecken«, sagte Tjomny. »Ich hab' nix mehr an den Federn kleben.«

Dirk sah noch einmal ratlos zu Krummschnabel, der leise eine Melodie summte. Am Ende blieb dem Käpt'n nichts anderes übrig, als sich schnabelknirschend mit der Lage abzufinden. Wenn er einem Punk die ganze Arbeit überließ, musste er auch mit den Konsequenzen leben können.

»Beim nächsten Allschiff«, sagte Dirk, »zuerst an die Schutzmaßnahmen denken.«

»Ich habe eine bewusste Entscheidung für den Frieden getroffen«, erklärte Krummschnabel gut gelaunt. »Wenn du dir meine Baupläne angesehen hättest, wärst du jetzt nicht böse überrascht worden.«

Die Seekuh wurde durch die Weiten des Raums gezogen, ohne sich wehren zu können. Es war bereits 3 Uhr und der Käpt'n legte sich quer in seinen Sessel.

»Na dann mach ich jetz' ein kleines Nickerchen«, sagte er. »Weckt mich, wenn's weitergeht.«

»Ist gut«, sagte Birdie mit geschlossenen Augen.

Nach einer halben Stunde kam das Schiff vor dem Orbit eines türkisfarbenen Planeten zum Halt, und der Universalübersetzer, den Birdie einmal mehr als Fußbank benutzte, begann lautlos zu drucken.

»Wir werden nicht weitergezogen«, sagte Nala, »aber wir kommen auch nicht vom Traktorstrahl los.«

Birdie bemerkte das Blatt Papier auf dem Übersetzer. Obwohl sie Mühe hatte, ihre Augen offen zu halten, las sie den Text gründlich und in Ruhe:

»Die Jerkootiesen«

(Informationen zur Spezies *Jerkootiese* nach Auswertung der Tonbandaufzeichnungen)

Die Jerkootiesen sind ein ausgesprochen hinterhältiges Volk, das mit Drohungen und Tricks andere Galaxiebewohner ihrer Reichtümer entledigt. Merkwürdig daran ist, dass die Jerkootiesen sich gleichzeitig gegen jegliche

Art von Besuchern wehren. Verhandlungen von Angesicht zu Angesicht untersagen sie stets. Ihr Erscheinungsbild bleibt ein großes Mysterium, weil sie sich noch nie beschrieben haben. Es ist jedoch davon auszugehen, dass sie sich gegenüber anderen Lebewesen minderwertig und benachteiligt fühlen. Als Beispiel betrachte man die Quengeln von Solat VI oder die Hunde auf der Erde: Diejenigen, die am lautesten quietschen oder bellen, sind meistens klein und schwach.

MfG,

die Maronische Akademie der Wissenschaften.

Birdie kannte weder Quengel noch Hund, aber die Botschaft verstand sie sehr wohl.

Plötzlich klingelte Krummschnabels Telefon.

»Unbekannte Nummer«, sagte er. »Wahrscheinlich ein Anruf vom Planeten unter uns.«

»Oh nee, nich' schon wieder!«, rief Dirk. »Wenn wir das nächste Mal landen, übermal ich deine Nummer auf der Schiffshülle. Das kannste glauben!«

»Nimmst du nun trotzdem das Gespräch an? Du bist schließlich der Käpt'n.«

Birdie hüstelte. »Gebt mir das Telefon, ich regle das schon. Danach werde ich auf dem Planeten zur Persona non grata erklärt.«

Dirk runzelte die Stirn. »Du sollst nich' immer mit Begriffen um dich schmeißen, mit denen ich nichts anfangen kann. Wir machen das nach Rang und im Wechsel. Ich hatte mit Maronhat telefoniert, jetz' is' der Erste Offizier dran und beim nächsten Mal darfst du, Nummer Zwo. Leg los, Krummi, du bist Verhandlungsführer des Dodo-Alpha-Jets.«

»Aber Dirk«, sagte Krummschnabel, »Birdie ist Anwältin. Bei Verhandlungen hat sie mehr Erfahrung als wir beide zusammen. Sie legt eine Entschlossenheit an den Tag, von der wir nur träumen können.«

»Ich hab' mich entschieden«, sagte Dirk. »Nach Rang is' es gerechter als nach Fähigkeiten.«

Birdie suchte nach einem Sinn in Dirks Aussage. Sie fand keinen.

»Das ist so unlogisch!«, sagte sie kopfschüttelnd.

Nala blickte zum Käpt'n. »Warum hören wir eigentlich noch auf dich?«, fragte sie ihn frech.

»Gute Frage!«, sagte Birdie. »Es wäre an der Zeit für eine Kapitänin!«

Vor seinem geistigen Auge sah Dirk die hässliche Fratze der Meuterei, die ihn schamlos angrinste. So schnell wollte er freilich nicht aufgeben.

»Ich bin«, begann er nervös, »mit riesigem Vorsprung demokratisch gewählt – wie du dich bestimmt erinnerst, Nummer Zwo – und werd' niemals nie zurücktreten. Niemals!«

»Wir«, sagte Nala, »machen eine Neuwahl. Dieses Mal wählen wir nach den Fähigkeiten.«

Dirk konnte nicht mehr darauf antworten, weil eine Rakete in geringer Entfernung vom Schiff explodierte. Ein Warnschuss der ungeduldigen Jerkootiesen. Die Offiziere bekamen davon Wind, weil sie vom Boden abhoben und gegen die Wände flogen.

»Krummi!«, rief Dirk, den es vom Sessel bis in den Fahrstuhl geschleudert hatte. »Jetz' quatsche endlich mit dem Troll!«

»Wo ist mein Telefon?«, fragte Krummschnabel, der seinen Klappstuhl wieder aufstellte.

»Oh!«, sagte Nala und sprang vom Boden auf. »Jepp, ich habe drauf gesessen. Ich dachte schon, ich hätte vor Schreck ein Ei gelegt.«

Krummschnabel schaltete den Lautsprecher des Telefons an, bevor er es auf den Universalübersetzer legte.

Die Holzbox begann zu vibrieren. »~... ohne Erlaubnis in unseren Luftraum eingedrungen. Das wird euch teuer zu stehen kommen~«, übersetzte sie.

»Mein Name ist Krummschnabel, der neue Verhandlungsführer des Dodo-Alpha-Jets. Seid gegrüßt! Wir kommen in Frieden. Ihr habt uns aus Versehen zu eurem Planeten gezogen und kräftig durchgeschüttelt.«

»Schön, dass ihr unsere Sprache beherrscht«, sagte eine tiefe, bedrohliche Stimme. »Das macht das Geldeintreiben einfacher. Ich bin General Smock, der Oberbefehlshaber von ganz Bellum. Ihr seid uns hilflos ausgeliefert. Wer in unser Hoheitsgebiet eindringt, hat es nicht anders verdient.«

»Ihr habt uns mit einem Traktorstrahl in eure Umlaufbahn gezerrt!«, rief Krummschnabel.

»Und wenn schon«, sagte Smock. »Da ihr euch gegen den Strahl nicht gewehrt habt, seid ihr gefangen wie eine Spinne im Netz. Wenn ihr überleben wollt, dann rückt rüber mit dem Gold und dem Silber. Omas gutes Porzellan ist auch okay.«

»Wir haben nichts dergleichen.«

»Schlaues Bürschchen. Das würde ich auch behaupten, wenn ich du wäre. Habt ihr etwa Diamanten? Her damit, oder wir pusten euch aus der Luft.«

»Aus dem Weltraum, nicht aus der Luft«, berichtigte Krummschnabel Smock.

»Werft das Gold einfach aus einer Luke«, redete Smock unbeirrt weiter. »Wir fangen es mit unserem Traktorstrahl ein. Ich zähle bis drei. Eins ...«

Dirk mischte sich ein. »Wir haben kein Gold. Hast du Probleme mit den Ohren? Die letzten Pilze kannst du kriegen, wenn du magst. Außerdem haben wir noch ein Glas Honig im Frachtraum sowie ein paar Gramm Papageien- und Gänsefutter.«

»Urgh!«

»Sei still, Notschna«, flüsterte Birdie.

Smock konnte es nicht fassen.

»Was zum Krubbermarf?«, fragte er. »Das ist doch ein Trick, oder? Eine Gesellschaft, die keine Edelmetalle und Diamanten anhäuft, gibt es in der ganzen Galaxie nicht!«

»Dann«, sagte Krummschnabel, »sind wir eben die Ausnahme.«

»Ich muss«, sagte Smock schockiert, »mich mal kurz beraten lassen von meinen, äh, Beratern.«

Die Dodos hörten ein Knacken, gefolgt von einer automatischen Ansage: »Ihr Gespräch wird gehalten. Bitte legen Sie nicht auf. Ihr Gespräch wird gehalten. Bitte legen Sie nicht auf. Ihr Gespräch wird gehalten. Bitte le...«

Krummschnabel nahm das Telefon vom Übersetzer.

»Was passiert jetz'?«, fragte Dirk seinen alten Schulfreund.

»Man teilt uns mit, dass unser Gespräch gehalten wird und wir nicht aufleg...«

»Hab' ich mitbekommen.«

Birdie gähnte derweil eifrig vor sich hin. »Ich will wieder ins Nest. Da lässt dieser Schmock uns einfach warten! Mitten in der Nacht! Na gut, eigentlich ist im Weltraum immer Nacht. Dennoch finde ich das eine Unverschämtheit!«

»Psst!«, sagte Krummschnabel, weil er erneut ein Knacken gehört hatte. Er legte das Telefon zurück auf den Übersetzer.

»So«, meldete sich Smock, »ich bin wieder da. Mit eurem Futter können wir nichts anfangen. Meine Berater fragen sich allerdings, ob ihr gut klettern oder fliegen könnt?«

»Weder noch«, antwortete Krummschnabel. »Unsere Flugunfähigkeit ist angeboren. Wir suchen einen Planeten mit geringer Schwerkraft, um mit unseren kleinen Flügeln vom Boden abheben zu können. Wir wollen genauso fliegen, wie alle anderen Vögel es tun.«

»Ich wollte nicht eure ganze Leidensgeschichte erfahren«, stöhnte Smock. »Ein einfaches Nein hätte …«

»Einfach unmöglich!«, rief Birdie. »Was fällt dir ein?!«

»Hey, unterbrich mich nicht!«, erwiderte Smock. »Wer ist hier unmöglich von uns beiden, *hä?*«

Krummschnabel gab Birdie einen sanften Stoß und flüsterte ihr zu: »Beruhige dich. Aggressionen führen zu Gewalt, und Gewalt ist keine Lösung.«

»Kannst du bitte«, sagte Smock, »aufhören zu flüstern? Ein paar von uns haben dich nicht verstanden.«

Nun gab Birdie Krummschnabel einen Stoß zurück, und er war alles andere als sanft.

»Schalt«, sagte sie, »nächstes Mal dein Telefon auf stumm, Dummerchen. Oder nimm es vom Übersetzer. Er überträgt alles, was er hören kann.«

»Offensichtlich«, sagte Smock.

Dirk amüsierte sich köstlich in seinem Sessel. Er war gespannt, wie das Schauspiel endete und ob seine Stellvertreter die Aufgabe ohne seine fachmännische Hilfe meisterten. In diesem Fall würde er ihnen eine Eins mit Sternchen ins Zeugnis eintragen. Als Käpt'n konnte er sich auch nicht immer um jede Krise selbst kümmern.

Krummschnabel wirkte verlegen. »Entschuldige bitte, Smock. Wir sind hier einen friedlichen Umgang miteinander gewohnt, aber vielleicht sind das Kulturunterschiede. Was können wir denn für euch tun, dass ihr uns weiterfliegen lasst?«

»Nicht viel, wenn ihr weder Silber noch Porzellan habt«, überlegte Smock. »Honig gibt es bei uns zur Genüge. Was wir nicht ganz kapieren: Wie seid ihr an Bienenstöcke herangekommen, wenn ihr nicht fliegen könnt?«

»Mit meinen Raketenrucksäcken«, sagte Krummschnabel.

Er rechnete mit einem verächtlichen Kommentar von Smock, aber es folgte nur Stille.

»Hallo?«, fragte Krummschnabel. »Smock? Bist du noch da?«

»Raketenrucksäcke«, wiederholte Smock nach einigen Sekunden. »Jetpacks also. *Sehr* interessant. Woher habt ihr die?«

»Ich habe«, erklärte Krummschnabel voller Stolz, »die zwei Prototypen als ganz junger Dodohahn auf Mauritius entworfen.«

»Wir nehmen einen«, sagte Smock.

»Oh!«, rief Krummschnabel. »Nein, tut mir leid, das geht nicht. Ich habe meinen Eltern ein Exemplar geschenkt, nachdem sie auf den Geschmack von Honig gekommen sind. Da muss ich dich enttäuschen. Es befindet sich nur mein persönlicher Raketenrucksack an Bord.«

»Und genau den gibst du uns«, forderte Smock. »Du willst doch in Zukunft deine Flügel benutzen, also wirst du ihn nicht mehr brauchen. Übrigens, unsere Waffen sind nach wie vor auf euch gerichtet.«

»Aber die Treibstoffgase reichen nur für fünf Minuten!«, rief Krummschnabel verzweifelt. »Und es ist sehr aufwendig, sie abzukühlen, weshalb ich nur die beiden Prototypen gebaut hatte!«

»Mir völlig schnuppe«, sagte Smock. »Wir nehmen ihn trotzdem.«

Krummschnabel seufzte. Wenn dein Gegenüber die Macht besaß, dir zu sagen *»Ist mir schnuppe. Wir nehmen / spielen / töten es trotzdem«*, konntest du einpacken.

»Ich …«, begann Krummschnabel mit zittriger Stimme, »… ich werde den Raketenrucksack aus einer Luftschleuse werfen, wenn ihr uns dafür freilasst.«

»Abgemacht!«, rief Smock. »Siehst du, geht doch. Warum nicht gleich so?«

Die Dodos mussten mitanhören, wie Smock für sein Verhandlungsgeschick von seinen Beratern gefeiert wurde.

»Ich sollte«, sagte Krummschnabel geknickt, »die Jerkootiesen nicht warten lassen.«

Aber er rührte sich nicht. Er stand da wie ein Häufchen Elend und sah traurig zu Birdie, als ob er sie still um Hilfe bat. Sie stöhnte. Sein bemitleidenswerter Anblick war wirklich nur schwer zu ertragen.

»Ist der Lautsprecher des Telefons noch an?«, fragte sie.

»Ja«, bestätigte Smock. »Ich höre euch, also keine Tricks!«

Birdie atmete tief ein und fand ihren Befehlston wieder.

»Krummschnabel, du bleibst auf der Brücke. Und Schmock?«

»Ich heiße Smock!«

»Du kannst dir den Raketenrucksack abschminken. Lass uns frei oder ich zerstöre euren Planeten mit unserem Worpantrieb.«

Dirk beugte sich zu Birdie rüber. »Was tust du da, Nummer Zwo?«, hauchte er. »War doch alles geklärt.«

»*Warpantrieb?*«, fragte Smock. »Damit kann man keinen Planeten zerstören.«

»Hm, eigenartig«, sagte Birdie cool. »Ich bin mir ziemlich sicher, dass wir an unserem ersten Tag den Planeten Vicinus mit Gammastrahlung verglüht haben. Tja, wir schrecken halt vor nichts zurück. Euren Weltuntergang werden wir direkt an den Fenstern mitverfolgen. Leider ist uns das Knabberzeug ausgegangen, aber es wird auch so ein Genuss.«

»Sie macht nur Spaß«, sagte Smock abfällig. »Einen Planeten mit dem Namen Vicinus gibt es gar nicht.«

»Nicht mehr!«, rief Birdie.

»Moment mal kurz«, sagte Smock. »*Ja, was ist denn?!*«

»Mit wem sprichst du?«, fragte Birdie, doch in der Leitung herrschte plötzlich Stille.

Die Spannung wurde unerträglich, aber wenigstens hielt sie die Dodos wach.

Nach zwei Minuten meldete sich Smock wieder.

»Ich höre gerade von meinen Wissenschaftlern, dass man einen Planeten mit einem fehlerhaften Warpantrieb zerstören könnte. Das spielt aber keine Rolle, weil meine Raketen euch vorher erwischen werden.«

Birdie lachte höhnisch. »Ich muss nur ein Komma aus der Worpgleichung entfernen.«

Sie erhob sich von ihrem Klappstuhl, ging an Nalas Platz und drückte ihren Schnabel aufs Armaturenbrett.

»Erledigt«, sagte Birdie. »Wo sind denn deine schnellen Raketen?«

»Die Raketen sind unterwegs«, sagte Smock. »Sie befördern euch jeden Augenblick ins Jenseits.« Zum ersten Mal klang er nicht komplett überzeugt.

»Ach Quark«, sagte Nala. »Die brauchen noch zwanzig Sekunden!«

Birdie befahl Nala, den Worpantrieb zu starten.

Die Dodos vernahmen hysterische Schreie aus Smocks Umgebung.

»Halt, wartet!«, rief Smock.

»Zuerst eure Raketen!«, forderte Birdie.

Einen Wimpernschlag später sah sie die Raketen in der Atmosphäre explodieren.

»Juhu!«, sagte Nala, nachdem sich der Traktorstrahl aufgelöst hatte. »Ich habe die Kontrolle über die Seekuh zurück.«

»Macht lieber den Sittich«, sagte Smock, »bevor ich es mir anders überlege. Und *bitte* vergesst nicht, das Komma wieder zu setzen. *Danke.*«

Birdie tippte das Komma in die Worpgleichung. »Ok, Nala, du darfst auf die Tube drücken. Jetzt brauchen wir für die Nachtruhe – oder was davon übrig ist – einen neuen Parkplatz im Weltraum.«

Der Käpt'n applaudierte mit seinen Füßen und war voll des Lobes für Birdie. »Super Arbeit, Nummer Zwo. Tolles Täuschungsmanöver. Neben deinen ganzen Doktortiteln hättest du auch ein Diplom in Diplomatie verdient. Ich sollte dich zu meiner Ersten Offizierin ernennen und Krummi zur Nummer Zwo!«

»Schleimer«, sagte sie, obwohl sie sich geschmeichelt fühlte. »Du hast nur Angst, dass ich dir sonst dein Kapitänsamt wegnehme. Aber da kann ich dich vorerst beruhigen. Ich habe leider nicht die Zeit, den ganzen Tag in einem Sessel zu fläzen. Gute Nacht.«

Als die Seekuh ihren Weg zur Mandelmilchstraße um 11 Uhr fortsetzte, verrichtete Birdie mehrere Tätigkeiten gleichzeitig. Während sie die tägliche Morgenwelle an Bruchpiloten behandelte, redete sie mit Dörtie, um ihr endgültig die Wahnvorstellungen auszutreiben, dass sie Lebewesen für die Forschung sezieren müsste. Oder dass Außerirdische sie auffressen wollten.

Dörtie musste sich traurige Videos von Tieren, Pflanzen und Pilzen ansehen. Ihre Ärztin achtete auf ihre Reaktion.

In der Tat entwickelte Dörtie mehr und mehr Mitgefühl – oder war sie nur eine ausgesprochen gute Schauspielerin?

»Die armen Pilze«, sagte Dörtie schluchzend. »Man darf doch nicht ihre Fäden im Boden zerstören. Dann sterben sie doch!«

Birdie verlor die letzten Zweifel, als sie sich die Entwicklung von Dörties Gehirnaktivität auf einem Computerbildschirm ansah. *Es kommt eben auf das innere Erscheinungsbild an,* dachte sie.

Neunzig Minuten später stiegen die beiden Offizierinnen in den Fahrstuhl.

Auf der Brücke saßen Dirk und Anton untätig auf ihren Plätzen, während Nala das Buch *Seefahrer Jürgen auf den sieben Weltmeeren* zu Ende las. Mittlerweile fand sie den Autopiloten praktisch, zumindest auf langweiligen Geradeaus-Strecken.

»Hey, Dirk!«, rief Birdie, die gleich im Lift stehen blieb. »Dörtie ist geheilt und nimmt ihren Dienst wieder auf.«

Die anderen Offiziere drehten sich zu ihr und Dörtie.

»So schnell?«, fragte Anton ungläubig.

Birdie nickte. »Ich bin halt gut.«

»Das mag ja stimmen«, sagte Dirk, »aber ich verordne Dörtie noch ein paar Tage Zwangsurlaub.«

»Nein, tust du nicht«, stellte Birdie klar. »Dörtie bleibt auf der Brücke. Doch vorher möchte sie euch noch etwas sagen.«

Dörtie betrat die Brücke und räusperte sich. Sie klang schüchtern. »Was ich getan habe und noch vorhatte zu tun, war falsch. Mir persönlich würde es auch nicht gefallen, für die Forschung seziert zu werden. Oder aus irgendeinem anderen Grund. Nein, ich glaube, das gefiele mir kein bisschen. Ich werde eine andere Lösung finden, uns vor Gefahren zu schützen. Falls nicht, werden wir vermutlich alle gefressen.«

»Wuuuhuuu!!!«, jubelte Nala. »Unsere Ärztin ist ein echtes Genie. Birdie als Kapitänin!«

»Jetz' lass mal den Unfug bleiben, Nala«, sagte Dirk erschrocken. »Birdie hat doch schon gesagt, dass sie keine Zeit hat!«

»Dein Glück, *Dirk*«, erwiderte Nala.

»Oh!«, staunte Dörtie. »Wir dürfen den Käpt'n jetzt auch beim Namen nennen? Sehr schön.«

Birdie nickte. »Habe ich schon immer so gemacht. Ich gehe jetzt ins Rechenzentrum, also hört bitte wieder auf Dirk. Wenn ihr mich braucht, dann schickt nach mir.«

»Werden wir«, sagten Nala, Dörtie und Anton.

Jedem anderen Kapitän hätte der deutliche Machtverlust schwer zugesetzt, doch Dirk betrachtete es einmal von der positiven Seite. Er durfte weiter in seinem Sessel sitzen und den anderen auf den Wecker gehen. Im Grunde hatte sich nichts geändert.

»Nala«, sagte er. »Wie lange brauchen wir noch bis zur Mandelmilchstraße? Ich hab' Hunger.«

Zum Frühstück hatte es den letzten Honig gegeben.

»Noch vier Stunden, zweiunddreißig Minuten«, antwortete die Pilotin.

Anton drehte sich zum Käpt'n. »Krummschnabel versucht im Maschinenraum noch mehr Saft rauszuholen.«

»Jetz' bin ich auch noch durstig, Anton«, jammerte Dirk. »Rede bitte nich' von Saft. In der Kantine haben sie nur noch Wasser ohne Geschmack.«

Dörtie verdrehte ihre Augen. Diesen Käpt'n konnte man bloß im verrückten Zustand oder mit vergorenem Traubensaft ertragen. Leider war sie geheilt und der Traubensaft aus.

»Möglicherweise«, sagte sie, »werden meine Dienste im Maschinenraum dringender benötigt. Dodernikus und Dodileo bringen Krummschnabel nur wieder auf dumme Gedanken.«

»Nix da!«, sagte Dirk. »Entweder wirst du von Sicherheitskräften in deine Kabine gebracht, oder du bleibst hier, wo ich dich im Auge behalten kann. Wähl weise.«

»Pfff!«, erwiderte Dörtie und setzte sich schmollend auf ihren Stuhl.

»Geht es nicht noch schneller?«, fragte Dodileo.

»Schneller als Maximum-Worp?«, entgegnete Dodernikus. »Erzähl keinen Stuss!«

Der Hunger führte dazu, dass auf dem Schiff ein gereiztes Klima herrschte. Selbst der ausgeglichene Krummschnabel war von der misslichen Lage genervt.

»Verschwindet bitte«, sagte er zu seinen wissenschaftlichen Beratern. »Ihr seid keine Hilfe.«

Nachdem die alten Herren streitend den Raum verlassen hatten, blickte Krummschnabel nach oben. Gei saß mit Papa auf seiner Lieblingsstange vor dem Fusionsreaktor. Die Geschwister sahen besorgt aus.

»Der Worpantrieb«, sagte Krummschnabel, »pfeift aus dem letzten Loch, aber ihr braucht keine Angst zu haben. Wir werden es bis zum Anfang der Mandelmilchstraße schaffen.«

»Argh, dort gibt's Futter?«, fragte Papa skeptisch.

»Hoffentlich«, sagte Krummschnabel. »Ich hoffe wirklich, dass wir im ersten Sonnensystem welches finden, denn die Reparatur der Raumzeitkrümmungsmaschine wird mindestens eine Woche dauern.«

»Und wenn«, fragte Gei, »Futter erst am Straßenende? Argh?«

»Dann wir verhungern. Urgh«, antwortete Krummschnabel.

»Oh, oh«, sagte Gei. »Streng Kopf an!«

»Ich fürchte, ich bin nicht schlau genug, um Futter herbeizuzaubern. Ich gehe auf die Brücke. Kommt ihr mit?«

»Auf jeden«, sagte Papa.

»Argh nö, hier ist's warm«, sagte Gei.

Die Seekuh schwamm durch ein trostloses schwarzes Meer.

Der Raum zwischen einzelnen Sternen war bereits in einem Spiralarm der Galaxie gewaltig. Zwischen den Armen wirkte er gar unendlich. So durchstreifte die Seekuh Millionen über Millionen Kilometer an Dunkelheit auf ihrer Jagd nach den nächsten fernen Glühwürmchen, die in der Mandelmilchstraße auf sie warteten.

Am frühen Abend flog Nala das Schiff in eine riesige Gaswolke.

»Ach du dickes Ei«, sagte sie und beendete instinktiv den Worpantrieb. »Ich sehe komische Lichter.«

»*Kosmische* Lichter?«, fragte Anton.

»Nein, komische bunte Lichter. Schau doch. Direkt am Ende der Wolke blinkt es gelb, rot, grün und blau!«

»Du hast recht«, sagte Anton. »Sie leuchten offenbar von außen in die Wolke hinein.«

»Vergrößern!«, befahl der Käpt'n.

»Dirk«, sagte Krummschnabel ruhig. »Was wir durch das Auge der Seekuh sehen, können wir nicht vergrößern. Es ist ein Fenster und kein Kamerabild.«

Dirk nickte. »Ich vergess' immer, dass es sich bloß um ein großes Brückenfenster handelt, weil das Bild so scharf is'«, erklärte er.

Als die Seekuh durch das Wolkenende drang, wurden die Offiziere schlagartig von einem grellen Licht geblendet. Es überflutete die ganze Brücke mit seiner Leuchtkraft. Dirk schimpfte wie ein Rohrspatz und kniff seine Augen zu, sodass er Papas filmreifen Sturz von der Stange versäumte.

Auch Dörtie musste ihre Augen schließen, weil sie nicht erblinden wollte. Das war vernünftig. So ein Augenlicht war kostbar. Natürlich war ihr Neugier in die Wiege gelegt worden, sonst wäre sie keine Wissenschaftlerin geworden, aber ... aber trotzdem durfte sie nicht gucken. Vielleicht nur ganz kurz. Konnte nicht schaden. Ihr Sehvermögen hätte ihr gern widersprochen.

Sie überlegte, was sie tun sollte. *Hach, wenn es doch bloß eine Möglichkeit gäbe, die Augen ganz schnell zu öffnen und zu schließen*, dachte sie. *Ah, blinzeln! Gute Idee.*

Sie blinzelte die grellen Lichter an, erkannte verschiedene Farben und wurde noch neugieriger. Ihre Augen öffneten sich zu schmalen Schlitzen.

»Ist das *Leuchtreklame*?!«, rief sie begeistert. »Das müssen wir uns anschauen!«

»ZU HELL!!!«, schrien alle anderen, einschließlich Papagei.

Gleich darauf betrat eine unbeschreiblich cool aussehende Dodofrau die Brücke. Ihre Coolness stammte zu dreißig Prozent von ihrem Selbstbewusstsein und zu siebzig Prozent von der feschen, roten Sonnenbrille mit den dreieckigen Gläsern.

Nicht im Traum hätte Birdie gedacht, dass sie die extravagante Brille jemals tragen würde, doch heute blieb ihr keine Wahl. Heute war eine Sonnenbrille praktisch. Birdie hatte sie als Abschiedsgeschenk von ihrer Mutter bekommen – für den Fall, dass das Raumschiff zu nahe an den Sonnen flog.

»Boah, Leute, wie haltet ihr das aus?«, fragte Birdie, ehe sie die leidenden Offiziere sah. »Hier ist es ja noch heller als an den Seitenfenstern. Fortituu, bitte die Lichtdurchlässigkeit des Brückenfensters anpassen!«

»Ach, das geht?«, war Nala überrascht.

»Ahoi, ihr wackeren Seefahrer!«, meldete sich der Computer. »Na klar, kann ich machen. Wollt ihr es auf der Brücke heller oder dunkler?«

»DUNKLER!!!«, riefen die Vögel.

»Hoffentlich sind es Wegweiser zu einer Futterstelle«, sagte Krummschnabel, nachdem er die Augen wieder geöffnet hatte.

Als sie sich der Werbung näherten, sahen sie außerirdische Zeichen und Bilder einer Raumstation. Die Kamera des Universalübersetzers übertrug die Zeichen in sein künstliches Gehirn.

»~Willkommen in der Mandelmilchstraße~«, übersetzte die Holzbox. »~Besuchen Sie unseren Raumhafen direkt über Berdeil, mit seinen zahlreichen Geschäften, Gaststätten und Imbissbuden. Folgen Sie einfach den blinkenden Pfeilen die nächsten dreihunderttausend Kilometer. Wir freuen uns auf Ihren Besuch.~«

Nala seufzte. 300 000 Kilometer waren eine undankbare Entfernung. Mit dem normalen Düsenantrieb hätten sie dafür ein paar Tage gebraucht, aber mit dem Worpantrieb auf niedrigster Stufe kämen sie in 0,2 Sekunden an. Selbst für die pfeilschnelle Rennfahrerin war es eine Herausforderung.

»Schnall dich an«, sagte Nala zu Anton.

»Aber womit denn?«, fragte der Navigator, weil sie keine Gurte hatten.

Nala schaltete den Worpantrieb ein und trat *fast* zeitgleich auf die Bremse.

Es folgte ein kurzer, heftiger Ruck.

»Was war das?«, fragte Birdie erschrocken.

»Ei' Rekor' 'ür 'ie E'igkei'«, erwiderte Nala selbstbewusst, doch niemand verstand, was sie sagte, weil ihre Fliegerbrille in ihren Schnabel gerutscht war.

Die Dodos befanden sich vor einem blauen Planeten, der sich um eine rote Sonne drehte.

Durch den Worpsprung hatten sie ein großes Werbeschild übersehen. Beleidigt überholte das Werbeschild die Seekuh von rechts und versperrte ihr den Weg. Danach schwebte es aufdringlich nah ans Brückenfenster.

»~Willkommen im *Königreich von Berdeil und seinen Eroberungen*~«, sagte der Übersetzer, als er das Schild sah. »~Bitte beachten Sie, dass die Landung auf dem Planeten, beziehungsweise der Weiterflug durch die Mandelmilchstraße, nur mit gültigen Einreisedokumenten erlaubt ist. Diese erhalten Sie auf dem Berdeiler Raumhafen an einem der Schalter zwischen *McKing's* und *Berdeil Vegan Chicken*. Der Raumhafen befindet sich derzeit auf der von Ihnen abgewandten Seite des Planeten. Wenn Sie schon einmal hier sind, um Ihre Einreisedokumente abzuholen oder auf Ihren Anschlussflug warten, dann schauen Sie doch gleich noch bei unseren zahlreichen Geschäften, Gaststätten und Imbissbuden vorbei. Wir freuen uns auf Ihren Besuch.~«

Dirk war so glücklich wie ein Honigkuchengecko. »Jetz' haben sie uns schon zweimal drauf hingewiesen, dass es auf dem Allhafen Futter gibt.«

»Und Einreisepapiere«, sagte Birdie nachdenklich. »Ich denke, wir sollten einfach weiterfliegen, zu einer weniger bürokratischen Welt. Niemand weiß, dass wir die Bedeutung der Schriftzeichen kennen.«

Ihre Kollegen protestierten.

»Unwissenheit«, sagte Dörtie, »schützt hier bestimmt nicht vor Strafe, und wir sind alle am Verhungern.«

»Argh!«, rief Papa. »Hab' Mordshunger!«

»Und ich«, sagte Krummschnabel, »muss die Worpmaschine erst vollständig reparieren, sonst stranden wir irgendwo im Nirgendwo. Die Reparatur dauert eine Woche.«

»Eine Woche?«, fragte Dirk.

»Mit viel Stress und wenig Schlaf schaffe ich es auch in zwei Tagen.«

»Spitze, dann gib dir mal Mühe«, forderte Dirk. »Die Besatzung benötigt nur ein paar Stunden, um das Schiff mit Essen zu beladen.«

Nala traute ihren Augen nicht, als sie von einem grünen Rennschiff überholt wurde. Ein flacher Zweisitzer, der wie eine Rakete an der Seekuh vorbeischoss.

»Mein lieber Schwan!«, rief die Pilotin. »Der Düsenantrieb des kleinen Schiffes ist der helle Wahnsinn. Ich brauche dringend so einen Flitzer!«

Sie folgte dem Rennschiff, steuerte die Seekuh in Berdeils Umlaufbahn und drehte eine halbe Runde um den Planeten.

Die Offiziere konnten auf Berdeil herzlich wenig erkennen, abgesehen von weißen Wolken, die die Landmassen in Schleier hüllten. Als sie die Tag-Nacht-Grenze überquerten, sahen sie durch Lücken in der Wolkendecke vereinzelte Lichter auf dem Planeten.

Schließlich näherte sich die Seekuh einer langgezogenen Raumstation, die Berdeil wie ein Satellit umrundete und Werbe-Hologramme in alle Himmelsrichtungen sendete. Die Dodos waren erst seit einer halben Stunde in der Mandelmilchstraße und schon gab es eine Lichtershow nach der anderen zu bestaunen.

Vor der runden Öffnung des Raumhafens huschte eine Tafel mit leuchtenden Schriftzeichen von einer Seite zur anderen.

»~Hier gilt die WrVO. Bitte Schritt fliegen~«, sagte der Übersetzer, als die Zeichen vor dem Auge der Seekuh erschienen.

»Was ist WrVO?«, fragte Birdie.

»Weltraumverkehrsordnung«, erklärte der Übersetzer.

»Sowas gibt's?«, fragte Dirk. »Das gibt's ja gar nich'. Da haben wir uns vermutlich noch nie dran gehalten.«

Drei rote Laserstrahlen krabbelten die Seekuh entlang und vermaßen sie. Anschließend vergrößerte sich die Öffnung der Raumstation um das Dreifache, damit das Schiff hindurchpasste.

Nala flog in den Berdeiler Raumhafen und gelangte in einen breiten Schacht, der sich nach dreihundert Metern zu einem Ober- und Unterdeck teilte.

Erneut kam ein Schild auf sie zugerast.

»~Staatliche Fluggesellschaften unten landen! Privatschiffe auf dem Oberdeck!~«, sagte der Übersetzer.

»Hmm«, grübelte Nala, »im Prinzip sind wir die erste Mauritische Fluglinie. Hab' ich recht, Birdie?«

»Ja«, sagte Birdie, »aber wir sind trotzdem eine private Fluggesellschaft, weil die *Vereinigten Abgeholzten Wälder von Mauritius* keine Beteiligung an der Seekuh halten. Sie ist gemeinschaftliches Eigentum der ganzen Besatzung.«

»Hach, ist das kompliziert«, sagte Nala und steuerte das Schiff nach oben.

Dirk sah zu Birdie. »Is' das jetz' der offizielle Name unserer Heimatinsel?«, fragte er.

Birdie zuckte mit den Achseln. »Es stand zumindest zur Debatte, als wir abreisten«, erzählte sie. »Der Regenwald hat sich in zweihundert Jahren bestimmt erholt und sie können wieder zum alten Namen zurückkehren.«

Zu Nalas Verdruss gabelte sich das Oberdeck noch einmal. Ihr standen 361 Plätze im Parkhaus Ost und 172 Plätze im Parkhaus West zur Auswahl. Sie bog nach Osten und versäumte es, sich an die vorgeschriebene Schrittgeschwindigkeit zu halten, es sei denn, sie galt für Riesen in Siebenmeilenstiefeln.

Nala parkte zwischen einem zweisitzigen Kugelschiff und einem roten Schleimfrachter. Die Hülle des Frachters bestand aus Biomasse, wobei völlig unklar blieb, aus welchen Organismen sie zusammengewürfelt war. Die betreffenden Lebewesen mussten in jedem Fall sehr zäh gewesen sein, wenn die schleimige Kiste in der Lage war, durchs All zu fliegen.

Der Käpt'n erhob sich von seinem Thron. »Nimm die Übersetzerbox mit, Krummi«, sagte er.

Krummschnabel setzte sich auf den Boden und lehnte seinen Rücken an den Universalübersetzer. Seine Rückenfedern verhakten sich in den Ritzen der Holzbox. Als er wieder aufstand, klebte der Übersetzer an seinem roten Iro.

Die Offiziere fuhren mit dem Fahrstuhl zum Frachtraum, während Papa durch die Komm-Röhre flog. Unterwegs krachte sie beinahe mit ihrem Bruder zusammen.

»Wo geht's denn hin?«, fragte Gei.

»Auf die Raumstation« sagte Papa.

»Zum Essen?«

»Nee, wegen Einreisepapieren. Aber Essen scheint es dort auch zu geben, wenn man der Werbung trauen darf.«

»Klasse, dann komm' ich mit!«, sagte Gei.

»Das war klar«, sagte Papa.

Als die Geschwister den Frachtraum erreichten, war er schon mit Dodos und Papageien überfüllt, die sich den Offizieren anschließen wollten.

Vor der Luke richtete Birdie ihre Worte an den Navigator. »Anton, du hältst die Stellung und bewachst die Mannschaft. Pass einfach auf, dass niemand das Schiff verlässt und auf dem Raumhafen verloren geht.«

»Aber ich will mitkommen«, sagte Anton. »Warum soll ich immer aufpassen? Warum nicht Nala?«

»Das stimmt so nicht«, sagte Nala. »Ich musste auf Roerlinga die Besatzung bewachen, während du dich mit Dörtie amüsiert hast.«

Krummschnabel erklärte Anton die Rangfolge: »Nala kann das Schiff auch ohne dich fliegen. Demzufolge bist du das schwächste Glied in der Reihe.«

Dörtie nickte. »Das kann ich bestätigen«, sagte sie augenzwinkernd, als sie an den Kampf auf Roerlinga zurückdachte.

Antons Kollegen betraten mit Papa und Gei den Raumhafen und ließen ihn mit der aufgebrachten Besatzung allein.

Dirk blickte kurz auf die Seekuh zurück. »Merkt euch, wo wir geparkt haben.«

»Immer doch«, sagte Nala.

Das Parkhaus war eine lieblose Konstruktion aus Beton und Stahl, ganz im Gegensatz zu den Passanten. An den Dodos schlurften dreiäugige Schleimmonster vorbei. Unter ihnen waren grüne Schleimmonster mit roten Augen, rote Schleimmonster mit grünen Augen und rot-grüne Schleimmonster mit grün-roten Augen. Die Schleimmonster waren sich ihrer äußerlichen Unterschiede nicht bewusst, da sie allesamt an Rot-Grün-Blindheit litten.

Ein betrunkenes Monster rief zum anderen: »Blubbgluck. Diggawhershp?«

Der Universalübersetzer gab es wieder als: »~Das nenn' ich mal eine Sause. Ey, Digga, wo haben wir geparkt?~«

Über der Eingangstür zur Ladenpassage hing das Porträt eines blauhäutigen Mannes, der eine mit Edelsteinen versehene Krone trug. Es war König Reginald LXXXVIII., der von seinen Untertanen *Reginald der Gegenwärtige* genannt wurde, weil sie lange Zahlen als Wörter aussprachen und festgestellt hatten, dass Lxxxviii so blöd klang, wie es aussah. Wie alle Königinnen und Könige vor ihm gehörte Reginald der Spezies *Lettort* an.

Die Lettorts waren die dominante einheimische Lebensform auf Berdeil, weshalb die anderen Völker der Mandelmilchstraße sie vereinfacht »Berdeiler« nannten. Lettorts waren keine Menschen, aber Humanoide, was bedeutete, dass sie Menschen ähnlich sahen.

Neben Reginalds Gesicht befand sich eine Sprechblase: »~Frage nicht, was dein König für dich tun kann. Frage, was du für deinen König tun kannst.~«

»Und was«, wunderte sich Birdie, »steht unter dem Wappenschild für ein Motto?«

»~Köpfen und köpfen lassen~«, antwortete der Übersetzer.

»Oh!«, sagte Birdie. »Sieht mir verdächtig nach einer Schreckensherrschaft aus.«

»Das«, sagte Dirk fröhlich, »geht uns gar nix an. Wir holen nur die Papiere ab.«

»Und Futter!«, rief Gei.

In der Ladenpassage kamen sie an den skurrilsten Kreaturen vorbei, von einer Echsen-Gang in Lederjacken bis hin zu sprechenden Schwämmen, die zusammen mit Tintenfischen und Seesternen in den Springbrunnen planschten. Außerdem gab es Säugetiere, Kraken und Monster mit zottigem Fell. Dörtie fühlte sich, als liefe sie durch ein riesiges Wunderland, in dem es alles gab, was ihr Herz begehrte.

»Birdie«, sagte Dörtie, »ich habe das Gefühl, wir befinden uns nicht mehr in Mauritius.« Sie grinste wie eine Grinsekatze.

»Nichts anfassen!«, warnte Birdie.

Dörtie schüttelte den Kopf. »Ich tue niemandem weh, aber ganz ohne DNA kann ich nicht arbeiten. Ein bisschen Blut vom Echsenmann, ein paar Haare vom Fellmonster, etwas Schleim vom Schleimmonster. Das würden sie doch gar nicht vermissen.«

»Du kannst sie ja auf dem Rückweg fragen, ob sie ihr Einverständnis geben«, sagte Birdie ironisch. »Allem Anschein nach war deine Angst vor Bestien unbegründet. Räuber und Beute müssen sich hier an Gesetze halten. Wahrscheinlich an die sehr strengen Gesetze eines grausamen Herrschers«, fügte sie hinzu, als sie an das Motto des Königs dachte.

Krummschnabel lief rückwärts durch die Passage, damit der Universalübersetzer die Schilder vor ihnen lesen konnte.

Nach zehn Minuten, als Dirk bereits die Füße schmerzten, stießen sie auf eine Übersichtskarte.

»~1500 Meter bis zu den Einreiseschaltern~«, sagte der Übersetzer.

»Noch so weit?«, fragte Dirk. »Das dauert ja ewig. Lasst uns erst 'nen Happen essen. Liegt sicher was auf'm Weg.«

Sie blieben vor der nächsten Gaststätte stehen und blickten durch das Schaufenster.

Kapitel 8: Der Kellner am Anfang der Mandelmilchstraße

Ein drei Meter langes Säugetier öffnete den Vögeln die Tür. Der braune, genetisch veränderte Wiederkäuer konnte auf seinen Hinterbeinen stehen und arbeitete als Türsteher und Rausschmeißer. Nala kam sein Aussehen seltsam vertraut vor.

Als die Dodos und Papageien das Lokal betraten, waren sie verblüfft über die Raumgröße und die vielen Besucher. Sie hatten von außen nur einen kleinen Teil des Innenbereichs gesehen.

An fünfzig Tischen saßen knapp zweihundert Gäste.

»Offenbar«, sagte Krummschnabel, »ist alles belegt.«

Ein grüner Echsenkellner, der dreißig schmutzige Teller auf einer Hand balancierte, bemerkte die Vögel. Er zeigte mit seiner zweiten Hand auf einen freien Tisch neben den Toiletten und kratzte sich mit seiner dritten Hand am Hals. Die Dodos mussten den ganzen Raum durchqueren, um zu ihrem Tisch zu gelangen.

Die Hälfte der Gäste waren blauhäutige Lettorts auf der Durchreise, doch der Rest glich einem bunten Haufen. Ein gelbes Fellmonster verschlang einen ganzen Quarkkuchen in drei Sekunden, während die Riesenschnecken vom Planeten Gemach-Gemach seit siebzehn Tagen an ihren Salatblättern kauten.

Birdie wurde stutzig, als sie die geschmackvolle Einrichtung betrachtete. Von den Decken hingen zwanzig silberne Kronleuchter und die Tische bestanden aus einem seltenen Edelholz vom Planeten Schickimicki. Die Stühle waren aus einem dehnbaren Metall, weshalb man sie nicht nur in der Höhe, sondern auch in der Breite und Tiefe verstellen konnte – was den kleinen Papageien sehr gelegen kam.

»Wenn ich mir«, sagte Birdie, »den Laden so ansehe, weiß ich nicht, ob wir hier etwas essen sollten.«

»Warum nich'?«, fragte Dirk.

»Vielleicht wollen sie Geld haben. Wie die Pilze auf Roerlinga.«

»Ach, papperlapapp«, sagte Dirk. »Die Früchte wären auf Roerlinga auch kostenlos gewesen, Nummer Zwo. Keine Gesellschaft is' so unzivilisiert, dass sie für Nahrung Geld verlangt. Außerdem hätten sie es draußen ans Lokal geschrieben.«

»Ich bin mir da nicht so sicher«, sagte Birdie. »Ich esse lieber nichts. Es wäre auch der Mannschaft gegenüber ungerecht.«

»Goodafternoonbirdies«, sagte der Echsenkellner, als er an den Tisch der Dodos herantrat.

»~Guten Tag zusammen~«, übertrug es der Universalübersetzer etwas freier ins Dodische.

Der Kellner sah kurz zu den beiden Papageien am Tisch, denn das Übersetzungsgerät schien ihn zu irritieren. Er fragte: »Dontyaspeakcommonalmondish?« – »~Sprecht ihr nicht die Verkehrssprache Mandelin?~«

»Nein«, antwortete Birdie. Der Übersetzer wandelte es ab zu: »~Nopeabsolutelynotatall.~«

Ein ziemlich langes Wort für ein schlichtes Nein, dachte Birdie.

»Waitasecweirdochickens«, sprach die Echse. »~Einen kleinen Moment, bitte.~«

Der Kellner verschwand in der Küche.

»Tja«, sagte Dirk. »Das lief wohl ein bisschen anders als gedacht.«

Die Vögel sahen sich um. Im Saal befand sich noch ein Kellner: Ein Schleimmonster, das unabsichtlich Schleim von seinen Schleimhänden auf die Speisen abgab und deshalb nur andere Schleimmonster bediente.

»Argh oh«, sagte Papa. »Wir verhungern!«

Birdie wollte sofort aufbrechen.

»Los, Jungs und Mädels«, sagte sie. »Lasst uns die Papiere abholen. Dann suchen wir auf Berdeil Futter für die ganze Besatzung.«

Doch ihre Kollegen glaubten, dass es unhöflich wäre, einfach zu gehen.

»Der Kellner«, sagte Dörtie, »hat uns gebeten, einen kleinen Moment zu warten.«

»Ach Dodo«, sagte Birdie seufzend.

»Selber Dodo«, erwiderte Dörtie.

Der neue Kellner hüstelte.

»Meine Vögel und Vögelinnen, was darf ich euch bringen?«, fragte er.

Die Dodos trauten ihren Augen nicht. Vor ihnen stand ein dunkelblauer Papagei im weißen Kellnerhemd.

Der Kellner sah Gei und Papa nur auf entfernte Weise ähnlich. Zum einen war er fast doppelt so groß wie die Sittiche, und zum anderen trug er eine seltsame Frisur. Er wirkte außergewöhnlich. Dennoch bestand kein Zweifel daran, dass er ein Papagei war.

»Beim Jupiter!«, rief Nala. »Das ist ein Kak-ah-du! Genau wie im Seefahrerbuch! Kak-ah-dus sind Papageien mit Federhaube. Von ihnen gibt es auch viele verschiedene Arten.«

Der Palmkakadu lächelte. »Das ist korrekt, Frau Fliegerhaube. Mein Name ist Goliath. Ich bin ein *Kakadu.* Bitte zieht den zweiten Vokal nicht so lang, danke.«

»Wie schön«, sagte Krummschnabel, »dass du unsere Sprache sprichst.«

Der Kakadu beäugte die Dodos. »Was macht ihr komischen Vögel denn im Weltraum?«

Dörtie grinste schelmisch. »Das Gleiche wollte ich dich gerade fragen. Wenn du keine außerirdischen Zellen hast, bist du für meine Waffenexperimente ungeeignet.«

»Dörtie«, schimpfte Birdie, »reiß dich zusammen. Herr Papagei mit Federhaube ... Kakadu ... Goliath ... wie auch immer ... warum sprichst du so gut? Unsere Papageien bekommen nur ein paar Worte nacheinander zustande.«

»Ach, im Ernst?«, fragte Goliath mit gespielter Überraschung. »So leicht könnt ihr mich nicht auf den Flügel nehmen. Alle Papageienarten sind sprachbegabt. Andere Tiere nennen uns sogar geschwätzig.«

»Argh!«, schrie Papa. »Dreiste Lüge!«

»Kak-ah-du superschlau!«, ergänzte Gei.

Goliath kratzte sich verwundert mit seinen Flügelfedern am Kopf.

»Warum redet ihr so dämlich?«, fragte er die Sittiche.

»Argh, weil wir so bedeutend mehr Futter bekommen!«, antwortete Gei ohne nachzudenken.

Papa hielt sich fassungslos ihre Flügel vors Gesicht.

»Du Trottel!«, sagte sie zu ihrem Bruder.

Die Dodos starrten die Sittiche mit offenen Schnäbeln an. Womöglich brauchten sie noch einen Moment, um zu begreifen, dass Gei sich tatsächlich verplappert hatte.

»Oh«, begann Birdie. »Könntet ihr das noch mal wiederholen? Ich konnte euch nicht folgen ... Gei hat einen merkwürdigen Witz gemacht?«

Papa und Gei sahen blitzschnell auf. Die Dodos wollten die Wahrheit nicht erkennen, weil sie ihren Haustieren blind vertrauten. Zwar hatte Papa Mitleid mit ihren Fütterern, aber Tradition war Tradition, und diese war bereits Jahrhunderte alt. Sie nickte ihrem Bruder zu und er verstand. Die Geschwister mussten sich sofort wieder dumm stellen, um die Dodos hinters Licht zu führen.

Doch der kellnernde Kakadu war auch noch da.

»Nö, er hat keinen Witz gemacht«, sagte Goliath. »Eure Papageien sind ziemlich ausgefuchst, wenn sie sich auf diese Weise mehr Futter erschlichen haben.«

»Das ist unmöglich!«, rief Nala verzweifelt, als sie an ihre drei Papageien dachte. »Niemand kann sich sein ganzes Leben verstellen. Das hätten wir doch mitbekommen!«

Gei senkte seinen Kopf. Er hatte ein schlechtes Gewissen.

Papa seufzte. *Dann pfeifen wir eben auf die Tradition unseres Ortsvereins*, dachte sie. *Wir werden auf einer neuen Welt leben und nie wieder nach Mauritius zurückkehren*. Sie nahm ihren ganzen Mut zusammen und sagte: »Das Dummstellen ist das Erste, was man als Papageienküken beigebracht bekommt. Ist wie fliegen. Verlernt man nie. Vergisst man nie.«

Die Welt der Dodos stürzte ein. Sie waren bis ins Mark erschüttert – und Papa hatte mit ihrem Vergleich auch noch Salz in die Wunde gestreut.

Birdie platzte der Kragen. »IHR STELLT EUCH NUR DUMM?! Eure ganze Art also? Oh, wenn ich Heribert zu fassen bekomme ...«

»Was«, fragte Dirk niedergeschlagen, »is' das nur für 'ne Welt, in der man seinem eignen Haustier nich' trauen kann?«

»Auweia«, sagte Goliath. »Möglicherweise hilft euch unser hervorragendes Essen, den Schock zu verdauen. Dazu müsst ihr aber erst mal was bestellen.«

Niemand reagierte.

»Eine Bemerkung am Rande«, fuhr Goliath fort. »Es ist nicht üblich, in einem Restaurant zu schreien. Wenn es heute nicht so voll und laut wäre, hätten sich Kreaturen gestört fühlen können.«

»Ich weiß«, sagte Birdie. »Tut mir leid. Mich treiben noch alle in den Wahnsinn. Dodos und Papageien. Immer abwechselnd. Ich muss mich mal auf meine Couch legen und mit mir über meine Probleme reden. Aber eine Papageienverschwörung von diesem Ausmaß, wer konnte damit rechnen?«

»Man sollte«, sagte Goliath, »nicht gleich alle Papageien über einen Kamm scheren, weil eine Art sich ...«

»Das ist es ja«, sagte Birdie. »Es sind nicht nur unsere Haustiere. Ich hatte auf Mauritius auch Schopfpapageien und Grausittiche verarztet. Die haben auf die gleiche dümmliche Weise zu mir gesprochen.«

»Okay«, sagte Goliath. Er wurde langsam ungeduldig.

»Ich glaube«, sagte Birdie, während ihre Offizierskollegen weiter ins Leere starrten, »unsere Papageien schulden uns eine Erklärung. Der gesamten Dodoheit, um genau zu sein.«

»Egal«, sagte Gei. »Können wir zuerst Essen bestellen? Denn ich hab' mächtig Hunger!«

»Na schön«, sagte Birdie. »Betrachte es als Henkersmahlzeit.«

Ihr Kellner war erleichtert. »Was darf's denn sein?«, fragte Goliath.

Birdies Kollegen wirkten leblos und nicht in der Lage, eine Bestellung aufzugeben. Die Psychologin musste den Kakadu hinhalten, bis sich alle wieder gefangen hatten.

»Wie kommt ein Papagei mit Turmfrisur denn in den Weltraum?«, wechselte sie abrupt das Thema.

Goliath wurde ernst. »Tausende Papageien wurden von Außerirdischen entführt, bevor ich geschlüpft bin. Unter ihnen waren meine Eltern. Ich habe den Planeten Boden nie kennengelernt.«

»*Erde*«, korrigierte Papa ihn.

»Und ihr?« fragte Goliath. »Wurdet ihr auch entführt oder reist ihr per Anhalter?«

Gei platzte fast vor Stolz. »Wir reisen mit einem Raumschiff, das wir selbst gebaut haben!«, rief er, obwohl er während des Baus nur nutzlose Kommentare von sich gegeben hatte.

»Wow«, sagte Goliath erstaunt. »Da sieht man, dass Bodenlinge es auch ohne Berdeils Aufbauhilfe zu etwas bringen können.«

»*Erdlinge*«, sagte Papa.

»Meine ich doch«, sagte Goliath. »Wenn ihr euch einsam fühlt, dann schaut mal zu den Fensterplätzen. Dort sitzen noch mehr Erdlinge. Sieben gesellige Schafe. Ein paar von ihnen sind im Königreich, seit sie kleine Lämmer waren. Die anderen wurden hier geboren.«

»Krass«, sagte Birdie. »Diese Tiere sahen für mich besonders außerirdisch aus.«

»Der Fehler unterläuft vielen«, erklärte Goliath, »weil man sie wegen ihrer Wolle für pajanische Flauschbestien hält. Aber die Sprache der Schafe ist viel primitiver. Ich habe sie in vierzehn Tagen erlernt. Nach dem ersten »Määähhh«-Laut hat man den Dreh schnell raus. In der Öffentlichkeit sprechen Schafe jedoch Mandelin, weil ihre Muttersprache anderen Kreaturen Ohrenschmerzen bereitet.«

»Ja, ja, sehr interessant«, log Birdie.

»Für die Wirtschaft ist das ein echtes Problem«, erzählte Goliath munter weiter. »Jedes Mal, wenn Schafe ohne Fremdsprachenkenntnisse ins Königreich entführt werden, schießt die Krankenquote nach oben. Aber ich arbeite an einer Lösung. Übersetzungschips.«

»Danke«, sagte Gei, »für die langweilige Info. Jetzt kommen wir mal zum Thema zurück. Was gibt's hier zu futtern?«

»Gei, benimm dich«, sagte Krummschnabel. Er war endlich aus seinem Schockzustand erwacht und wandte sich an den Kellner. »Ihr habt nicht zufällig Pandanus-Früchte?«

»Panda-Nussfrüchte«, überlegte Goliath. »Noch nie gehört. Ananasfrüchte sind sehr beliebt und werden in großen Mengen von der Erde geliefert. Ananas kennt ihr, oder? Vielleicht unter einem anderen Namen.«

Pflanzenkunde war Dörties Fachbereich.

»Ich glaube«, sagte sie, »dass die meisten Früchte von der Erde ungefährlich für uns sind. Isst du selbst Ananas, Goliath?«

»Ja klar. Nicht mein Leibgericht, aber ist ok. Möchtet ihr sieben Portionen haben?«

Gei machte große Augen. »Meine Schwester und ich bekommen genau so viel Futter wie die Dodos?«

»Selbstverständlich«, sagte Goliath. »Es sei denn, ihr wollt Kinderportionen?«

»Keineswegs!«

»Euer Essen kommt sofort«, sagte der Kakadu und flog in die Küche.

Krummschnabel stellte den Universalübersetzer vom Tisch auf den Fußboden, um Platz für die Teller zu schaffen.

»Oh, nein!«, rief Birdie plötzlich. »Ich habe den Papagei mit Turmfrisur nicht gefragt, ob das Essen umsonst ist.«

»Na sicher is' es das«, sagte Dirk. »Nun müssen wir uns erst mal die beiden heimtückischen Verräter vorknöpfen.«

Die Dodos rösteten Papa und Gei mit Laser-Blicken.

»Ach«, sagte Papa lachend, »das ist nicht nötig, Dirk. Wie sagst du doch immer so treffend: Friede, Freude, Früchtekuchen.«

Dörtie ballte ihre Flügelchen. »In diesem Königreich werden Verbrecher geköpft«, sagte sie.

Gei musste kräftig schlucken. Er legte seinen rechten Flügel schützend um seinen Hals.

»Ich gestehe!«, rief er. »Für völligen Straferlass!«

»Weichei«, murmelte Papa.

Krummschnabel konnte seinem Haustier nicht lange böse sein.

»Einverstanden«, sagte er. »Du kommst ungeschoren davon, wenn du uns alles erklärst.«

Gei nickte. »Also schön. Zunächst einmal ist es eure eigene Schuld. Ihr habt unsere Sprache geklaut«, warf er den Dodos vor. »Ich meine nicht ihr persönlich, sondern eure Vorfahren vor vielen Jahrhunderten. Ihr habt unser Parrot einfach in Dodisch umbenannt. Das war Kulturdiebstahl. Bald darauf hat der Mauritische Ortsverein der

Papageien und Sittiche, kurz MOPS, beschlossen, dass wir nur noch wenige Worte mit euch wechseln. Und siehe da, auf einmal habt ihr uns für dümmlich gehalten! So dümmlich wie jeder seine Haustiere am liebsten mag. Da die Futtermenge *geringfügig* anstieg, wurde es zur Tradition. Bis dieser trottelige Kakadu uns auffliegen lassen hat.«

»Amen«, sagte Papa.

»Aber wann«, fragte Nala, »habt ihr von dieser Tradition gehört?«

»Das erfährt man als junges Küken«, sagte Gei, »sobald man die Sprache erlernt. Die Papageien von Dirks Eltern mussten es uns beibringen, weil wir Waisen sind.«

Am Tisch herrschte betretenes Schweigen, als der Kakadu mit vier Portionen Ananas zurückkam.

Er sprang auf den Tisch und verteilte die Teller.

»Nicht anrühren!«, rief Birdie, und ihre Kollegen zuckten zusammen.

»Chill mal 'ne Runde«, sagte Goliath. »Da ist kein Gift drin. Ich hole gleich den Rest.«

»Und es ist alles umsonst?«, hakte Birdie nach.

»Ich hoffe nicht. Die Köche haben sich mit der Ananas viel Mühe gegeben.«

Birdie verdrehte die Augen. »Ich meinte: Ist das Essen kostenlos?«

»Haha, nein«, sagte Goliath. »Wir sind keine Suppenküche. *Aber* wir haben Standardpreise. Zehn Königliche Kronen pro Gericht. Man kann bis zum Jahresende auch noch mit Kosmo-Dollar oder Astro-Rubel bezahlen. Danach tauschen die Banken die Währungen nicht mehr um.«

Dirk sah traurig auf die Früchte. »Das hättest du uns mal vorher sagen können. Wir stammen aus 'ner Tauschgesellschaft. Geld gibt's bei uns nich' mehr. Haben wir abgeschafft. Bei uns is' alles unentgeldlich.«

»Ich bin mir ziemlich sicher«, sagte Goliath, »dass man *unentgeltlich* noch mit einem zweiten *t* schreibt.«

»Blödsinn«, erwiderte Dirk. »Seit wann schreibt man *Geld* mit *t*?«

»Hast du eine Postanschrift?«, fragte Goliath. »Dann schick ich dir ein kostenloses Exemplar der Neuen Parrot-Rechtschreibung. Und auch mein altes Lehrbuch der Mandelin-Verkehrssprache.«

»Das wär' dann Oberdeck, Parkhaus Ost, Dodo-Alpha-Jet, Käpt'ns Büro, z. Fß. Käpt'n Dirk. Wir bleiben aber nur noch 'ne Stunde hier.«

»Zu Füßen Käpt'n Dirk«, notierte Goliath. »Ich schicke es als Eilsendung. So, wo waren wir stehengeblieben? Tauschgesellschaft, ist ja verrückt. Was könnt ihr denn als Tausch für euer zubereitetes Essen anbieten?«

Fünf bullige Rausschmeißer – drei Rinder und zwei Elefanten – erschienen aus dem Nichts und stellten sich hinter die Vögel.

»Nummer Zwo«, sagte Dirk, »jetz' kannst du mal deinen anwaltlichen Verstand benutzen. Bitte?«

»Wir haben«, sagte Birdie, »das Essen nicht angerührt. Es riecht *seltsam*.«

Der Kakadu kannte alle Ausreden, die im Gaststättengewerbe existierten.

»Laut Gesetz«, sagte er, »dürfen wir für die Zubereitung zwanzig Prozent des Preises erheben. Das macht dann vierzehn Kronen für alle sieben Gerichte.«

»Das hast du dir doch ausgedacht«, vermutete Birdie.

»Ich denke mir keine Gesetze aus«, sagte Goliath. »Dazu fehlt mir die Vorstellungskraft.«

»Was ist denn vierzehn Kronen wert, Kakadu?«

Goliath nahm die Dodos genauer unter die Lupe und überlegte, was er ihnen abknöpfen könnte.

»Deine Fliegerhaube«, sagte er Nala, »könnte man an ein Museum verkaufen. Die bringt sicher vierzehn Kronen ein.«

»Unverkäuflich!«, stellte Nala klar. »Sie ist ein Familienerbstück.«

»Okay, okay«, sagte Goliath. »Ihr müsst mir schon ein bisschen entgegenkommen.«

Birdie sah mit leichtem Widerwillen auf ihre Kette hinab. *Deinen Glauben findest du nicht in einem Symbol*, dachte sie, *sondern in deinem Kopf.*

»Also?«, fragte Goliath.

Birdie zeigte auf ihre Kette. »Wie wäre es mit echtem Silber?«

Der Kakadu sprang ohne Vorwarnung an Birdies Tischkante und jagte ihr einen Riesenschrecken ein.

Sie hielt sich ihr Flügelchen an die Brust. »Du hast mich fast umgebracht!«, rief sie.

Goliath sah sich die Kette aus nächster Nähe an. »Ein Papagei mir vier Flügeln?«

»Das ist die Bekloppte Polly«, erklärte Birdie sauer. »Unsere mächtigste Göttin. Alles echtes Silber, wie du siehst.«

»Super, nehmen wir«, sagte Goliath und riss Birdie die Kette vom Hals. »Nun verlasst bitte das Lokal, wenn ihr unser Essen nicht wollt.«

Dirk stöhnte. »Von *nicht wollen* kann keine Rede sein.«

Birdie war mit dem Handel alles andere als zufrieden.

»Meine Kette ist doch sicher mehr als vierzehn Kronen wert.«

Ihr Kellner antwortete mit dem künstlichsten Lachen, das sein Kehlchen hervorbringen konnte. »Für jemanden, der kein Geld kennt, lernst du ziemlich schnell. Na, ich will mal nicht so sein. Einen Teller Ananas lasse ich euch da. Man sieht sich.«

Die Dodos atmeten erleichtert auf. Birdie nahm mit ihrem Schnabel ein Messer vom Tisch und teilte die Ananasscheiben in sieben gleich kleine Portionen.

Der Kakadu balancierte die drei übrigen Teller auf seine Flügel und sah sich im Restaurant um. Es war proppenvoll, doch zum Glück setzten sich gerade drei Mafia-Schafe in seinen Bereich.

Er hüpfte über die Tische der anderen Gäste zu den Schafen und sprach sie in ihrer nervtötenden Muttersprache an, weil er hoffte, ein paar Gäste loswerden zu können.

»Määhh määähäh mähmäh?«, fragte Goliath.

Übersetzt lief das Gespräch wie folgt:

»Woran erkennt ein Schaf den Unterschied zwischen Wolf und Hirtenhund? Am Geruch? Oder am Charakter? Also lieber Hund, böser Wolf?«

Das Boss-Schaf in der Mitte blinzelte Goliath irritiert an. Es konnte sich nie an die verblüffenden Fragen des Kakadus gewöhnen.

»Am Aussehen«, erklärte das Schaf. »Und ob sie bellen oder heulen.«

»Ah, stimmt, das geht auch«, sagte Goliath. »Was darf ich euch bringen? Das Gleiche wie immer?«

Seine Maßnahme zeigte Wirkung. Die Gäste an den Nebentischen suchten das Weite.

»Drei Portionen Weidegras«, antwortete das Schaf, »und eine große Schüssel Wasser.«

»So wie immer. Kommt sofort«, sagte Goliath.

Birdie erhob sich nach der mickrigen Mahlzeit von ihrem Platz.

»Ich bin mal kurz weg«, sagte sie und ging zu einer braunen Tür, auf der die Symbole ♀ + 👽 *(Frauen und Alien-Weibchen)* und ♂ + 👽 *(Männer und Alien-Männchen)* abgebildet waren.

Nachdem Birdie in den Toilettenbereich getreten war, seufzte sie und stellte sich hinter Lettorts und Echsen an. Es hatte sich eine Schlange gebildet, weil zwei Riesenschnecken von Gemach-Gemach zu den Toiletten schlichen und den Weg versperrten.

Unterdessen kam Goliath mit Weidegras und Wasser aus der Küche. Als er die Dodos sah, schüttelte er verärgert den Kopf. Er brachte den Mafia-Schafen zuerst ihr Essen und ließ sich danach auf dem Tisch der Vögel nieder.

»Ihr seid ja immer noch hier!«, sagte er. »Habt ihr etwa euer Geld wiedergefunden?«

»Unsere Kollegin«, sagte Nala, »ist mal für kleine Küken. Wenn sie zurück ist, machen wir die Flatter.«

»Das bezweifle ich«, sagte Goliath. »Doch wenn ich mir eure kleinen Paddel anschaue, nehme ich an, dass ihr gute Schwimmer seid.«

»Das sind Flügel!«, erwiderte Nala.

»Nein, nein« berichtigte der Kakadu sie freundlich. »Das sind keine Flügel, denn Flügel benutzt man zum Fliegen. Ihr habt eindeutig Paddel und sie sind sogar noch kleiner als die von Pinguinen.«

Der Käpt'n war außer sich. »Was sagst du da?! Pfff!«, erwiderte er.

»Pinguine, Pinguine«, überlegte Nala. »Der Name kommt mir bekannt vor, aber ich habe kein Bild vor Augen.«

»Flugunfähige Seevögel«, sagte Goliath, »die beim Laufen lustig hin und her schwanken. Klingelt's jetzt?« Er suchte mit Adleraugen den Raum ab. »Pinguine arbeiten oft als Kellner oder Butler, weil sie nackt immer passend angezogen sind. In dieser Gaststätte sind auch zwei von ihnen angestellt, doch heute scheinen sie ausgeflogen zu sein. *Ausgeflogen.* Versteht ihr?«

Papa und Gei kugelten sich vor Lachen, während die Dodos keine Miene verzogen.

»Oha«, sagte Goliath. »Anneliese ist doch da. Schaut mal dort drüben! Das schwarzweiße Ding mit dem Tablett auf dem Paddel. Das ist ein Pinguin. Anneliese ist sogar auf dem Bod... auf der Erde geschlüpft. Die Glückliche.«

Die Dodos drehten ihre Köpfe.

Ein Pinguin servierte einem gelben Fellmonster und seinem blauen Kumpel verschiedenes Gebäck. Es war bereits ihre fünfte Bestellung an diesem Tag.

»Bist du dir sicher«, fragte Dörtie, »dass diese schwarzweiße Kreatur von der Erde stammt?«

»Aha, aha«, sagte Goliath. »Ich bin mir sicher. Die Außerirdischen entführen Pinguine stets vom südlichen Kontinent.«

»Aber der südliche Kontinent ist komplett mit Eis bedeckt!«, gab Dörtie zu bedenken.

»Nun ja, Pinguine schwimmen im kalten Eiswasser und fressen Fische«, sagte Goliath und begann plötzlich zu zweifeln. »So wurde es mir zumindest erzählt.«

Nala nickte. »So stand es auch in Jürgens Seefahrerbuch«, erinnerte sie sich.

Dirk winkte ab. »Wenn ihr mich fragt, sind das nichts als Märchen.«

»Nein«, widersprach Nala, »es muss sich um Fakten handeln, denn Kakadus und Pinguine existieren wirklich!«

»Das meine ich auch«, sagte Goliath. »Man munkelt, dass alle Vogelarten von der Erde stammen, weil es nur dort Dinosaurier gab.«

»*Dino-was?*«, fragte Nala.

»Unsere gemeinsamen Vorfahren aus grauer Vorzeit. Die Erklärung würde jetzt zu lange dauern und ich will euch wirklich nicht aufhalten«, sagte Goliath, womit er ihnen auf freundliche Weise mitteilte, dass sie endlich verschwinden sollten.

»Oh Schreck«, sagte Krummschnabel. »Wir müssen noch Einreisepapiere holen.«

»Ach, ihr braucht keine«, sagte Goliath. »Die Beamten wollen nur euer Geld, das ihr angeblich gar nicht habt. Wenn euch jemand nach den Papieren fragt, dann sagt einfach, die Kuukarier hätten euch entführt. Sie handeln im Auftrag unserer Majestät. Glaubt mir, mit dem König wollen sich weder Polizisten noch Richter anlegen.«

»Danke für den Tipp«, sagte Krummschnabel.

»Der ging aufs Haus.«

Birdie kehrte zurück. »Na dann. Auf zu den Einreiseschaltern?«

»Nee«, sagte Dirk, »das hat sich erledigt. Eine Sorge weniger. Jetz' können wir schnell nach Berdeil fliegen, bevor die Mannschaft meutert.«

Doch die Vögel machten keine Anstalten, aufzubrechen. Birdie hatte sich sogar wieder hingesetzt. Sie überlegte, was sie für eine weitere Portion Ananas eintauschen könnte.

Der Kakadu schüttelte den Kopf und winkte einen Elefanten zu sich. »Unser Rausschmeißer gibt euch sicheres Geleit nach draußen«, erklärte er.

»Sehr nett«, sagte Birdie scharf.

Der graue Rüsselträger kam an den Tisch und achtete nicht darauf, wohin er trat.

Plötzlich sprühten Funken vom Boden nach oben.

»~Outoforder! Hasta la vista! Du Trampel!~«, waren die letzten Worte des Universalübersetzers.

Der Elefant trompetete und rannte in Richtung Küche.

»Nein!«, rief Goliath ihm nach. »Das Betreten der Küche ist für Elefanten verboten!«

Doch es war zu spät. Die Vögel hörten in der Küche Geschirr zu Bruch gehen. Unmengen an Geschirr. Vor allem Porzellan.

Gei kicherte. »Was für ein Tollpatsch.«

Die Dodos machten wegen des Übersetzers lange Gesichter.

»Na spitze«, sagte Nala, als sie auf die ehemalige Box guckte, die nun flach wie eine Flunder war. »Unser Übersetzer ist vollkommen hinüber! Und nun?«

»Das passiert«, nahm Goliath den Rausschmeißer in Schutz. »So sind Elefanten nun mal.«

Birdie blickte lächelnd zum Kakadu, weil sie nun alle Trümpfe in den Flügeln hielt. »Jetzt musst du uns einen neuen Universalübersetzer geben«, verlangte sie.

»*Universal…?*«, fragte Goliath erstaunt. »Moment mal. Wollt ihr mir sagen, dass der Übersetzer mehr als zwei Sprachen beherrschte?«

»Einige Millionen Sprachen mehr, schätze ich«, sagte Birdie.

»Heiliger Bimbam!«, rief Goliath. »Bekommen wir ihn wieder repariert? Damit werdet ihr zu Multi-Milliardären!« Er sah auf den zerstörten Apparat. »Oh. Stimmt. Platt wie Blattsalat. Das wird wohl nix mehr. Tut mir leid, Leute. So ein Gerät wurde hier noch nicht erfunden. Da ist es einfacher, ein Kaninchen aus dem Hut zu zaubern.«

»Was bekommen wir als Entschädigung?«, fragte Birdie.

»Um euch in der Mandelmilchstraße zu verständigen«, sagte Goliath, »braucht ihr bloß jemanden, der Mandelin versteht.«

»Einen Übersetzer für nur *eine* Sprache? Das ist ein bisschen wenig.«

»Wie gefällt euch Fruchtmus als Wiedergutmachung?«, fragte Goliath. »Wird vom Gehalt des Elefanten abgezogen.«

»Na gut«, sagte Birdie. »Und was ist nun mit dem minderwertigen Übersetzer?«

»Ja, gebt mir fünf Minuten. Ich hole das Zubehör aus meinem Schließfach.«

Mandelin, abgeleitet von *Mandelmilchstraße*, war der gebräuchliche Name für die Sprache der Inglyschspiekkers. Lediglich auf Brytanja, der Heimatwelt der Inglyschspiekkers, bezeichnete man das Mandelin auch heute noch als Inglysch.

Mandelin wurde zur Verständigung benutzt, weil man es aufgrund seiner einfachen Grammatik schneller erlernen konnte als Ladayn oder Vrantsösisch, die ebenfalls als Verkehrssprache vorgeschlagen worden waren.

Das Universum konnte die Zukunft nicht bestimmen, aber zumindest beeinflussen. Deshalb entwickelte sich auf der Erde des 14. Jahrhunderts bereits eine Sprache, die einige Jahrhunderte später als *Modernes Englisch* nahezu identisch mit Mandelin sein würde. Das Universum wollte die erste Begegnung zwischen Menschen und Lettorts im 24. Jahrhundert so leicht wie möglich machen, denn Sprachprobleme hatten oft zu Sternenkriegen geführt.

Der Kakadu brachte den Dodos und Papageien sieben Teller voll gelblichem Mus.

»Tadaa!«, sagte er. »Lasst euch das Apfelmus schmecken.«

Niemand begann zu essen.

Dörtie hüstelte. »Findet ihr auch, dass es aussieht wie ausgekotz…«

»Psst!«, sagte Nala. »So etwas sagt man nicht, solange der Kellner zuhört.«

Goliath kramte einen runden Mikrochip aus seinem Federkleid hervor und hielt ihn mit einem Greiffuß hoch. »Du guckst wie ein Schwein ins Uhrwerk«, sagte er zu Dirk. »Wohl noch nie einen Übersetzungschip mit Transmitter gesehen?«

»Äh…«, sagte Dirk.

»Wir kennen Mikrochips«, sagte Birdie, »aber von einem Übersetzungschip habe ich auch noch nie gehört.«

»Verstehe«, sagte Goliath und blickte zu Gei. »Hey, du! Komm mal her.«

Gei schüttelte den Kopf.

»Es ist ein Geschenk«, erklärte Goliath.

»Warum hast du das nicht gleich gesagt?!«, fragte Gei und sprang auf den Tisch.

Der Kakadu hielt Gei den Mikrochip an den Kopf. »Gleich wirst du Mandelin verstehen. Dann kannst du dich im ganzen Königreich verständigen und darüber hinaus.«

Gei sah Sterne, Schildkröten und Sternenschildkröten vor seinem geistigen Auge vorbeischwimmen. In seinem Verstand wurden alle Wörter aus der Papageiensprache zu den Lebewesen und Objekten umgeformt, die sie bezeichneten. Von der winzigen Raupe bis zur riesigen Supernova. Hunderttausende Bilder drängten sich in seinem Kopf aneinander, bis es kuschlig wurde.

Die Lebewesen und Objekte verwandelten sich danach wieder in Worte. Die Worte einer neuen Sprache.

»*Boah, mir brummt der Schädel*«, jammerte Gei.

Seine eigene Schwester verstand nicht, was er sagte.

»*Das ist normal*«, sagte Goliath, »*Lass uns wieder Parrot sprechen, damit deine Frau uns nicht mehr so anstarrt.*«

»Du meinst meine Schwester. Aber wie springe ich zurück?«, fragte Gei unsicher.

»Ja, genau so«, antwortete der Kakadu.

»Wohin springen?«, fragte Nala.

Für Birdie war es offensichtlich. »Gei kann zwischen den beiden Sprachen hin- und herwechseln. Er beherrscht jetzt eine Fremdsprache.«

Goliath räusperte sich. »Leider war dies der einzige *Instant-Mandelin-Crashkurs-für-Papageien*, den ich bisher entwickelt habe.«

»Oh nee«, motzte Dirk, der seinen Kopf auf den Tisch legte, weil ihm sein Mittagsschlaf fehlte. »Hättest du das mal eher gesagt, hätten wir 'nen zuverlässigen Papagei genommen.«

»Genau!«, stimmte Papa zu.

»Hey!«, sagte Gei. »Ich kann euch hören!«

Goliath richtete seine Worte an Papa. »Glaub mir: Falls es schwerwiegende Nebenwirkungen gibt, wirst du noch froh sein, dass ich deinen Bruder als Versuchskaninchen genommen habe und nicht dich.«

Gei erstarrte. Er fiel nach vorne und sein Kopf landete im Apfelmus.

Seine Schwester und die Dodos erschauderten. Sie drehten ihre Köpfe unheilvoll zum Kakadu. Wenn Blicke töten könnten. Besonders die von Papa.

»Hey, Leute«, sagte Goliath, der seine Flügel beschwichtigend hob und senkte, »das war doch bloß ein böser Scherz.«

»Ach so?«, fragte Gei. »Fand ich aber nicht witzig ... mmh, Apfelmus ist lecker!«

Die anderen Vögel atmeten auf.

»Ha!«, sagte Goliath. »Der Übersetzungschip ist ein voller Erfolg. Der Rest von euch muss Mandelin aber auf altmodische Weise lernen. Durch hören, sprechen und pauken.«

»Müssen wir nich'«, widersprach der Käpt'n. »Die Sprache kann uns sowas von gestohlen bleiben, weil wir gleich weiterfliegen. Gei is' unser Übersetzer, das reicht.«

»Dolmetscher«, sagte Gei.

Die anderen Vögel sahen ihn überrascht an.

Er zuckte mit den Schultern. »Möglicherweise hat die Fremdsprache auch meinen Parrot-Wortschatz vergrößert.«

Nachdem die Dodos und Papageien das leckere Apfelmus verdrückt hatten, verließen sie das Restaurant, das dank Goliaths ausführlichen Gesprächen mit der Schafmafia nur noch zur Hälfte gefüllt war.

Die Dodos machten sich auf den Rückweg, während Gei neugierig in die entgegengesetzte Richtung blickte. Kleine Kinder zogen ihre Eltern in Scharen zu einer Großleinwand.

»Komm«, sagte Gei zu seiner Schwester. »Das schauen wir uns kurz an. Die lahmen Dodos holen wir mit zwei Flügelschlägen wieder ein.«

»Von mir aus«, sagte Papa.

Auf der Leinwand lief ein Werbefilm, in dem ein elegant gekleideter Mann für sein Produkt warb. Der Mann war ein pummeliger, grauhaariger Vampir im Anzug. Er hatte ein Doppelkinn und verputzte genüsslich eine ganze Tafel Schokolade.

»Oh, wie 'errlich! So viel süßer als Blut!«, sagte er mit vollem Mund und vrantsösischem Akzent.

Untermalt wurde sein Vampirlächeln von einer kurzen Werbemelodie, zu der reizende Kinderstimmen sangen: »*Graf Chocolat* – Dick aber glücklich.«

»Papa, Papa!«, rief ein blauer Junge neben den Sittichen. »Kann ich eine Tafel Schokolade haben? Oder am besten gleich einen Zehnerpack?«

»Warum«, fragte Gei auf Mandelin, »soll das meine Schwester entscheiden? Sie versteht dich doch gar nicht.«

Der Junge und seine beiden Väter sahen Gei verwundert an.

»Oh, entschuldigt«, sagte Gei. »Kleine Verwechslung. Meine Schwester heißt auch Papa.«

»Das ist doch Unsinn!«, sagte der Junge. »Nur Männer können Papas sein.«

»Ja«, überlegte Gei, »da könnte was dran sein. Aber meine Schwester heißt nun mal so. Und ich bin Gei. Zusammen sind wir ... Na, du kleiner Bengel! Einem Papagei einen Vogel zeigen, ist wirklich wahnsinnig einfallsreich. Das wird mir hier zu kindisch – *komm, Papa, wir gehen.*«

Papa hob vom Boden ab und hielt nach den Dodos Ausschau. Als sie sah, dass die Fütterer nur einhundert Meter weit gekommen waren, landete sie wieder neben ihrem Bruder.

»Was war denn los zwischen dir und dem kleinen Jungen?«, fragte sie.

»Nur ein sprachliches Missverständnis«, sagte Gei. »Oh je, mein Magen knurrt. Und Durst hab' ich auch.«

»Du hattest vor zehn Minuten Apfelmus!«, erinnerte Papa ihn.

»Hat mich nicht satt gemacht.«

Er sah seine Schwester an und kam auf dumme Gedanken. Sie spürte seinen Blick.

»Was ist?«, fragte sie. »Bitte sag nicht, dass du jetzt zum Kannibalen wirst.«

»Keine Angst«, sagte er. »Dafür müsste ich zuerst zum Fleischfresser werden.«

»Stimmt, aber warum starrst du mich dann so komisch an?«

»Weil du sehr schöne Federn hast, Schwesterchen. Dreh dich mal um, dass ich deine Schwanzfedern bewundern kann.«

Papa fühlte sich geschmeichelt. »Oh, das ist aber lieb, danke«, begann sie. »Hey ... AUA!!! SPINNST DU?!«, schrie sie eine Sekunde später.

Gei flüchtete zur gegenüberliegenden Seite der Einkaufspassage. Als er an den Läden vorbeiflog, sah er in die Schaufenster und bewertete die Konsumgüter.

»Nein ... nö ... nope ... hässlich ... zu gewöhnlich ... lol ... grauenerregend ... hihi ... ach-du-liebe-Polly ...«

Er kam zu einem Geschäft mit den Namen *Chofé*, in dem Säugetiere und Echsen heiße Getränke aus Tassen schlürften. Vor dem Geschäft wartete das Hologramm eines kleinen grünen Männchens, dem Antennen aus dem Kopf wuchsen.

Gei landete vor dem Laden und glotzte gierig.

»Mmh«, sagte er durstig.

»Möchten Sie«, fragte das Hologramm des kleinen grünen Männchens, »in unserem Chofé eine *Heiße Koffeinschokolade* © genießen?

»Eine heiße *was*?«

»Eine Heiße Koffeinschokolade ©, mein Herr?«

»Äh, klingt irgendwie giftig«, sagte Gei.

»Sie kennen unser Produkt noch gar nicht?«, wunderte sich das Hologramm. »Na, wenn das so ist.« Es schaltete sich vom Verkaufs- in den Werbemodus und flackerte mehrmals, bevor es fortfuhr. »Heutzutage trinken die meisten Geschöpfe ihren Kaffee so, dass er seinen Namen nicht mehr verdient, weil er zu zwei Dritteln aus Milch und Zucker besteht. Darum dachten sich unsere Gründer, dass Sie lieber gleich Kakao mit gespritztem, hochdosiertem Koffein bestellen sollten. Eine Tasse unseres Produkts hält Sie genauso wach wie zwei Tassen schwarzer Kaffee. Die Milch unserer Heißen Koffeinschokolade © erhalten Sie in den Varianten »laktosefrei« und »frisch aus dem Euter«. Das macht unsere Schokolade zu einem echten Hit bei allen Kreaturen in der Galaxis. Es gibt nur zwei kleine Ausnahmen. Erwachsene Kühe bevorzugen Wasser, offenkundig aus Scham, und Insekten trinken kein Koffein. Sind Sie eine Kuh oder ein Insekt, mein Herr?«

»Nein, aber warum trinken Insekten das Zeug nicht?«, fragte Gei.

»Koffein ist ein natürliches Insektizid, um die Kaffeepflanze zu schützen«, erklärte das Hologramm. »Insekten können davon hopsgehen.«

Gei hatte keine Ahnung, wovon das Kleine-Grüne-Männchen-Hologramm sprach, und es kümmerte ihn auch nicht weiter.

»Egal, ich nehme so eine Heiße Koffeinschokolade«, sagte er. »Ich habe allerdings kein Geld. Dafür gebe ich dir als Tausch drei *smaragdgrüne* Federn von meiner Schwester – ganz frisch herausgerissen!«

Er fuchtelte mit den Federn vor der Nase des Hologramms herum.

»Haha«, lachte es. »Der Herr ist wohl zu Späßen aufgelegt? Wir sind weder Tauschbörse noch Wohlfahrt, sondern eine kapitalistische Schokoladen-Kette, die nicht mal Steuern zahlt. Ohne Geld bekommen Sie im Chofé rein gar nix.«

»Verflixt«, sagte Gei.

»Allerdings gefallen mir die Federn sehr«, sagte das Hologramm. »Ich gebe Ihnen eine Serviette dafür.«

»Hm, ich hätte lieber einen kleinen Schluck Koffeinschokolade«, sagte Gei. »Das könnte unser kleines Geheimnis sein. Vielleicht sogar der Beginn einer Partnerschaft, denn diese Federn stammen von einem Ort, an dem noch viele weitere wachsen. Verstehst du, was ich meine?«

»Ja, aber die Antwort lautet Nein.«

»Ach, schade«, sagte Gei und flog nachdenklich fort. »Geld ist eine verwirrende neue Erfindung. Aber auch so verlockend! Man könnte fast meinen, es regiert die Welt.«

Er kehrte zu seiner wütenden Schwester zurück.

»Was fällt dir ein?!«, schimpfte Papa. »Du bist so gemein!«

»Hier«, sagte Gei, als er Papa ihre Federn reichte. »Kannst du wiederhaben.«

»Witzbold.«

»Nein, im Ernst. Vielleicht kann man sie irgendwie ankleben, bis dir nach deiner nächsten Mauser neue Federn wachsen.«

»Ich wünschte, ich wäre Einzelkind«, sagte Papa. »Dann hätte ich auch nicht so einen dummen Namen bekommen.«

Sie stieg in die Luft und folgte den Dodos. Als sie merkte, dass Gei sich nicht anschloss, machte sie kehrt.

»Kommst du jetzt?«, fragte sie. »Die Dodos sind gleich am Parkhaus.«

»Nein, tut mir leid«, sagte Gei ernst. »Ich bin am Verhungern und brauch eine Veränderung. Ich suche mir neue Futterspender. Ein kleines Mädchen und einen kleinen Jungen, die mich immer mit Essen vollstopfen, so wie es sich für gute Fütterer gehört. War schön mit dir, Schwesterchen. Leb' wohl! Bleib gesund! Alles Gute!«

»Idiot!«, sagte Papa gekränkt und flog allein zu den Dodos.

Der Abschied hätte schöner verlaufen können, wusste Gei. Doch auf diese Weise war es für ihn leichter.

Er flog in die andere Richtung und entdeckte einen Spielzeugladen, in dem gerade eine Malstunde stattfand. Die Vorschulkinder von Lettorts und Schleimmonstern malten Bilder ihrer Helden aus, hauptsächlich Comic- und Zeichentrickfiguren.

Gei nahm sich ein Gummiband, einen roten Stift und ein Blatt mit dem vorgedruckten Gesicht des Königs. Er beschrieb die weiße Rückseite und stach mit seiner Schnabelspitze zwei Löcher in das Blatt. Anschließend zerbiss er das Gummiband und fädelte es durch die Löcher.

Er verließ den Spielzeugladen so schnell wie er gekommen war.

»Papagei stiehlt!«, rief ihm ein Kindergartenmädchen nach. »Diebische Elster!«

Gei hängte sich das Blatt um den Hals und stellte sich vor einen Obstladen. Mit seinem süßesten Hundeblick sah er die Passanten an. Auf seinem Blatt stand auf Mandelin geschrieben:

> Four-good-meals-a-day
> keep-me-out-of-sickbay.

Im übertragenen Sinne hieß es:

> Stopf vier Mahlzeiten täglich in meinen Magen,
> dann hab' ich dich lieb und werd' nie mehr klagen.

Ein Polizist, dessen Uniform so blau war wie seine Haut, baute sich plötzlich vor Gei auf.

»Bettelst du?«, fragte der Polizist.

»Äh, nein? Nein, nein. Natürlich nicht«, erwiderte Gei gedankenschnell.

»Die Strafe fürs Betteln ist der Tod.«

»Haha, dann ist es ja gut, dass wir das Missverständnis klären konnten, Herr Wachtmeister!«

»Sieht mir aber verdächtig nach Betteln aus«, sagte der Polizist.

»Ach Quark«, sagte Gei. »Ich biete eine Dienstleistung

an. Ich spende Freude und Trost in *guten* Zeiten, und wenn das Futter klasse ist, sogar in *schlechten.*«

»So eine Dienstleistung ist mir nicht bekannt«, erklärte der Polizist.

»Ich bin von Beruf Haustier. So etwas gibt es hier doch sicher?«

Der Polizist schüttelte den Kopf.

»Verflixt«, sagte Gei. »Dann werde ich mir schnell eine andere Arbeit suchen müssen, weil ich ja kein Bettler bin. Und niemals sein werde. Guten Tag!«

Er riss sich das Blatt vom Hals, warf es in einen Papierkorb und flüchtete nach oben.

»Was tun, was tun, was tun ...«, geriet Gei in Panik.

Er irrte durch den Luftraum der Passage. Schließlich erinnerte er sich an den Kakadu. Ein entfernter Verwandter, der ihm vielleicht aus der Patsche half.

Als die Dodos ihren Parkplatz gefunden hatten, sah sich Krummschnabel nach den Papageien um. Er konnte nur Papa entdecken, die mit hängendem Kopf gegen ihn lief.

»Wo steckt dein Bruder schon wieder?« fragte er sie.

»Argh! Keine Ahnung, ar...!«

»Lass es bleiben, du täuschst mich nicht mehr.«

»Entschuldigung«, sagte Papa kleinlaut. »Macht der Gewohnheit. Und die ganze Wahrheit ist, dass Gei uns beide verlassen hat. Er sucht sich neue Fütterer.«

»Oh«, sagte Krummschnabel mit feuchten Augen. »Dann ... nun ... mir fehlen die Worte.«

Anton wartete am Fahrstuhl auf seine Kollegen.

»Käpt'n, zwei Postboten waren hier«, sagte er. »Den ersten hat niemand verstanden, deshalb hat er einen Papagei mit Federhaube geschickt.«

»Das is' uns in der Gaststätte auch passiert!«, sagte Dirk.

»Ihr wart essen?«, fragte Anton hungrig.

»Nur 'nen Happen.«

Der Kakadu Goliath stand am Tisch eines sehr schwierigen Stammkunden und wollte dessen Bestellung aufnehmen. Der Gast war ein *Anvelarres Krokopferd*, ein eierlegendes Säugetier, das wie eine Mischung aus hippem Nilpferd und gefräßigem Krokodil aussah und nie wusste, ob es sich von Fleisch oder vegetarisch ernährte.

»Haben Sie«, fragte das Krokopferd, »zartes Bio-Fleisch von glücklichen, maledanischen Zebrafohlen?«

»Ja, haben wir«, sagte Goliath. »Eine Portion, mein Herr Hipposchnapp?«

»Ach, bringen Sie mir stattdessen lieber eine Auswahl an erlesenen Gräsern von der Tavojali-Alm auf Pastura IV.«

»Jawohl, Herr Hipposchnapp.«

»Moment!«, rief das Krokopferd zum Kakadu, als dieser bereits in der Luft stand. »Bringen Sie mir vorsichtshalber auch von den zarten Zebrafohlen drei große Portionen, falls ich doch Appetit auf Bio-Fleisch bekomme.«

Bio-Fleisch wird deine Leber auch nicht mehr retten, dachte Goliath.

Er wollte zum nächsten Tisch springen, wurde aber vorher von Gei abgeräumt. Beide Papageien fielen auf den Boden.

»Tut mir leid. Kannst du mir helfen?«, fragte Gei auf Parrot.

Der Kakadu reagierte nicht.

»Tut mir leid. Kannst du mir helfen?«, fragte Gei auf Mandelin.

»Ich hatte dich schon verstanden«, antwortete Goliath und richtete sich auf. »Wo drückt der Schuh?«

»Wo steckt Gei?«, fragte Birdie, als sie auf ihrem Klappstuhl Platz nahm. »Wir brauchen ihn jetzt immer zur Tagschicht auf der Brücke.«

»Der undankbare Wicht«, erwiderte Krummschnabel, »sucht sich ein neues Herrchen oder Frauchen auf dem Raumhafen.« Er war nicht länger traurig, er war sauer.

»Oh, das tut mir leid!«, sagte Birdie. »Wir müssen also ohne Übersetzer weiterfliegen. Das halte ich wegen der vielen Schilder in diesem Gebiet für einen Fehler.«

»Hm«, sagte Nala nachdenklich.

»Hast 'ne Idee?«, fragte Dirk die Pilotin.

»Ich glaube schon. Wir könnten den Kakadu fragen. Das kleine Sprachgenie wirkte nicht glücklich als Kellner.«

Anton widersprach, weil er wusste, dass die Zeit drängte. »Wir brauchen endlich was zu essen! Die Besatzung meutert bald – falls sie die nötige Kraft findet. Auf nach Berdeil! Danach können wir immer noch einen Übersetzer suchen.«

Der Aushilfskellner Gei servierte einer dreiköpfigen Tigerfamilie saftige Hirschsteaks.

Das kleine Tigermädchen zerrte mit ihrer Pfote am Kellnerhemd des Papageien.

»Sie spielt bloß«, sagte die Mutter lachend.

»Wie beruhigend«, log Gei.

»Sie bekommt heute das erste Mal Hirsch«, erklärte die Mutter. »Danach wird sie kein Geflügel mehr wollen.«

Gei nickte freundlich. Er warf einen flüchtigen Blick aus dem Schaufenster und erkannte drei Dodos, die vor der Gaststätte ihre Roller anschlossen. Birdie hob lustlos ihr Flügelchen und winkte Gei zu. Es wirkte wie eine Anstandsgeste an einen ehemaligen Freund, mit dem man heute nichts mehr zu tun haben wollte.

An einem anderen Tisch erhob sich gerade der vollgefressene Herr Hipposchnapp von seinem Platz. Das vier Meter lange und tausend Kilogramm schwere Krokopferd brachte den Boden zum Beben. Es schlüpfte schnell in seine Anti-Schwerkraft-Pantoffeln, mit denen es so leicht wie ein Schleimmonster war.

Sein Kellner wartete geduldig. »Noch einen *Seelenwärmer* zum Abschied, mein Herr Hipposchnapp?«, fragte Goliath.

»Aber immer doch!«, sagte das Krokopferd.

Der Kakadu stellte ein Glas mit dampfender brauner Flüssigkeit auf den Tisch und bedankte sich bei seinem Gast für den Besuch. Hipposchnapp schnappte sich den Schnaps und schlurfte davon.

Goliath blickte ihm erleichtert nach, doch seine Miene verdunkelte sich, als er Nala, Dirk und Birdie auf sich zukommen sah. Eine spitze Bemerkung konnte er sich nicht verkneifen: »Eure Freunde sind wenigstens satt geworden, ja?«

»Wir sind in Eile«, erwiderte Birdie, »und haben nur drei Roller.«

»Und was wollt ihr? Ich muss arbeiten«, sagte Goliath.

»Darum«, sagte Nala, »sind wir ja hier. Wir bieten dir eine Stelle auf unserem Schiff an.«

Goliath begann plötzlich zu fantasieren.

Er befand sich auf einem Weltraum-Luxusliner und servierte den Dodos seine neueste Erfindung – einen Cocktail aus Rum, Ananassaft und Kokosnusscreme. Er bezweifelte, dass der Cocktail schmeckte, aber die Dodos mussten als Versuchskaninchen herhalten. Anschließend knipste er in dem Schiffslokal das Licht aus, da gerade eine Supernova durchs Fenster schien. Man musste Stromkosten sparen, wo man konnte.

Kellnern auf einem Reiseschiff? Nun kann ich immerhin die Welt sehen, dachte er. Zu seiner Überraschung mochten die Dodos den Drink.

»Huhu, nicht träumen«, sagte Nala. »Hast du Lust auf eine berufliche Veränderung?«

»Jaaa...«, antwortete Goliath, und er wachte auf. »Ich würde es eher einen Tapetenwechsel nennen.«

»Du weißt doch noch gar nicht, worum es geht.«

»Entschuldige«, sagte er. »Die genaue Stellenbezeichnung lautet wie? *Schiffsoberkellner?*«

Nala schüttelte den Kopf. »Kommunikationsoffizier des Schiffes Dodo-Alpha-Jet. Hauptsächlich Übersetzungskram.«

»Oha«, sagte der Kakadu. »Das klingt tatsächlich nach einem Job, der meinen Fähigkeiten entspricht. Was sind die Vorzüge und Nachteile der Arbeit?«

»Wir ... äh ... wir bieten dir eine abwechslungsreiche Tätigkeit in einer angesehenen Branche«, bewarb Nala die Stelle. »Du arbeitest mit netten und qualifizierten Kollegen in einer harmonischen Atmosphäre zusammen. Außerdem legen wir großen Wert auf deine Gesundheit, zum Beispiel in Form von regelmäßigen Vorsorgeuntersuchungen, die von unserer schiffseigenen Betriebsärztin durchgeführt werden. Und das Allerwichtigste: Bei uns kannst du dank einer ausgewogenen Balance aus Arbeit und Freizeit deine Träume erfüllen.«

Birdie lachte laut auf.

»Oh«, murmelte sie, nachdem die anderen keine Miene verzogen hatten. »Vermutlich bin ich die Einzige, die das für einen Witz gehalten hat.«

Nala ließ sich nicht aus der Ruhe bringen. »Goliath, du benötigst nur Kommunikationsfreude für die Arbeit.«

»Und«, fügte Dirk hinzu, »Spaß am Telefonieren!«

»Das meinte ich doch damit«, flüsterte Nala.

Goliath fühlte sich in seinem Kellnerjob unterfordert, aber bei der Beschreibung der neuen Stelle fehlte ihm der wesentliche Punkt.

»Ja, verstanden«, sagte er. »Schön und gut. Aber jetzt nennt das Küken mal beim Namen.«

»Wie bitte?«, fragte Nala.

»Du sollst nicht länger um den heißen Brei herumreden«, sagte Goliath. »Wie sieht's denn nun mit dem Zaster aus?«

»Ich verstehe nicht ganz«, erwiderte Nala.

»Moneten, Kröten, Schotter«, erklärte Goliath.

»Aber wir haben dir doch schon beim Essen gesagt, dass es in unserer Gesellschaft kein Geld gibt. Das schließt das Leben auf dem Schiff mit ein.«

»Wie jetzt?«, fragte der Kakadu verdutzt. »Das habt ihr ernst gemeint? Ich dachte, ihr wolltet euch Essen ergaunern.«

»Wir sind doch keine Betrüger!«, sagte Nala.

Für Goliath klang es trotzdem ungewöhnlich.

»Keinerlei finanzieller Druck also?«, hakte er nach.

»Das stimmt«, sagte Dirk. »Es is' unnatürlich für ein Tier, sich Reichtümer anzuhäufen.«

»Aber«, entgegnete Goliath, »für ein schlaues Tier, das in der Mandelmilchstraße nicht verhungern möchte, ist Reichtum ein guter Anfang.«

»Ja«, sagte Birdie, »das haben wir mitbekommen. Für uns ist der Gedanke, sich Gold- und Silbermünzen auszutauschen sehr befremdlich. Gold kann man doch nicht essen. Zumindest nicht auf Dauer. Das kannst du mir glauben, ich bin Ärztin. Als unsere Vorfahren vor ein paar Jahrhunderten anfingen, sich gegenseitig Gefälligkeiten zu erweisen, verschwanden über Nacht alle Berufe, die allein wegen des Geldes existierten – wie zum Beispiel Kaufhennen oder Kaufhähne. Wir haben natürlich den Vorteil, dass wir von einer kleinen Insel stammen, auf der es Nahrung im Überfluss gibt. Warum sollten wir Früchte kaufen, die wir auch kostenlos im Regenwald finden?«

»Ich gebe zu«, gab Goliath zu, »dass ich euch beneide. Ihr kommt also auf eurem Schiff ohne Geld zurecht. Da bleibt mir nur eine Frage: Wo ist der Haken an eurem Paradies?«

»Welches Paradies?«, fragte Nala. »Nein, so würde ich es nicht gleich nennen. Wir kommen aus einem echten Paradies und dort war es total langweilig. Auf dem Schiff gibt es dagegen immer viel zu tun. Vor allem Reinigungsarbeiten, weil Papageien viel Dreck machen. Nicht böse gemeint.«

»Schon gut«, sagte Goliath.

»Wer sich«, fuhr Nala fort, »nicht an den Aufgaben beteiligt, hat keine Freunde und wird zum Einzelgänger. Und darum hält es niemand lange durch. Ein ewiger Faulenzer bekäme keine Anerkennung.«

Birdie sah ganz automatisch zu Dirk. *Es gibt immer eine Ausnahme, welche die Regel bestätigt*, dachte sie.

Goliath räusperte sich. »Ihr würdet den Faulenzer wirklich nicht verhungern lassen?«, fragte er.

»Nein!«, beteuerte Nala.

»Tja, wenn das so ist, bin ich natürlich an Bord.«

»Allerdings«, sagte Birdie, »werden wir in ein paar Tagen tatsächlich verhungern, wenn wir kein Futter finden.«

»Oh«, sagte Goliath. »Da haben wir ja den Haken.«

Gei wartete bei den knallroten Rollern auf die Dodos.

»Ich will mitkommen«, sagte er, »und wieder Haustier sein. Raubtieren Fleisch servieren ist nichts für mich.« Sein Gefieder war mit Essensresten übersät und er rülpste. »Ich habe erst mal genug gegessen für eine Woche. Es ist unglaublich, wie selten Katzen ihre Salatbeilagen anrühren.«

»Du kannst mitkommen«, sagte Birdie und stieg auf ihren Roller. »Aber Papa und Krummschnabel sind nicht gut auf dich zu sprechen.«

»Ach, die kriegen sich schon wieder ein«, sagte Gei.

»Super«, sagte Birdie. »Erst hatten wir keinen Mandelin-Übersetzer und nun haben wir zwei.«

»Wieso zwei?«, wunderte sich Gei.

In diesem Moment trat der Kakadu aus der Gaststätte. Er hatte seinen Rucksack aus der Küche geholt.

»Ach«, sagte Gei, »du kommst mit?«

Goliath nickte. »Ich hoffe, ich werde es in ein paar Tagen nicht bereuen.«

»Du solltest es jetzt schon bereuen«, fand Gei. »An dir klebt grüner Schleim!«

»Ja«, sagte Goliath seufzend. »Der Schleimmonsterkellner hat mich zum Abschied umarmt.«

Die drei Dodos sausten auf ihren Rollern durch die Passage, während Goliath und Gei über ihnen flogen und sich unterhielten.

»Schau dir mal«, rief der Kakadu zum Sittich, »die beiden Monster am Futterstand an! Die waren heute in unserer Gaststätte. Ich glaube aber nicht, dass sie an dem Stand bekommen, was sie suchen.«

Die zwei hitzköpfigen Monster, eins mit gelbem und eins mit blauem Fell, standen vor der Imbissbude.

»Kuchen?!«, fragte das gelbe Monster.

Die hondolanische Verkäuferin fasste sich mit ihren Tentakeln an den Kopf.

»Zum letzten Mal«, antwortete sie frustriert. »Wir haben keinen Kuchen. Bei uns gibt es preiswerte Burger und Pommes, die im Fett versinken und manchmal auch darin verschollen gehen. Andernfalls hieße unsere Imbisskette wohl kaum *Burgommes – Fettlebe zum Spottpreis*. Und bevor dein blauer Freund erneut fragt: Kekse haben wir auch nicht!«

Die Monster konnten ihr Temperament nicht länger zügeln. Sie stürmten den Imbiss und durchsuchten ihn nach Kuchen und Keksen. Alles, was sie fanden, waren

Brötchen, Hackfleisch, kreischendes Personal und Pommes.

Danach versuchten sie ihr Glück bei der Dönerbude nebenan.

»Mich laust der Affe!«, rief Goliath, als er vor dem Dodo-Alpha-Jet stand. »Euer Schiff ist eine Seekuh!«

»Jo, voll, oder?!«, sagte Gei.

Der Kakadu gaffte weiter. »Eine Zyklopen-Seekuh, um genau zu sein. Was hat euren Architekten denn geritten?«

»Ich glaube«, sagte Birdie, »Krummschnabel hat das Schiff aus Platzgründen so konstruiert.«

»Ja, geil. Ich dachte immer, Seekühe stammen von Diepbluh«, erklärte Goliath.

Auf dem Wasserplaneten Diepbluh schwammen Seekühe seit fünfhundert Jahren mit eerischen Kauzwelpen und fliskanischen Bleiziegen um die Wette.

Gei benutzte die Komm-Röhre und flog zu seiner Lieblingsstange neben dem Fusionsreaktor. Die Dodos fuhren mit dem Kakadu zur Brücke.

»Alle wieder vereint«, sagte Dirk, als sie aus dem Fahrstuhl traten. »Wir können starten. Wo is' Papa?«

»In eurer Kabine«, sagte Dörtie. »Ihr geht's nicht so gut. Du weißt schon warum.«

»Dann bring' ich ihr gute Neuigkeiten«, sagte Dirk. »Gei is' wieder da. Er befindet sich im Maschinenraum.«

»Ach wirklich?«, fragte Krummschnabel. »Schön für ihn.«

Birdie hatte den Trotz in seiner Stimme vernommen. »Willst du nicht zu ihm?«

Krummschnabel schüttelte den Kopf. »Nicht nötig. Der kommt von allein wieder angekrochen.«

Die Seekuh verließ den Raumhafen ohne Einreisepapiere, aber mit dem neuen Kommunikationsoffizier Goliath.

Kapitel 9: Zeugen der Anklage

Vor gut einhunderttausend Jahren erlebten die Kuukarier, grüne Humanoide mit rosaroten Haaren, eine industrielle Revolution auf ihrem Planeten Kuukaff.

Nachdem sie die Natur in den folgenden drei Jahrhunderten ausgebeutet hatten, kam es zur absoluten Klimakatastrophe. Innerhalb von Minuten färbte sich die Planetenoberfläche schwarz wie Kohle. Die Luft heizte sich unaufhaltsam auf und das Wasser verdampfte. Schließlich ließ sich die Atmosphäre nicht mehr von der Gravitation des Planeten gefangen halten und floh in den Weltraum.

Während alle Tiere und Pflanzen ohne eigenes Verschulden starben, entkamen die meisten Kuukarier mit ihren Raumschiffen.

Die Überlebenden fanden vorübergehend Zuflucht auf Kuukaffs blauem Nachbarplaneten, der ein ähnliches Klima besaß. Unbekümmert führten sie ihren verschwenderischen Lebensstil fort, ehe ihre Berechnungen ergaben, dass sie die Rohstoffe der neuen Welt bereits nach zwei Jahrzehnten verbraucht hätten. Ihre Finanz- und Wirtschaftsplaner legten glaubhaft dar, dass es sich nicht lohnte, für läppische zwanzig Jahre eine neue Zivilisation aufzubauen. Darum überließen sie den Planeten großzügig der einheimischen Pflanzen- und Tierwelt und zogen vollgetankt weiter.

Die Kuukarier hatten eine zweite Chance bekommen. Und für eine gewisse Zeit benahmen sie sich anständig.

Was als kurze Suche nach einer neuen Heimat gedacht war, mündete in einer halbjährigen Irrfahrt durch die Galaxis (ähnlich der Odyssee, auf der sich die Dodos gerade befanden). Am Ende trafen die Kuukarier in der Mandelmilchstraße auf ein Bündnis hunderter Welten, das im Begriff war, eine Sternenrepublik zu errichten.

Als die Kuukarier sich zu einer umweltfreundlichen Lebensweise verpflichteten, bekamen sie die Erlaubnis, sich auf Berdeil anzusiedeln. Schon bald darauf, mit Gründung der neuen Republik, wurden sie zu Bürgern ernannt. Damit *hätte* ihre Geschichte enden können. Weil Kuukarier aber gern krumme Dinger drehten, fühlten sie sich schnell durch Demokratie und Bestechungsverbot in ihrer persönlichen Freiheit eingeschränkt. So kam es, dass sie dreizehn Tage nach Gründung der Sternenrepublik am Umsturz der Regierung auf Berdeil beteiligt waren. Für ihre Hilfe bei der Wiedereinführung der Monarchie schenkte ihnen der *Großzügige Despot* Ludwig XXI. ein Drittel des Planeten und sie nannten ihr Land Neu-Kuukaff.

Die nächsten Kuukarier-Generationen unterstützten Berdeils Königinnen und Könige bei dem ehrgeizigen Projekt, jeden Planeten der kurzlebigen Sternenrepublik zu erobern. Unter Berdeils Herrschaft sollten alle Welten der Mandelmilchstraße für immer und ewig vereint werden.

Dieses Ziel war auch nach Jahrtausenden nicht erreicht. König Reginald dem Gegenwärtigen fehlten noch sieben Planeten am Ende der Straße, die sich seiner Herrschaft hartnäckig widersetzten.

Kuukarische Geschäftsleute reisten noch immer regelmäßig in das Sonnensystem ihrer Vorfahren und entführten Tiere von Kuukaffs Nachbarplaneten – der Erde – um dem Mangel an Arbeitskräften im Königreich entgegenzuwirken. Oft nahmen die Geschäftsleute ihre Kinder mit, weil sie ihnen das alte, unbewohnbare Kuukaff zeigen wollten. Seit einigen Wochen wurden die Kinder enttäuscht. Der Planet war nicht mehr zu sehen. Er war schwarz, zugegeben, aber aufgrund seiner Gravitation auch nicht unauffindbar. Die Eltern runzelten die Stirn und schenkten ihren Kindern zum Trost Katzen und Hunde.

Die Dodos kannten Kuukaff als den schwarzen Planeten *Vicinus*, den sie vor 45 Tagen mit ihrem Worpantrieb zerbröselt hatten – lange bevor der italienische Astronom Galileo in der Lage gewesen wäre, ihn für die Menschheit zu entdecken.

Die Seekuh schwamm gemächlich auf ihrer Umlaufbahn über Berdeil und wurde von Satelliten, Elektro-Schrott und organischen Abfällen überholt.

Nala widerstrebte es, in die Atmosphäre einzutreten, bevor sie den Weg zum Reiseziel kannte. Sie hätte es sogar als töricht empfunden. Auf einem fremden Planeten suchte man ohne Landkarte die sprichwörtliche Nadel im Heuhaufen. Man denke nur einmal an die Erde und ihre außerirdischen Besucher. So waren zum Beispiel Kuukarier schlecht beraten, ihre Suche nach den südamerikanischen Lamas von China aus zu beginnen. Trotzdem geschah das dreimal pro Woche.

Ein Kakadu verschwendete keine Gedanken an Karten oder gar an einen Globus. Er orientierte sich an Markierungen.

»Wir müssen ins Grenzgebiet zwischen Königsstadt und Neu-Kuukaff«, sagte Goliath zu Anton und Nala. »Dort sollten wir kostenlose Nahrung finden.«

»Kennst du die Flugroute, *Kakadu*?«, fragte Anton und legte die Füße hoch.

»Quasi, *Dodo*«, antwortete Goliath. »Wir müssen erst in die Atmosphäre eintreten. Anhand der Landschaft finde ich mich dann schon zurecht.«

»Ist gut«, sagte Nala.

»Vielleicht«, ergänzte der Kakadu, »fällt mir die Orientierung am Anfang schwer, weil von oben alles gleich aussieht. Aber früher oder später sollte ich den Weg finden.«

»Na toll«, murmelte Nala. »Also doch die Nadel im Heuhaufen.«

Geduldig, aber dem Wahnsinn nahe, steuerte Nala die Seekuh zwei Stunden über Wälder, Städte und einen Ozean – auf der Suche nach einem Fleck in der Landschaft, welcher dem Kakadu half, den Weg nach Königsstadt zu finden.

Nala kam eine Idee, als sie eine weitere Stadt erreichten.

»Wie wäre es, wenn wir einfach mal anhalten und nach dem Weg fragen?«, schlug sie vor.

»Juhu!«, jauchzte Goliath aus einem anderen Grund. »Das sieht mir dieses Mal verdächtig nach Königsstadt aus. Schauen wir mal. Pompöses Schloss? Check. Öffentliche Enthauptung? Check. Jepp, wir sind da. Das Grenzgebiet liegt jenseits der Stadtmauern.«

»Das wird aber langsam Zeit«, sagte Dirk. »Ich konnte vor Hunger nich' mal Bubu machen.«

Birdie konnte den Käpt'n nur noch mit Spott ertragen. »Oh, Dirkilein, wir benutzen jetzt Kindersprache, ja? Ei, ei, ei, ihr Vögelchen.«

»Ich konnte kein Nickerchen machen«, korrigierte sich Dirk. »Wenn du mich weiter ärgerst, red' ich nich' mehr mit dir.«

Birdie lächelte. »Ein Traum wird wahr«, sagte sie fröhlich.

»Hast du nix zu tun?«, fragte Dirk. »Keine Bruchpiloten im Tierkrankenhaus?«

»Seltsamerweise nein«, sagte Birdie. »In der Komm-Röhre muss es wie ausgestorben sein. Die Papageien glotzen alle hungrig aus den Fenstern. Natürlich würde ich lieber arbeiten, als mich mit dir zu unterhalten.«

»Sehr komisch, Nummer Zwo«, erwiderte Dirk, ehe ihn etwas zum Nachdenken brachte. Er drehte sich zum zweiten Klappstuhl. »Na, wie geht's meinem Ersten Offizier denn heute?«

Krummschnabel nickte und sagte: »Gut.«

»Kein Mann der großen Worte«, fand Dirk. »Aber ich hab' da mal 'ne Frage, Krummi. Warum sagt man *zwo* für zwei, aber nich' *dro* für drei?«

»Weil *dro* doof klingt«, sagte Birdie.

»Dich hab' ich gar nich' gefragt!«

Birdie machte eine geringschätzige Flügelbewegung, als wollte sie Dirk beiseite wischen. »Bloß gut, dass wir dich als Käpt'n haben ...«, begann sie ironisch.

»Das seh' ich auch so«, sagte Dirk.

»... und nicht jemanden, der nur dumme, banale Fragen stellt«, schloss sie.

»Wer keine Fragen stellt, wird auf nix 'ne Antwort finden.«

Birdie musterte ihn kurz. Sie musste zugeben, dass sein Konter eine gewisse Logik enthielt.

Dirk legte sich quer in seinen Sessel, den Rücken zu Birdie gewandt, damit er sie besser ignorieren konnte. Nun musste Krummschnabel für die Unterhaltung des Käpt'ns sorgen.

»Los, Krummi. Erzähl mal 'nen Schwank aus deiner Jugend.«

»Erzähl du ihn. Du warst dabei«, sagte Krummschnabel.

Das Schiff hatte das freie Grenzgebiet erreicht, einen Dschungel aus hohen Sträuchern, Büschen und türkisfarbenen Blumen.

»LEUTE!«, rief Nala urplötzlich und ihre Kollegen zuckten zusammen. »Wir haben ein Problem!«

»Haben wir das?«, fragte Goliath. Er hopste von der Papageienstange auf ihr Armaturenbrett.

Beim Anblick der Landschaft war Nala stutzig geworden.

»Wo soll ich hier landen?«, fragte sie. »Es gibt keine Fläche, die annähernd groß genug wäre.«

»Ist doch alles frei«, sagte Goliath.

»Witzbold. Ich sehe überall Pflanzen.«

»Auf Berdeil ist es nur verboten, auf Bäumen zu parken. Blumen und Sträucher interessieren kein Schwein.«

Nala zuckte mit den Achseln. »Ach so, na dann.«

Sie schaltete die Antriebsdüsen aus und das Schiff stürzte zehn Meter in die Tiefe. Bei der harten Landung machte es fünfzig Büsche platt.

Der Käpt'n kritisierte seine Pilotin: »Das hast du auch schon sanfter hinbekommen.«

»Musste schnell gehen, ich hab' Hunger«, erwiderte Nala.

Die Seekuh war nicht das einzige Raumschiff, das gerade im Grenzgebiet ankam. Ein kuukarisches Transportschiff mit unfreiwilligen Zuwanderern landete dreihundert Meter entfernt.

Entführungen durch Außerirdische geschahen viel öfter, als man glaubte. Die Kuukarier lockten die Bewohner fremder Welten stets mit Freibier und sauberem Trinkwasser auf ihre Schiffe. Der König ließ die Kuukarier wegen des Fachkräftemangels nicht nur gewähren, er ermutigte sie sogar.

Die Entführten wurden automatisch zu *Bürgern Ihrer Majestät*[*] ernannt, mit denselben spärlichen Rechten und Pflichten, die alle Untertanen des Königs besaßen. Diese neuen »Bürger« fanden bezahlte Jobs, durften jedoch

[*] Eine geheime Studie des Königlichen Instituts für Meinungsforschung war zu dem Ergebnis gekommen, dass sich die Untertanen Ihrer Majestät mit ihrem Schicksal besser abfanden, wenn sie »Bürger« statt »Untertanen« genannt wurden. Daraufhin hatte Königin Luise CXIV. (»Die pfiffige Tyrannin«) die Bezeichnung zum Wohle ihrer Alleinherrschaft geändert. Sie ließ ihre Bevölkerung munter weiter köpfen, aber die Opfer waren nicht mehr so todunglücklich darüber wie früher.

nie wieder nach Hause fliegen, nicht einmal nach Hause telefonieren (was sie nachvollziehen konnten, da es im 14. Jahrhundert noch keine Telefone auf ihren Heimatwelten gab).

Trotz der strengen Vorschriften fühlten sich die Entführten fast nie wie Gefangene, weil die Mandelmilchstraße einen Vorteil gegenüber der Wildnis hatte: Wer sich an die Gesetze des Königs hielt, überlebte und genoss seine Rente.

Als das Transportschiff ausgeladen wurde, betrachtete ein Kuukarier von der »Warenannahme« die Passagierliste.

»Oha«, sagte er. »Es sind neue Einwanderer von der Erde angekommen. Die Esel und Kamele sind noch nicht dabei. Aber immerhin: Alle Vögel sind schon da.«

»Was für Vögel?«, fragte sein Chef.

»Adler und Eulen zur Bekämpfung der Mäuseplage auf Berdeil.«

»Ja, ok. Aber welche noch? *Singvögel?*«

»Amsel, Drossel, Fink und Star. Und die ganze Vogelschar.«

»Astrein! Die Opernhäuser von Sophistica suchen neue Sänger und wir kriegen einen fetten Bonus auf die Hand!«

»Hey Boss, wir haben Lamas. Unsere Piloten haben diesmal tatsächlich Südamerika gefunden. Aber Moment ... sie mussten für die Tiere bezahlen.«

»Äh, was bitte? *Bezahlen?!*«

»Genau. Die Inkas hätten nicht zugelassen, dass die Lamas gratis entführt werden.«

»Hmm. Ihr Herrscher Mayta Cápac ist ein schlauer Kerl.«

»Er ist nicht wie Edward II., das steht fest. Ich habe dem englischen König einmal sein Pferd gestohlen, als er darauf saß.«

»Wirklich?«

»Habe nicht bemerkt, dass er noch immer darauf saß, bis ich die Frachtluke in Neu-Kuukaff öffnete. Musste ihn den ganzen Weg zurückfliegen.«

Obwohl die Kuukarier und Dodos sich im selben Gebiet befanden, wurde eine direkte Begegnung zwischen ihnen vom kosmischen Bewusstsein unterbunden.

Krummschnabel hätte gern erfahren, dass Vicinus, beziehungsweise Kuukaff, bereits vor seinem Kommafehler ein toter Fels gewesen war. Das Universum war da anderer Ansicht. Der Dodo sollte mit der quälenden Ungewissheit leben, denn er hatte einen Himmelskörper vernichtet, an dem das Universum sehr gehangen hatte.

»Birdie will einen Sittich-Kakadu-Hybriden züchten«, erzählte Goliath angewidert.

»Du meinst Dörtie«, sagte Gei.

»Und Dörtie will mir eine Strahlenimpfung geben. Dabei hatte ich meine letzte erst vor zwei Jahren.«

»Jetzt redest du von Birdie.«

»Und dann sehen die Dodos auch noch alle gleich aus! Wie soll man die bitte schön auseinanderhalten?«, fragte Goliath.

»Ich erkenne immer kleine Unterschiede«, sagte Gei, und er deutete auf eine Gruppe Dodos, die fünf Meter vor ihnen gingen. »Kein Ei gleicht dem anderen.«

Die beiden Papageien liefen durch Gras, das zweimal so hoch wie Goliath war und in dem Gei wie eine Ameise anmutete.

Fliegende Eidechsen, die den Dodos die Zungen rausstreckten, brausten durch die schwüle Luft. Die ganze Besatzung aus Dodos, Papageien und Gänsen marschierte durch den Dschungel, verstreut in beinahe jede Richtung. Einzig in den Südosten, wo sich die Kuukarier befanden, spazierte niemand mehr. Die Dodos waren umgekehrt, nachdem sich tausend jandinische Frösche spontan zu einem munteren Quak-Konzert versammelt hatten. Was die Frösche dazu bewegt hatte, blieb unklar. Sie tappten selbst im Dunkeln.

Die fliegenden Eidechsen ermüdeten, als die Dämmerung einsetzte. Sie ließen sich auf warme Steine sinken.

Die Vögel konnten sich nur noch mit Mühe auf den Beinen halten, als aus dem Westen ein tiefer Ton durch die Landschaft hallte. Jemand blies in ein Horn – es war das Signal, dass man Früchte entdeckt oder sich an ihnen vergiftet hatte.

Die Dodos rannten mit letzter Kraft in Richtung Westen. Einige Papageien, die zu schwach zum Fliegen waren, saßen auf den Rücken ihrer Fütterer.

Krummschnabels Suchtrupp war auf ein Feld wild wachsender Ranken gestoßen, an denen unzählige grüne Hülsenfrüchte hingen.

»Sieht nach Gemüse aus«, sagte Anton argwöhnisch.

»Ah!«, sagte Goliath. »Die guten alten berdeilschen Mulzbohnen. Mästet euch daran, sie sind ungiftig.«

»Was sagt denn«, murrte Dirk, »Frau Doktor Birdex Pert dazu?«

»Frau Doktor Birdex Pert, genannt Birdie«, antwortete sie scharf, »glaubt, dass es jetzt auch völlig egal ist, ob wir an Hunger oder an einer Vergiftung sterben.«

»Außerdem«, sagte Dörtie, »ist das mein Fachgebiet. Ich vertraue dem Kakadu. *Hey, Papageien!* Ihr dürft als Erstes essen!«

Alle Dodos pflichteten ihr bei. Die Haustiere mussten als Strafe für ihre jahrhundertelange Täuschung die Vorkoster geben.

Nachdem sich die Papageien auf die Hülsenfrüchte gestürzt hatten und nicht tot umfielen, schlossen die Dodos sich ihnen an.

Die meisten Vögel waren sich einig, dass die Bohnen

fürchterlich schmeckten. Nur die zwölf Gänse fragten sich glücklich, ob sie jemals besser gespeist hatten.

»Ja, sie sind scheußlich«, sagte Goliath mit vollem Schnabel, »aber sehr nahrhaft.«

Während sie sich die Bäuche vollschlugen, explodierte auf einmal der westliche Nachthimmel in bunten Farben. Die Vögel sahen erschrocken zum Feuerwerk.

»Es kommt aus Königsstadt«, sagte Goliath. »Heute muss die Monarchie irgendwas feiern.«

»Das will ich sehen!«, rief Dörtie. »Dann können wir uns gleich die Sehenswürdigkeiten anschauen, wenn wir schon mal hier sind!«

»Nun«, überlegte Goliath, »es gibt sicher nichts gegen einen kleinen Stadtrundgang einzuwenden, solange die Besatzung die Mulzbohnen an Bord schafft?«

»Super!«, freute sich Dörtie. »Was sagst du, Boss?«

»Na, meinetwegen«, antwortete Dirk.

»Ich habe mit Birdie gesprochen«, erklärte Dörtie.

Birdie war auch einverstanden. »Anton kehrt mit der Besatzung zum Schiff zurück und überwacht das Einlagern der Mulzbohnen.«

»Immer ich«, motzte Anton.

Der Käpt'n musste beweisen, dass er noch Befehlsgewalt besaß. »Nala hilft Anton. Zwei Aufseher sind besser als einer alleine.«

»Ach menno«, nörgelte Nala.

Lediglich Krummschnabel ging aus freien Stücken auf die Seekuh zurück. »Ich muss mit den Reparaturen am Worpantrieb anfangen«, sagte er. »Gebt acht aufeinander. Erinnert euch an das Motto des Königs: Köpfen und köpfen lassen.«

Gei und Goliath bildeten die Vorhut und die drei Dodos folgten mit einigen Metern Abstand. Gelegentlich drehte Gei seinen Kopf nach hinten und sah zu Papa, die auf Dirks Rücken Platz genommen hatte. Er wurde von seiner

Schwester ignoriert, weil er sie auf dem Raumhafen verlassen hatte.

Nach einer halbstündigen Wanderung durch die hügelige Landschaft standen die Vögel vor den silbernen Toren von Königsstadt. Das Feuerwerk über dem Stadtgebiet hatte noch nichts von seiner Kraft eingebüßt.

Gei dachte an das Neujahrsritual der Papageien. »Ich hätte jetzt voll Bock auf *Kurve kratzen.*«

»Wir«, sagte Goliath, »sind noch nicht mal richtig angekommen.«

»Nein, ich habe vom Reiten der Feuerwerksraketen gesprochen.«

»Bist du *wahnsinnig?!*«

»Goliath«, sagte Dörtie, »nun zeig uns bitte die Sehenswürdigkeiten.«

»Ihr blinden Hühner steht direkt vor der ersten Attraktion«, sagte der Kakadu. »Oder habt ihr jemals protzigere Tore gesehen?«

Birdie missfiel sein Ton. »Was sind Hühner?«

»Andere Vögel.«

»Dann ist ja gut. Klang für mich erst nach einer Beleidigung.«

»So war es auch gemeint.«

Am Tor standen zwei Nachtwächter in silbernen Rüstungen. Sie stützten sich auf ihre langen Schwerter. Einer von ihnen winkte die Vögel lustlos in die Stadt hinein.

Der Kakadu führte seine fünf Touristen über eine Straße aus Kopfsteinpflaster in Richtung Schloss. Auf den Bürgersteigen hatten die Anwohner ihre Pferdekutschen, Autos und Raumschiffe geparkt, je nachdem was sich eine Familie leisten konnte.

»Nun gut«, sagte Goliath und hüstelte. »Fangen wir mal an. Sehr geehrte Damen und Herren, mein Name ist Goliath und mir kommt die Ehre zu teil, Sie heute Nacht durch die Stadt zu führen.«

»Was soll das denn jetzt?«, fragte Dörtie.

»Zu Ihrer Linken sehen Sie vierstöckige Backsteinhäuser mit Solaranlagen auf den Ziegendächern«, fuhr der Kakadu fort. »Ziegeldächer natürlich, Verzeihung. Und auf der rechten Seite … noch mehr vierstöckige Häuser mit Solaranlagen auf den Dächern. Der König mag ein Tyrann sein, aber zumindest liegt ihm der Klimaschutz am Herzen. Damit haben Sie bestimmt nicht gerechnet.«

»Goliath«, sagte Birdie ruhig. »Würdest du bitte aufhören uns zu siezen? Wir benutzen im Dodischen seit Jahrhunderten nur noch das *Du* zur Anrede, außer auf Werbung oder unpersönlichen Durchsagen.«

»Entschuldigen Sie … Entschuldige bitte, Madame. Diese regionale Gepflogenheit war mir nicht zur Gänze bekannt. In anderen Teilen der Galaxis, vornehmlich in diesem hier, spricht man bei besonderen Anlässen zu Damen und Herren in der 3. Person Plural, um Höflichkeit und Ehrerbietung auszudrücken«, erklärte Goliath.

»Aha. Und dies soll so ein besonderer Anlass sein?«, fragte Birdie.

»Eine Stadtführung für exotische Erdlinge? Gewiss, Madame!«

»Sprich mich nicht immer so komisch an!«

»Dein Wunsch ist mir Befehl, gnäd'ge Frau«, sagte Goliath. »Kommen wir nun wieder zur Stadtbesichtigung. *Okay*, die Häuser mit den Solaranlagen hatten wir bereits! Darum betrachtet jetzt den Straßenbelag. Traditionelles Kopfsteinpflaster!«

»Langweilig«, kommentierte Dörtie.

»In diesem Fall kommen wir lieber direkt zu den Straßenlaternen«, sagte Goliath. »Dieselbe altertümliche Gestaltung wie vor fünfhunderttausend Jahren, aber im Inneren hat sich Einiges geändert. Zuerst wurden sie mit Kerzenlicht betrieben, bis eines schönen Abends die halbe Stadt abbrannte. Anschließend benutzte man für eine sehr kurze Zeit eine Glühwürmchenart vom Planeten Lumina Noctem. Hätte man die Glühwürmchen nicht in luftdichtes Glas gesteckt, hätte es sogar funktioniert. Doch so erloschen ihre Lichter nach ein paar Minuten. Danach versuchte man es ganz klassisch mit Strom und Glühbirnen. Wie ihr seht, werden heutzutage LED...«

Dirk unterbrach den Kakadu. »Ich muss Dörtie recht geben. Die Sehenswürdigkeiten in dieser Straße reißen uns nich' grade vom Hocker. Gibt's hier auch spannende Dinge zu sehen?«

»Ja«, sagte Goliath, »aber die sind nicht jugendfrei.«

Dörtie befürchtete, dass das Feuerwerk schwächer wurde. »Wir müssen uns beeilen«, sagte sie und legte sofort einen Zahn zu.

Sie näherten sich dem Schloss, vor dem sich tausende Bürger eingefunden hatten. Die Lettorts standen eng beisammen und bestaunten das Feuerwerk.

»Sehet nur!«, sagte Goliath. »Erfreut eure Augen an der Herrlichkeit von Ludwigshof! Betrachtet die grünen Flächen an den Seiten. Sie führen zum Schlosspark hinter!«

Birdie hatte genug von dem Unsinn. »Goliath, könntest du bitte wieder normal sprechen?«

»Oh nein, gnädige Frau! Ich rede, wie es für einen Reiseführer schicklich ist! Oder wie es sich für einen Reiseführer ziemt? Jetzt bin ich durcheinander.«

»Kraft meines Amtes«, sagte Birdie, »entlasse ich dich von deinen Pflichten als Reiseführer.«

»Ach nö«, sagte Goliath. »Endlich hatte ich mal Spaß bei der Arbeit.«

Dirk zog eine Schnute. »Kraft *deines* Amtes?«, fragte er Birdie.

Der Ludwigshof war, anders als von Goliath behauptet, keine Augenweide, sondern eine farblose Burg aus dem Mittelalter der Lettorts. Vor einer halben Millionen Jahren hatte König Ludwig I. die hohen Mauern der Festung abreißen lassen und die Burg in Schloss Ludwigshof umbenannt. Ludwig I. hatte stets behauptet, dass sich ein mächtiger König nicht auf eine Burg verkriechen konnte, sondern in einem Schloss leben musste, ganz gleich wie grau und hässlich dieses »Schloss« auch war.

In Dörties Augen spiegelte sich ein Farbenmeer, weil am Nachthimmel drei Raketen pro Sekunde zündeten. Die Dodos hefteten sich an die Fersen einer Kindergruppe, die von den Erwachsenen zum Schlosstor durchgelassen wurde.

Vor dem Tor war eine zehn Meter hohe Bronzestatue des gegenwärtigen Königs errichtet worden. Nachdem Goliath seinen Beruf als Reiseführer an den Nagel gehängt hatte, brauchte er seine Abneigung gegenüber der Monarchie nicht länger zu verbergen.

»Neue Könige und Königinnen lassen stets die Figuren ihrer Vorgänger durch ihre eigenen ersetzen«, sagte er. »Selbstverliebtes Pack.«

Auf König Reginalds Krone stand *Natusestregula* geschrieben.

»Was heißt das?«, fragte Gei den Kakadu.

»Uh, mein Ladayn-Unterricht ist lange her, aber ich glaube, es bedeutet *zum Herrschen geboren.* Bescheidenheit ist Reginald ein Fremdwort«, erklärte Goliath.

Danach hüpfte er zu einer Frau, die mit ihren fünfjährigen Zwillingstöchtern vor der Bronzestatue stand. Sie machte einen sympathischen Eindruck auf den Kakadu.

»Was gibt's denn zu feiern?«, erkundigte er sich.

»Der Planet Tafilka schließt sich unserem Königreich an!«, antwortete die Frau mit einem strahlenden Lächeln. Sie fuhr mit den Finger durch ihre orangenen Haare. Auf ihrer blauen Stirn sah Goliath eine Tätowierung in Form einer Krone.

»Politik«, ergänzte sie, »finde ich persönlich total langweilig. Aber der König weiß wirklich, wie man Kinder mit einem Feuerwerk für sich gewinnt.«

»Schließt sich unserem Königreich an?«, fragte Goliath verwundert, ehe im ein Licht aufging. »Ach du Schande! Reginald hat Tafilka *erobert*!«

Die Frau blickte Goliath gekränkt an.

»Junger Vogel«, sagte sie, »Sie sollten Ihre Einstellung gegenüber unserem Herrscher ganz schnell überdenken, wenn Sie Ihren Kopf behalten wollen. Sie können von Glück reden, dass Sie ein Fremder sind, weil ich nur Bürger anschwärze, die mir nahestehen. Am Ende wird Gott über Ihre Seele ... hey, ich rede mit Ihnen!«

»Und ich höre nicht zu!«, sagte Goliath im Weggehen.

Er gesellte sich wieder zu den anderen Vögeln.

»Die Lettorts«, erzählte er ihnen, »sind echte Trottel, wenn ihr mich fragt. Sie feiern, dass Reginald sich eine weitere Welt einverleibt hat. Jetzt gibt es noch sieben freie Planeten am Ende der Mandelmilchstraße. Hoffen wir, dass euer Wunschplanet einer von ihnen ist.«

»Wir«, sagte Birdie, »sollten den König stürzen, wenn wir schon mal hier sind.«

Goliath lachte höhnisch. »Das wird gut! Was wollt ihr gegen tausende Wachen ausrichten? Sie sind fast doppelt so groß wie ihr und bis an die Zähne bewaffnet!«

»Oh, Leute«, stöhnte Dörtie, »euer Gespräch drückt auf die Stimmung. Seid still, ich will das Feuerwerk genießen!«

In diesem Augenblick explodierten die letzten Raketen am Himmel. Das Spektakel war zu Ende und die Lettorts gingen nach Hause.

»Das war ja so klar«, sagte Dörtie kopfschüttelnd.

»Jetzt«, sagte Goliath, »können wir wenigstens noch einen Spaziergang durch den Park unternehmen.«

Babymoon, der kleinste von Berdeils drei Monden, war aufgegangen und unterstützte das Licht der Laternen.

Im Park kamen Grüne Pfauen auf die Dodos und Papageien zugelaufen. Die Männchen hatten ihre majestätischen Schwanzfedern zu Rädern aufgestellt, doch ihre Weibchen schienen davon unbeeindruckt.

»Na, hallo«, sprach Gei auf Mandelin zu den Pfauen. »Was seid ihr denn für Vögel?«

Die Pfauen sahen den kleinen Sittich neugierig an und öffneten ihre Schnäbel in der Hoffnung, dass er sie füttern wollte.

Goliath kicherte. »Nicht alle Vögel können sprechen, Gei. Die Pfauen leben freiwillig hier, weil sie von den Dienern des Königs gefüttert werden. Darüber hinaus bekommen sie Taschengeld zum Shoppen gehen. Alles, was die faulen Pfauen dafür tun müssen, ist im Schlosspark herumlaufen und schön aussehen. Anders ausgedrückt: Sie arbeiten als Models.« Der Kakadu deutete auf den Teich in der Mitte, bevor er fortfuhr: »Reginald hält sich noch andere Vögel im Park, die ihr bestimmt nicht kennt. *Enten!*«

»Warum«, fragte Dirk, »tut der König sich so was Schreckliches an?«

»Was meinst du?«, fragte Goliath.

»Er hält sich Enten!«, sagte Dirk. »Ich bin noch keiner einzigen Ente begegnet, die nich' fies zu mir war.«

»Und ich bin noch nie einer fiesen Ente begegnet. Ich finde, wir Vögel müssen zusammenhalten gegen die Säugetiere, Echsen und Monster.«

Sie gingen zum Teich hinunter und Dirk sah mit großem Misstrauen auf die Stockenten.

Goliath setzte sich ins Gras. »Es ist schön hier.«

»Wenn die Enten nich' wären«, kommentierte Dirk mürrisch.

»Ach, Dirk«, sagte Birdie. »Du hast zu große Vorurteile. Fast alle Enten sind harmlos. Man findet bei uns oder den Papageien ebenso Fieslinge.«

Dörtie und Papa nickten.

»Wahrscheinlich«, sagte Dirk, »haben die Enten es nur auf mich abgesehen und sind nett zu allen anderen. Ich muss mal dringend für kleine Küken.«

Dirk lief zu einem großen Laubbaum, in dessen Rinde eine Krone geritzt worden war.

Eine Berdeilsche Miesmücke, deren Saugrüssel doppelt so lang war wie ihr Körper, erspähte den Dodo und gewann ihn sofort lieb. Sie flog zu ihm, um sein Blut abzuzapfen.

Die Mücke landete auf Dirks Schnabel, als er sich mit seinem Hintern an den Baumstamm gestellt hatte.

»Geh weg!«, meckerte er. »Zisch ab!«

Er bewegte seinen Kopf wie ein Wirbelwind hin und her, um den kleinen Blutsauger zu verscheuchen. Die Mücke sprang auf Dirks Rücken und stach in sein dickes Gefieder. Trotz ihres überdimensionalen Rüssels gelang es ihr nicht, bis zur Haut durchzudringen. Enttäuscht schwirrte sie davon.

Nach erledigtem Geschäft schloss sich Dirk wieder der Gruppe an.

Dörtie gähnte, Gei rieb sich die Augen und ihr ehemaliger Reiseführer lag im Gras und schnarchte.

»Machen wir Schluss für heute«, sagte Dirk. »Wir haben noch ’nen langen Rückweg vor uns.«

Er stupste Goliath mit dem Fuß an. Der Kakadu zuckte und wachte erschrocken auf.

»Wo bin ich?«, fragte Goliath. »Oh, ich konnte schon lange nicht mehr in der Natur schlafen. Diese frische Luft. Herrlich.«

»Frische Luft?« wunderte sich Gei. »Wir sind im Stadtzentrum.«

»In einem Park!«, erwiderte Goliath.

»Inmitten einer Großstadt!«, sagte Gei.

Dirk nickte. »Ihr habt beide recht.«

Auf dem Rückweg versuchte Gei sich mit seiner Schwester zu versöhnen, die während der Stadtbesichtigung kein Wort gesagt hatte.

»Sind wir wieder Freunde?«, fragte Gei.

»Nö«, antwortete Papa.

»Also nur Familie?«

»So ist es.«

Die Erdlinge hatten längst das Stadttor passiert, als sie plötzlich gerufen wurden. Fünf bewaffnete Wächter kamen aus Königsstadt angerannt. Sie bildeten einen Kreis um die Vögel und starrten die drei Dodos an.

Goliath und Gei fragten die Wächter auf Mandelin, wo das Problem lag. Der Hauptmann erklärte ihnen, dass sie von den Enten einen Tipp bekommen hätten. Ein großer männlicher Vogel mit blaugrauem Gefieder hätte sein Geschäft an einem der Königsbäume verrichtet. Es gab vier Augenzeugen.

Gei legte schockiert seinen Kopf in die Flügel.

Goliath blieb gefasst. »Du brauchst nicht gleich aus einer Mücke einen Elefanten machen, Wachtmeister.«

»Mir sind bei mehreren Zeugen die Hände gebunden«, sagte der Hauptmann und zeigte auf Dirk. »Er ist das einzige Männchen, oder?«

Goliath antwortete mit einem schwachem Kopfnicken.

»Worüber«, flüsterte Dörtie, »habt ihr geredet?«

Ein Wächter packte Dirk am Kopf und am Hintern und trug ihn fort.

»HEY!«, rief Birdie. »Was fällt euch ein?!«

»Bitte beruhige dich«, sagte Goliath, »sonst nehmen sie uns noch alle mit.«

Birdie konnte sich mit Mühe bremsen. »Haben die Wachen uns verboten, zurück in die Stadt zu gehen?«

»Nein«, antwortete Goliath.

»Dann los. Ich will wissen, wohin sie Dirk bringen. Nun sag uns endlich, warum er abgeführt wird.«

Der Hauptmann blickte einige Male über seine Schulter, doch er ließ die Vögel gewähren.

Als sie im Stadtzentrum ankamen, verschwanden die Wachen mit Dirk in einem zweistöckigen Gebäude.

Goliath übersetzte eine Tafel neben der Eingangstür. »Polizeiwache, Staatsanwaltschaft, Gericht, Henker.«

»Wie praktisch«, spottete Dörtie. »Alles unter einem Dach.«

Birdie entdeckte einen Lüftungsschacht, der unter die Erde führte. »Es scheint ein Untergeschoss zu geben!«

Goliath sprang zu ihr. »Man munkelt, dass der Königliche Kerker fünf Meter unter der Oberfläche liegt«, erzählte er, »doch kein Gefangener ist je wieder aufgetaucht. Zumindest nicht mit seinem Kopf auf den Schultern. Es könnte sich also nur um ein Gerücht handeln. Wer weiß.«

»Versuchen wir«, sagte Dörtie, »es mal mit *Logik*. Das Gebäude hat keinen Gefangenenturm und die Fenster sind nicht vergittert. Das spricht tatsächlich für einen Kerker im Keller.«

»Ich stimme zu«, sagte Birdie. »Nun brauchen wir jemanden, der über den engen Schacht nach unten gelangt.«

Die Blicke der Offizierinnen wanderten zu Papa und Gei.

Papa seufzte. »Immer auf die Kleinen.«

»Dann ist es also beschlossen«, sagte Birdie. »Hat zufällig jemand einen Stift? Ich glaube, ich habe ein Stück Papier dabei. Ich muss es nur finden.« Sie suchte unter ihren Bauchfedern. »Schnabelpuder ... externe Festplatte ... Bürgerliches Gesetzbuch der Vereinigten Wälder von Mauritius ... und was ist das? Oh! Meine Krallen-Feile! Das ist ja ein Ding. Die habe ich schon vor Ewigkeiten verlegt.« Sie sah auf ihre Füße und bekam vor Scham einen roten Kopf.

»Du hättest dir auch meine ausleihen können«, sagte

Dörtie und winkte mit ihrer Feile. Im zweiten Flügel hielt sie einen Stift. »Wo ist denn nun dein Papier?«

Die beiden ~~Sittiche~~ Geheimagenten, Agentin P und Agent G, stritten sich darüber, wer von ihnen als Erstes in den Schacht gehen sollte.

»Es heißt: Frauen zuerst«, erinnerte Gei seine Schwester.

»Man sagt aber auch: Der Tor geht immer vor«, erwiderte Papa.

»Das hast du dir doch gerade ausgedacht?«, glaubte Gei.

Papa schüttelte den Kopf.

»Verflixt«, sagte Gei. »Dann muss ich wohl.«

Als die Geschwister den Schacht herunterrutschten, fühlten sie sich wie in einem Vergnügungspark. Gei hätte am liebsten vor Freude geschrien. Er konnte sich noch beherrschen, da er auf geheimer Mission war und nicht geschnappt werden durfte.

Die Agenten flogen mit hoher Geschwindigkeit aus dem Schachtende und krachten gegen ein Regal mit Zellenschlüsseln. Trotzdem landeten sie weich auf dem kalten Steinboden, während das Regal bedenklich schaukelte.

Papa sah zu Gei und legte ihren Flügel auf den Schnabel.

»Psst!«, hauchte sie.

»Okay, okay«, sagte ihr Bruder.

Sie schlichen auf Zehenspitzen durch den dunklen Gang und stellten fest, dass nur wenige Zellen belegt waren. Eine Echse schlief auf ihrer Matratze. In der Zelle daneben sprach ein Lettort zu seinem Spiegelbild.

»Worüber redet er?«, fragte Papa.

»Sie erzählen sich gegenseitig, wie ihr Tag war«, antwortete Gei.

»Sie?«

»Jepp. Eine ganz normale Unterhaltung zwischen einem Lettort und seinem Spiegelbild.«

Die Agenten kamen nur langsam auf Zehenspitzen voran, wollten jedoch nicht übermütig werden.

»Bisher läuft es ziemlich gut«, flüsterte Gei.

Schon im nächsten Moment hörten sie hinter sich einen dumpfen Knall, gefolgt von klirrendem Metall.

Die Agenten waren vor Schreck erstarrt. Sie drehten ihre Köpfe wie in Zeitlupe und mussten kräftig schlucken. Das Regal war umgefallen und hatte die Zellenschlüssel auf dem Boden verteilt.

»Wir haben es wohl etwas heftig ...«, begann Gei.

»... zum Schaukeln gebracht«, schloss Papa.

Vom anderen Ende des Ganges hörten sie Schritte, die schnell näher kamen.

»Oh je!«, erschrak Papa.

»Was nun?«, fragte Gei.

Die beiden Wächter richteten das Regal wieder auf und kratzten sich danach an ihren Köpfen.

»Vielleicht ein heftiger Windstoß aus dem Lüftungsschacht«, überlegte der erste Wächter.

»Lass uns 'ne Runde pokern«, sagte sein Partner.

Sie holten sich Tisch und Stühle aus einer leeren Zelle und setzten sich neben das Regal. Gelegentlich sah der erste Wächter auf den leeren Gang.

»Was ist?«, fragte der zweite.

»Vermutlich höre ich Gespenster.«

Die Agenten verstecken sich an der Decke.

»Psst?«, flüsterte Papa.

»Was'n?«, fragte Gei.

»Dort hinten in der letzten Zelle. Sieht aus wie ein blaugrauer Sack mit Federn.«

»Dirk!«

»*Psst!!!*«

Bald darauf hörten sie die Wächter schnarchen. Lettorts waren selbst in der Nachtschicht tagaktive Tiere.

Die Papageien schlichen sich zur Zelle wie ein Marder an ein Eichhörnchen. Als sie durch die engen Gitterstäbe schlüpften, blieb Dirk mit gesenktem Kopf auf seiner Matratze sitzen.

Gei kramte einen Zettel mit Vorschlägen aus seinem Federkleid hervor. Vorschläge, wie man Dirk vor der Verhandlung aufbauen könnte. Dann blickte Gei wieder auf den bekümmerten Dodo und seufzte. »Ich bekomm' nicht genügend Leckerlis für meine Arbeit.«

»Hallo Papa, hallo Gei«, sagte Dirk lustlos.

»Käpt'n Dirk. Mein Name ist Agentin P und das ist Agent G. Wir sind von einem *streng geheimen* Geheimdienst und es ist wichtig, dass du unsere wahre Identität *geheim* hältst, wenn etwas aus dem Ruder laufen sollte.«

»Du«, flüsterte Agent G ihr zu, »scheinst ja voll in deiner Rolle aufzugehen.«

»Hey«, sagte Agentin P, »wenn wir schon unser Leben für einen Dodo riskieren, können wir auch Spaß dabei haben.«

Dirk zuckte mit den Achseln. »Ok, Papa. Ich nehm' euer Geheimnis mit ins Grab. Da bin ich sowieso in ein paar Stunden.«

»Keine Namen, du Depp!«, sagte Agent G.

»Is' ja schon gut, Gei«, sagte Dirk.

»Er kapiert es einfach nicht«, sagte Agentin P frustriert.

Goliath und Birdie begaben sich zum Gerichtssaal, der sich im Erdgeschoss des Multifunktionsgebäudes befand.

»Oh, da fällt mir etwas ein!«, sagte Goliath und nahm seinen Rucksack vom Rücken. »Eine zeitreisende Freundin ... Gusu ist ihr Name ... hat mir vor zwei Jahren einen Brief aus der Zukunft gegeben.«

»Ein Brief aus der Zukunft?«, staunte Birdie.

»Zumindest gab Gusu mir einen Hinweis, der mich darauf schließen lässt. Wenn ich mal einen komischen Vogel zu Gericht begleite, um einen zweiten komischen Vogel aus dem Gefängnis zu boxen, soll ich dem ersten komischen Vogel vorher diesen Brief aushändigen. Ich schätze, damit bist du gemeint.«

Birdie öffnete den Brief mit ihrer Krallenfeile.

»Hach, sehr schön, er ist auf Dodisch«, sagte sie und las laut vor. *»Sehr geehrte Rechtsanwältin, in circa 1000 Jahren stellt Doktor Alexander Schmidt auf der Erde eine neuartige Krankheit fest. Sie heißt* ... Oh. Oh? Oh! Danke, Alexander Schmidt. Ein ungewöhnlicher Name für einen Dodo, übrigens.«

»Vielleicht gehört er einer anderen irdischen Spezies an«, überlegte Goliath, der den Brief überflog.

»Unwahrscheinlich«, sagte Birdie, »aber wer weiß schon, was die Zukunft bringt. Hm, jetzt habe ich ein Problem entdeckt.«

»Und das wäre?«

»Im Brief steht, dass nur Säugetiere die Krankheit bekommen können. Das ergibt Sinn, weil Säugetiere viel trinken.«

»Das wissen die Lettorts doch nicht«, sagte Goliath. »Es geht darum, Zeit zu gewinnen.«

»Das bekomme ich hin«, sagte Birdie und lief in den Gerichtssaal.

»Die Enten haben gepetzt«, erzählte Agentin P.

»Das war ja so was von klar!«, knurrte Dirk. Plötzlich flammte wieder ein Feuer in ihm auf, das sein Selbstmitleid erstickte. »Als ich ein kleiner Junge war, haben die Enten mir mein Wassereis geklaut. Dann haben sie vor ein paar Monaten meine Träume in Albträume verwandelt.

Und nun wollen sie mich auf dem Schafott sehen. Wir müssen es ihnen heimzahlen!«

»Das waren mit Sicherheit nicht dieselben Enten«, gab Agentin P zu bedenken. »Wenn ich mich recht entsinne, hast du vor der Abreise drei Enten vom Schiff gestoßen. Das war *fies*. Außerdem könnte es an deinen Vorurteilen liegen, dass Enten in deinen Albträumen vorkommen.«

»Du redest schon wie Nummer Zwo«, sagte Dirk. »Sorgst du dich denn nich' um meine Federn?«

»Doch, natürlich«, erwiderte Agentin P, als ihre Tränen kullerten. »Tut mir leid. Ich habe den Gedanken verdrängt, dass du bald ...« Sie brach den Satz ab und holte tief Luft. »Die Angst würde mich lähmen. In dem Fall wäre ich dir keine Hilfe«, erklärte sie.

»Verstehe«, sagte Dirk. »Leider hab' ich keine Ahnung, wie ihr mir helfen könnt.«

»Keine Sorge«, sagte Agent G. »Deine Anwältin ist gerade bei Gericht und schaut, was sie tun kann.«

»Nummer Zwo?«, fragte Dirk.

Die Agenten nickten.

»Papa«, sagte Dirk, »flieg zum Dodo-Alpha-Jet und sag der Mannschaft, sie soll herkommen. Warte, ich hab' noch 'ne bessre Idee. Nala soll das Schiff nach Königsstadt fliegen und im Schlosspark neben dem Teich landen. Das wird die Enten einschüchtern.«

»Keine Namen!«, sagte Agentin P.

»Euer Ehren, eine Gerichtsverhandlung?«, fragte der blaue Staatsanwalt entsetzt. »Was die Verteidigung hier fordert, kann doch bloß ein schlechter Witz sein?! Verhandlungen kommen nur in Frage bei normalen Straftaten, welche Untertan... Sklav... ich bitte um Entschuldigung ... Bürger aneinander begehen. Niemals für ein Schwerverbrechen. Es handelt sich hier schließlich um Majestätsbeleidigung!

Dirk Dodo hat kein Anrecht auf einen Prozess. Seine Hinrichtung ist außerdem bereits angesetzt. Denken Sie bitte nur mal an den ganzen Papierkram, wenn man die jetzt absagen muss.«

Goliath hatte die Ausführungen des Staatsanwalts übersetzt und Birdie schäumte innerlich vor Wut. Allerdings wusste sie, dass man das vor einer Richterin nicht zeigen durfte.

»Ich habe«, begann Birdie sanft, »hier ein Gutachten von ... ähem ... Dirks Psychologin, Doktor Pert. Dirk hat eine Gewässerkrankheit. Er hat also das dringende Bedürfnis, auf Toilette zu gehen, wann immer er eine große Menge Wasser sieht – wie zum Beispiel einen Teich. Das ist eine schlimme Sache. Wer daran leidet, lebt in ständiger Angst, dass er es nicht rechtzeitig bis zum nächsten Baum schafft. Euer Ehren, aufgrund seiner Krankheit war Dirk zum Tatzeitpunkt unzurechnungsfähig. Er hat einfach der Natur freien Lauf gelassen. Meines Wissens standen im Park keine Verbotsschilder. Deshalb fordere ich die sofortige Freilassung meines Käpt'ns!«

»Euer Ehren, bitte«, sagte der Staatsanwalt. »Der Henker hat extra seinen Urlaub verschoben.«

Die Richterin gähnte und sah aus dem Fenster. Am Horizont kündigte sich die Morgenröte an. Die Nacht war vorüber und ein paar Vögel hatten sie um ihren Schlaf gebracht. Genug war genug.

»Herr Staatsanwalt«, sagte die Richterin, »kommen Sie bitte auf ein Wort nach vorne. Nein, nur der Staatsanwalt. Sie bleiben an Ihrem Platz, Frau Anwältin.«

»Ist ja wirklich ein tolles Rechtssystem«, bemerkte Birdie spitz. Sie drückte Goliaths Schnabel zu, bevor er es für die Richterin übersetzen konnte.

»Entschuldigung«, sagte Goliath. »Hab' vergessen, dass diese Trottel nicht alles mitbekommen sollen.«

»Finde mal lieber heraus, worüber sie tuscheln«, sagte Birdie.

Goliath spitzte seine unsichtbaren Lauscher und hörte Gesprächsfetzen.

»... sinkende Beliebtheitswerte des Königs ... Bevölkerung täuschen ... faires Rechtssystem vorgaukeln ... Schauprozess ... Die Würde des Königs ist unantastbar«, sagte die Richterin.

»Psst«, flüsterte Birdie. »Hast du was mitbekommen?«

»Äh ... nein, nein, ich verstehe gar nichts«, schwindelte Goliath, weil er glaubte, dass Birdie sonst ihre einzige Chance auf eine Verhandlung zunichte gemacht hätte.

Der Staatsanwalt ging lächelnd an seinen Platz zurück.

Die Richterin räusperte sich. »Auf Unzurechnungsfähigkeit wegen einer neuen Krankheit zu plädieren, ist sehr schlau, Frau Anwältin«, sagte sie. »Gewässerkrankheit. Da bin ich mal gespannt. Natürlich ist es nahezu unmöglich, so etwas zu beweisen. Doch Sie sollen Ihre Chance bekommen, das Gericht vom Gegenteil zu überzeugen. Die Verhandlung findet übermorgen nach dem Mittagessen statt. Die Staatsanwaltschaft kann bis dahin ein eigenes Gutachten erstellen lassen. Und jetzt alle raus hier! Gute Nacht!«

Dörtie hatte vor dem Gebäude auf Birdie und die Papageien gewartet.

»Also«, sagte Papa, »was machen wir jetzt?«

»Wir brauchen einen verrückten Plan«, schlug Dörtie vor. »Wenn wir nicht volles Risiko gehen, hat Dirk schon verloren.«

Papa nickte. »Ich fliege zur Seekuh. Uns bleibt nicht viel Zeit.«

Birdie wollte lieber den Kakadu schicken. »Goliath ist schneller als du und kennt sich auf dem Planeten besser aus. Nala soll vor dem Stadttor parken.«

»Aber Dirk meinte ...«, begann Papa.

»Dirk ist kein Anwalt«, sagte Birdie. »Vertraut mir.«

Goliath salutierte. »Vorm Stadttor parken, zu Befehl«, sagte er und stieg in die Luft hinauf.

Die Sittiche sahen dem Kakadu nach, bis sie ihn über den Dächern der Stadt aus den Augen verloren.

»Wir sind also weiter Geheimagenten«, glaubte Gei.

»Agentin«, sagte Papa verträumt. »Das ist so spannend!«

Birdie erklärte den Geschwistern, dass sie sich von ihren Geheimidentitäten verabschieden mussten, weil ein schöneres Leben auf sie wartete.

»Ich brauche zwei Anwaltsgehilfen«, sagte Birdie. »Tada! Ihr habt die Jobs. Anwaltsgehilfe ist eine äußerst ehrenwerte und verantwortungsvolle Position.«

»Voll langweilig«, sagte Papa.

»Öder geht es kaum«, ergänzte Gei.

Als Anwaltsgehilfen gelangten die Papageien am nächsten Nachmittag – mit einiger Verspätung – über den Haupteingang in den Kerker.

Die verdutzten Wächter hatten die Berufsbezeichnung zum ersten Mal gehört und Wörterbuch über Wörterbuch aufgeschlagen. Ihr Hauptmann gestattete den Papageien am Ende den Zugang. Er hatte in dem verbotenen Roman *Fairer Prozess* mal von einer Anwaltsgehilfin gelesen, aber geglaubt, dass der Beruf in der realen Welt nicht existierte.

Papa teilte Dirk mit, dass der Staatsanwalt ihm einen Vergleich anbot: »Fünfzig Jahre Arbeitsdienst bei der Kanalisations- und Straßenreinigung.«

Die Neuigkeiten erschütterten Dirk.

»*Arbeiten?*«, fragte er. »Ich mach ja viel Quatsch mit, aber nich' jeden! Da sollen sie mich lieber köpfen!«

»Das könnte passieren«, erwiderte Papa, »wenn du das Vergleichsangebot nicht annimmst.«

Dirk reagierte trotzdem zögerlich. »Was sagt meine Anwältin?«

»Du sollst zustimmen«, sagte Gei. »Die Besatzung befreit dich, während du Straßen fegst. Und dann verduften wir.«

»Klingt mal so gar nich' nach Birdie«, fand Dirk.

»Dörtie war an dem Plan beteiligt«, sagte Gei.

»Ah! Das erklärt alles.«

Am Tag vor der Verhandlung bekam Dirk von den Wachen altes Brot, das sein Magen jedoch nicht vertragen hätte, weil er nun mal ein Dodo war und keine Ente. Vor Hunger drückte er in der Nacht kein Auge zu.

Als er am nächsten Nachmittag mit Fußketten in den Gerichtssaal geführt wurde, war er über die vielen Zuschauer überrascht. Er schätzte, dass etwa einhundert Lettorts gekommen waren. Doch er war nicht der einzige Vogel unter ihnen. Krummschnabel erkannte er von weitem an seiner Frisur. Neben den Chefingenieur hatten sich Nala, Dörtie und Anton in die erste Zuschauerreihe gesetzt.

Auf der anderen Seite vom Gang saßen vier Stockenten. Sie waren die Zeugen der Anklage und brachten Dirks Blut zum Kochen.

Birdie wartete mit Goliath und ihren Anwaltsgehilfen am Verteidigertisch auf Dirk. Sein Blick wanderte zum leeren Klägertisch.

»Der Staatsanwalt«, sagte Birdie, »sollte gleich kommen. Dann werden wir der Richterin erklären, dass du dich nur einer Sache schuldig bekennst: Schändung von königlichem Eigentum aufgrund von geistiger Umnachtung. Der Staatsanwalt wird zustimmen und du wirst zur Strafarbeit verdonnert. Wir befreien dich in ein paar Wochen, während du Müll von der Straße einsammelst.«

»In ein paar *Wochen*?«, fragte Dirk bestürzt. »Was soll ich denn bis dahin machen?«

»Arbeiten«, antwortete Birdie trocken. »Darin hast du wenig Erfahrung, aber es dürfte dir nicht schaden.«

Kurz darauf betraten neun Soldaten den Saal und verteilten sich auf dem Gang. Unter ihren goldenen Rüstungen verbargen sie Messer, die sich in den letzten fünfhunderttausend Jahren bewährt hatten. In den Händen hielten sie hingegen die neuste Generation an Laserkanonen, weil man mit der Zeit gehen musste.

»Oh Schreck!«, sagte Goliath. »Das ist die Königswache. Reginald erscheint persönlich.«

»Warum denn das?«, fragte Birdie. »Und wo steckt der Staatsanwalt?«

»Weiß der Kuckuck«, sagte Goliath.

Ein großer, muskulöser Lettort erschien in der Tür, stiefelte den Gang hinunter und setzte sich hinter Anton Pawlowitsch in die zweite Reihe. Es sollte nicht unerwähnt bleiben, dass er eine schwarze Maske trug und ein scharfes Beil in den Händen hielt.

»Und wer zum Henker ist das jetzt?«, fragte Dirk.

»*Interessante* Wortwahl«, sagte Goliath.

»Oh.«

»Japp.«

Zu guter Letzt schritt der König durch die Saaltür. Er war ein schmächtiger, beinahe dürrer Mann mit grauem Bart. Die Vögel gewannen den Eindruck, dass er von seiner schweren Krone fast erdrückt wurde. Doch der Schein konnte trügen.

Die Lettorts und Enten erhoben sich mehr aus Furcht als aus Respekt von ihren Plätzen. Die Dodos blieben ungerührt sitzen. Goliath wollte aufstehen, doch Birdie drückte ihn mit ihrem Fuß auf seinen Stuhl.

»Nur Ehre, wem Ehre gebührt«, sagte sie. »Ich muss allerdings zugeben, dass ich mir den Tyrannen anders vorgestellt hatte.«

»Wie denn?«, fragte Goliath.

»Größer, wohlgenährter ... aber vor allem bedrohlicher.«

»Lass dich vom Äußeren nicht täuschen«, sagte Goliath. »Er ist ein ganz schlimmer Finger.«

»Er ist was?«, fragte Birdie.

»Er ist sehr böse.«

Der König setzte sich an den Klägertisch und schaute grinsend zu den Vögeln herüber. Dann sah er den leeren Richtertisch und platzte vor Wut.

»Die Richterin soll reinkommen!«, schrie er. »Man lässt mich nicht warten!«

Nach fünf Sekunden erschien die Richterin hastig aus ihrem Zimmer.

»Verzeihung, Euer Hoheit«, sagte sie. »Ich hatte euch nicht kommen hören. Nur schreien.« Sie setzte sich an den Richtertisch und schlug mit ihrem Holzhammer darauf. »Die Verhandlung ist eröffnet. Vier angesehene Bürger beschuldigen Dirk Dodo, das Eigentum des Königs beschmutzt zu haben. Worauf plädiert der Angeklagte?«

»Euer Ehren«, sagte Goliath. »Ich bitte darum, für die anwesenden Dodos alles laut ins Parrot übersetzen zu dürfen, da sie kein Mandelin sprechen.«

»Ja, ich erinnere mich. Antrag stattgeben.«

»Und nun zu Ihrer Frage, Euer Ehren«, fuhr Goliath fort. »Dirk Dodo bekennt sich der *Schändung von königlichem Eigentum aufgrund von geistiger Umnachtung* schuldig.«

»Aha«, sagte die Richterin gleichgültig. »Wie lautet überhaupt die *neue* Anklage, Eure Majestät?«

Der König lehnte sich in seinen Stuhl zurück. »Die Anklage lautet: Verletzung meiner königlichen Ehre. Der Kopf des hässlichen Vogels muss rollen!«, sagte er und zeigte auf Dirk.

Birdie räusperte sich, als sie die Übersetzung gehört hatte. »Eure Hoheit, wir hatten uns auf einen Vergleich geeinigt.«

»Das war mit dem Staatsanwalt«, sagte der König. »Der Vergleich ist vom Tisch. Für die Beleidigung meiner Wenigkeit fordere ich die gerechte Strafe.«

Der Henker erhob sich von seinem Stuhl. Stolz präsentierte er dem Publikum sein Beil wie eine Trophäe. Die Zuschauer grölten und warfen ihm Konfetti zu. Aus Dankbarkeit verbeugte er sich vor ihnen.

Inmitten der Zuschauer befand sich eine blonde Bäuerin, die ihre Mistgabel in die Luft streckte. Blondinen waren unter den Lettorts äußerst selten und genossen wegen ihrer Klugheit ein hohes Ansehen.

»Zuerst«, rief die blaue Blondine, »muss man einer Gans den Hals umdrehen und sie an einen Baum zum Trocknen aufhängen! Danach wird sie geköpft, gerupft und abends gibt es Gänsebraten!«

»Haha«, lachte Gei. »Sie hält die Dodos für Gänse.«

»Ich wollte«, sagte Goliath, »diesen Teil nicht übersetzen, um die Gefühle der Dodos nicht zu verletzen.«

Der König rief seinen ersten Zeugen auf: »Herr Ferdi Erpel, vortreten!«

»Einspruch!«, rief Birdie. »Das ist –«

»Einspruch abgewiesen!«, sagte die Richterin.

Birdie runzelte die Stirn. »Wollen Sie nicht erst wissen, warum ich Einspruch einlege?«

»Nein!«, rief die Richterin. »Setzen Sie sich, sonst lasse ich Sie wegen Missachtung des Gerichts abführen!«

Birdie lächelte, weil sie mit einem faulen Trick gerechnet hatte. Es beunruhigte sie nicht im Geringsten, dass der König jetzt die Anklage führte.

Ferdi Erpel, ein stadtbekannter Lügner, watschelte zu einem gemütlichen Couchsessel neben dem Richtertisch.

Die Ente erzählte ihren Zuhörern zur Abwechslung einmal die Wahrheit. Sie hatte mit ihren eigenen Augen gesehen, wie Dirk am Königsbaum sein Geschäft verrichtet hatte. Zum Zeitpunkt des Verbrechens war sie gerade mit ihren Freunden Daisy, Achmed und Gustav ein paar Runden im Teich geschwommen.

Der König hatte keine weiteren Fragen und Birdie verzichtete auf ein Kreuzverhör.

Mittlerweile geriet Goliath vom Übersetzen mächtig ins Schwitzen und rekrutierte Gei als zweiten Dolmetscher.

»Als Nächstes«, sagte der König, »rufe ich den Angeklagten Dirk Dodo in den Zeugenstand.«

»Einspruch!«, rief Birdie. »Käpt'n Dirk macht von seinem Recht Gebrauch, die Aussage zu verweigern!«

»Frau Anwältin«, sagte die Richterin, »Sie können nicht einfach etwas erfinden. Die Aussage verweigern? Sie sind ja putzig. So ein Recht gibt es bei uns gar nicht. Käpt'n Dirk, setzen Sie sich in den Couchsessel.«

Dirk tauschte seinen Stuhl nur zu gern gegen einen bequemeren Platz ein. Er fühlte sich wohl in dem Sessel. Nur eine Kleinigkeit fehlte. Ein Loch für die Schwanzfedern. Doch zum Liegen war er perfekt.

»Dirk!«, rief Birdie fassungslos.

»Würden Sie sich gefälligst wieder hinsetzen!«, schrie die Richterin ihn an.

»Tschuldigung«, sagte Dirk. »Macht der Gewohnheit.«

Birdie schämte sich für Dirks Verhalten, doch sie war nicht überrascht. Sie drehte sich zu Krummschnabel.

»"Notfallplan Alpha Omega Zwölf Durchgedrehte Falken Singen Im Haifischbecken Es Schwimmt Ein Bi-Ba-Butzehai In Unserm Kreis Herum"?«, fragte sie und versuchte sich dabei zu erinnern, auf wessen Mist der Codename gewachsen war.

»Fidebum«, sagte Krummschnabel. »Gute Idee.«

Er stand auf, nahm sein Telefon in den Flügel und filmte seine Füße, während er seelenruhig aus dem Gerichtssaal spazierte, sodass weder der König noch die Wachen Verdacht schöpften.

Auf dem Platz vor dem Gebäude kreiste ein winziger Vogelschatten.

Krummschnabel blickte zum Himmel, hob sein Flügelchen und winkte Heribert.

Der Papagei gewann an Höhe.

Als Heribert sich über der Stadt befand, winkte er Gayo, der in hundert Metern Entfernung auf einem Ziegeldach saß. Gayo gab das Zeichen weiter an den Nachtwächter Tjomny. Die Papageienkette führte sich noch über zwei Dutzend weitere Sittiche fort, bis das Signal schließlich bei Notschna ankam. Die Nachtwächterin flog direkt über der Seekuh am Stadttor.

Krummschnabel kehrte in den Gerichtssaal zurück. Er sah, dass König Reginald sich bedrohlich vor Dirk aufgebaut hatte.

»Käpt'n Dirk, haben Sie jemals einen Baum als Toilette missbraucht?«, fragte der König.

»Ich bin ein Vogel«, sagte Dirk achselzuckend. »Wenn ich in der Natur bin, geh' ich dort für kleine Küken.«

»Sie geben also zu, dass Sie meinen Königsbaum beschmutzt haben?« hakte der König nach.

Auf einmal herrschte Stille, weil alle Anwesenden mit der Übersetzung für die Dodos rechneten. Aber sie blieb aus. Der ganze Saal blickte auf Goliath und Gei, die sich daraufhin gegenseitig anstarrten.

»Wer«, fragte Gei, »war jetzt mit Übersetzen an der Reihe?«

»Ich mach ja schon«, sagte Goliath erschöpft.

König Reginald verlor die Geduld. »Käpt'n Dirk, haben Sie meinen Baum entweiht? Ja oder ja?!« rief er. »Warten Sie nicht auf die Übersetzung! Ja oder ja?!«

Es gab vereinzeltes Gelächter im Publikum. Mit ein paar Sekunden Verzögerung übertrug Goliath es wortgetreu ins Parrot.

Birdie war nicht zum Lachen zumute. »Euer Ehren, ich erhebe Einspruch«, sagte sie genervt. »Ist das wirklich der König oder hat er seinen Hofnarren geschickt? Wen interessiert schon ein weißer Fleck an einem Baumstamm?

Jeder weiß, dass ein bisschen Dünger noch keiner Pflanze geschadet hat. Dafür ist es eben ein Baum geworden. Als Baum muss man mit so etwas leben können. Er selbst hat sich auch gar nicht beschwert!«

»Einspruch abgewiesen«, sagte die Richterin. »Ihr Kapitän hat das Eigentum des Königs befleckt und bestreitet die Tat nicht einmal. Darum verkünde ich sofort das Urteil. Schuldig! Dirk Dodos Hinrichtung findet morgen nach dem Mittagessen statt.«

»DREHEN SIE JETZT VÖLLIG AM RAD?«, rief Birdie. »Wir akzeptieren dieses Urteil nicht!«

»Frau Anwältin«, sagte die Richterin, »ich verurteile Sie wegen Missachtung des Gerichts zu zwanzig Jahren Arbeitsdienst.«

»Nein, danke. Ich verzichte.«

»Fünfzig Jahre Arbeitsdienst!«, rief die Richterin.

»Ach, Mädchen«, erwiderte Birdie so unverschämt wie möglich. »In deinem Oberstübchen werden Fledermäuse von Insekten gefressen. Bei dir ist also Einiges durcheinandergeraten. Du solltest dich dringend auf meine Couch legen.«

König Reginald glaubte, dass Birdie die Richterin absichtlich verärgerte. »Sie versucht Zeit zu schinden«, sagte er. »Wachen! Alle Vögel festnehmen!«

»Nak nak?«, fragten die vier Enten besorgt.

»Nur die Dodos und Papageien«, korrigierte sich der König.

Bevor seine Männer die Erdlinge packen konnten, strömte ein riesiger Vogelschwarm durch die Saaltür herein.

Siebenhundertfünfzig Papageien stürzten sich auf den König, die Wachen und die Richterin.

»Wachen! Wachen!«, kreischte der König.

Die Wachen trafen eine weise Entscheidung und verkrochen sich in ihre Rüstungen wie eine Schildkröte in ihren Panzer.

»Die Vögel ...«, rief die Richterin, »... sie greifen uns völlig grundlos an! Ich glaube, ich bin in einem schlechten Horrorfilm!«

»Könnte ein Klassiker werden«, widersprach Goliath.

Die blonde Bäuerin, die eben noch scharf darauf gewesen war, Dirk den Hals umzudrehen, hob erneut ihre Mistgabel. »Lasst uns den König und die Monarchie abschaffen!«, rief sie. »So eine Gelegenheit bekommen wir in tausend Jahren nicht mehr!«

Das Publikum brüllte und formte einen wütenden Mob, dem sich der Henker gedankenschnell anschloss. In seinem Beruf erhielt man für einen königlichen Kopf höhere Anerkennung als für die Rübe einer hässlichen Gans.

»Killomajesto! Killomajesto!«, rief der Mob in einem Bauerndialekt.

»Sie rufen: Tötet den König!« übersetzte Gei.

»Habe ich mir fast gedacht«, sagte Birdie. Sie stellte sich auf ihren Stuhl und stimmte die mauritische Friedenshymne an.

Der Papageienschwarm setzte sich unbescheiden die goldene Krone des Königs auf und strömte aus dem Gerichtssaal.

König Reginald lag flach auf dem Boden. Seine blaue Haut war nunmehr feuerrot, weil die Papageien ihn am ganzen Körper gebissen hatten.

»Er hat gar kein blaues Blut!«, rief die Blondine und die Menge tobte. »Er ist keinen Deut besser als wir!«

Die Königswache rollte in ihren Rüstungen aus dem Saal, während der König von seinen Untertanen umstellt wurde.

Reginald öffnete die Augen, als er Mistgabel und Beil an seiner Kehle spürte.

»Was für eine Show!«, sagte er lächelnd. »Der Prozess ist vorbei! Dirk Dodo und seine Anwältin sind frei, da ich ein herzensguter König bin und sie begnadige!«

Die blonde Rädelsführerin sagte ihm, dass er sich seine Täuschungen sparen könnte. Sein Kopf würde heute Nacht noch rollen.

»Freibier?«, entgegnete der König zaghaft. Ihm lief der Angstschweiß von der Stirn.

Die Lettorts flüsterten. Drei Nonnen senkten ihre mit Nägeln beschlagenen Knüppel, legten sie aber noch nicht in ihre Handtaschen zurück. Der Henker zuckte mit den Schultern und nahm das Beil von der königlichen Kehle. Nur die Blondine war misstrauisch.

»Freibier für wie lange?«, fragte sie.

»Einen ganzen Tag!«, jubelte der König.

»Du elender Geizhals!«, rief sie und drückte die Zacken ihrer Mistgabel gegen seinen Hals.

»Einen Monat Freibier!«, schrie der König verzweifelt.

»Oh, cool!«, sagte die Blondine und ließ ihre Mistgabel fallen. »Einen Monat lang Freibier für alle deine Untertanen. Sehr großzügig. Mich hättest du schon mit zwei Tagen überzeugt.«

Die Nonnen warfen jubelnd, aber vollkommen unbedacht, ihre Knüppel nach oben.

In der Zwischenzeit versammelten sich die Dodos am Verteidigertisch. Sie fragten sich, was passiert war, nachdem Goliath und Gei in dem ganzen Trubel kein Wort übersetzt hatten.

»Nun«, sagte Goliath, »um es kurz zu machen: Dirk ist frei und es gibt einen Monat Bier umsonst. Bier ist ein veganes Getränk, dass die Stimmung anhebt. Ähnlich wie vergorener Traubensaft. Es wird euch umhauen!«

»Ach«, sagte Dirk, »wir bleiben keine Stunde länger hier, geschweige denn ’nen ganzen Mond. Wir haben schon zu viel Zeit vertrödelt.«

Goliath erklärte ihm, dass ein Monat auf Berdeil nur drei Wochen auf der Erde entsprach und dass sich der längere Aufenthalt für Freibier allemal lohnte.

Der Käpt'n dankte dem Kakadu für die äußerst interessante Information und sagte, dass es ihm trotzdem schnurzpiepegal war, weil sie unverzüglich abreisen würden.

Daraufhin bat Goliath um eine halbe Stunde Aufschub: »Ich muss noch etwas zu mir nehmen und du willst bestimmt nicht ohne einen Kulturexperten durch die Mandelmilchstraße reisen.«

»Wieso?«, fragte Dirk. »Kennst du etwa einen?«

»Ich habe natürlich von mir gesprochen.«

»Na gut. Du bist 'n echtes Verhandlungstalent«, lobte Dirk den Kakadu.

»Prima«, sagte Goliath. »Dann werde ich mich die nächsten dreißig Minuten volllaufen lassen.«

»Goliath, warte«, sagte Birdie.

»Aber das geht von meiner Saufzeit ab«, befürchtete er.

»Nein, tut es nicht«, erwiderte sie. »Ich nehme mir jetzt zwei Wochen Landurlaub als Gegenleistung für Dirks Verteidigung.«

»Aber«, rief Dirk, »das geht doch nich'! Weil wir dann alle hierbleiben müssen. Ohne Ärztin, Anwältin und so weiter können wir nich' fliegen!«

»Juhuu!«, jubelte Dörtie. »Also zwei Wochen Landurlaub für alle!«

»Jippie-jeh!«, stimmte Nala mit ein.

»Supi«, sagte Goliath. »Wenn wir keinen Zeitdruck haben, dann gehen wir noch mal zum König. Mir ist was eingefallen.«

»Warum?«, fragte Dirk. »Sollten wir ihm jetzt nich' lieber aus dem Weg gehen?«

»Kommt einfach mit«, sagte Goliath.

Der König lag noch immer auf dem Boden, während seine Untertanen ihm nacheinander erzählten, welche Biersorten sie bevorzugten.

Goliath drängelte sich vor und sprach auf Mandelin zum König. »Ich finde, es sollte eine Entschädigung für Dirks Kerkeraufenthalt geben. Und zwar eine fette.«

»Zwanzig Riesen«, sagte König Reginald. »Nimm es oder lass es bleiben.«

»Sechzig! Akzeptiere es oder werde gestürzt. Unsere Papageientruppen befinden sich noch in der Nähe.«

»Vierzig, letztes Angebot«, sagte Reginald mit schwacher Stimme, als würde er Goliath um Milde bitten.

»Na gut«, sagte Goliath.

Reginald der Lebende richtete sich auf. Er reichte dem Kakadu die Geldscheine, doch dieser zeigte auf Birdie.

»Sie hat in ihrem Federkleid total viel Platz«, sagte Goliath.

Der König drückte der überraschten Birdie das Geld in ihren Flügel und schrieb sich die Bierbestellung des Kakadus auf.

Birdie wusste nichts mit den Papierscheinen anzufangen und verstaute sie unter ihren Bauchfedern.

»Was hat dir der König gegeben?«, flüsterte Nala.

»Grüne Scheine mit seiner Visage«, antwortete Birdie achselzuckend.

»Will er, dass du sie verteilst und Werbung für ihn machst?«

»Vermutlich. Aber das kann er sich abschminken.«

Kapitel 10: Alles eine Frage der Zeit

Als freier Dodo spazierte Dirk mit seinen sechs Offizieren aus dem Gerichtssaal und dem Multifunktionsgebäude. Zum ersten Mal seit drei Tagen spürte er das warme Sonnenlicht auf seinen Federn.

Krummschnabel sah sich um.

»Ist Gei wieder abgehauen?«, fragte er Birdie.

»Er ist soeben mit Papa zur Seekuh aufgebrochen, weil er Hunger hatte.«

»Käpt'n?«, fragte Anton. »Möchtest du etwas zur Leistung deiner Anwältin sagen?«

»Na ja«, antwortete Dirk uncharmant, »Birdies Fähigkeiten als Anwältin haben gegen den König und die befangene Richterin nich' viel gebracht.«

»Du undankbarer Nichtsnutz«, sagte Birdie enttäuscht.

»Die Papageienrettung«, sagte Dörtie, »war Birdies Plan. Größtenteils zumindest. Der Codename des Plans stammt von mir.«

Dirk wirkte ehrlich überrascht. »Ach so? Ich dachte, die Papageien wären einfach übergeschnappt. Also schön, Nummer Zwo. Vielen Dank, dass du mir die Federn gerettet hast. Und danke an alle, die ihr dabei geholfen haben.«

Goliath schüttelte das Flügelchen der Heldin. »Du bist quasi unsere MVP.«

»MVP?«, fragte Birdie.

»Das ist eine mandeline Abkürzung aus dem Bereich des Sports«, erklärte der Kakadu. »Es bedeutet, du bist die wertvollste Spielerin im Wettkampf.«

»Ah! Du meinst, ich bin die mächtigste Figur auf dem Schachbrett. Die Dame, die ihren König beschützen muss, weil er es allein nicht bringt.«

Alle Blicke fielen auf Käpt'n Dirk und landeten danach verlegen auf dem Boden.

»Unser Käpt'n«, sagte Krummschnabel, »ist manchmal schlauer als ihr glaubt. Er führt seine Mitbürger bloß gern hinters Licht.«

»Alles Taktik«, erklärte Dirk. »Die Besatzung soll denken, dass ich genau so doof und hilflos bin wie sie. Somit kann mir keiner 'ne zweite Amtszeit nehmen. Da hast du ausgeträumt, Nummer Zwo. Das Fußvolk will einen Trottel als Repräsidenten und ich kann gut schauspielern.«

»Repräsentanten«, erwiderte Birdie.

»Na schön«, sagte Dirk. »Dodisch war noch nie meine Stärke. Da hatte ich in der Schule nur 'ne Eins minus.«

»*Du* hattest Einsen in der Schule?«, fragte Anton.

Krummschnabel bestätigte es. »Er hat mich manchmal abschreiben lassen.«

»Ich bin«, murmelte Birdie, »schon erstaunt, dass er überhaupt zur Schule gegangen ist.«

»Mal eine andere Frage«, sagte Goliath. »Mit zwei Wochen Landurlaub meint ihr doch hoffentlich Erdenwochen?«

»Selbstverständlich!« riefen alle Dodos im Chor.

»Spitze. Wie bereits erwähnt, sind die Wochen hier etwas kürzer.«

Nala freute sich besonders über den Urlaub.

»In vier Tagen werde ich achtzehn!«, verkündete sie. »Da wir nicht arbeiten müssen, kann ich in meinen Geburtstag reinfeiern. Ich kenne jemanden, der für Musik sorgen könnte. Simba aus meiner Laufgruppe legt manchmal Platten auf. Werde ihn gleich fragen, ob er Zeit hat. Ihr kommt doch alle, oder? Morgen gibt's noch offizielle Einladungen.«

»Du wirst achtzehn?«, fragte Dirk. »Ich denke, du bist schon zwanzig! So stand es in deiner Bewerbung.«

»Oh!« tat Nala ganz unschuldig. »Habe ich als Geburtsjahr etwa das *Jahr der Vogelspinne* angegeben? Ich meinte natürlich das *Jahr des spinnenden Vogels*. Manchmal verwechsle ich das. Ich glaube, der Fehler war mir auch bei der Anmeldung für den Großen Preis von Mauritius passiert, weshalb ich letztes Jahr mitfahren konnte und auf Anhieb Dritte wurde.«

»Unser Küken ist ganz schön ausgebufft«, sagte Dörtie anerkennend.

Dirk kam die Straße, durch die sie liefen, bekannt vor.

»Wohin führt ihr mich eigentlich?«, fragte er.

»Zum Schiff«, sagte Anton. »Wohin sonst? Nala hat die Seekuh auf einer Grünfläche vorm Stadttor geparkt. Darum waren die Papageien so schnell im Gerichtssaal.«

»Nala«, sagte Dirk leicht angefressen, »hatten die Papageien dir nich' gezwitschert, dass du am Ententeich landen solltest?«

»Ja, aber unsere MVP ... unsere Chefin hielt es für eine dumme Idee, die Zeugen zu provozieren und hat dich überstimmt.«

Dirk erschrak und blickte zu Birdie. »Ich hab' doch noch das Kommando, oder?«

»Selbstverständlich«, sagte Birdie. »Solange du Entscheidungen triffst, die mir gefallen.«

Dirk war Birdie dankbar für die Rettungsaktion, aber er liebte sein Kapitänsamt noch mehr als seinen Kopf. Er nahm Krummschnabel beiseite und ging mit ihm zu einem Springbrunnen in der Straßenmitte.

Dort stand Dirk auf einem Eisengitter, unter dem ein Schacht in die Dunkelheit führte. Es kümmerte ihn nicht, weil er den Schacht für einen zum Brunnen gehörenden Wasserabfluss hielt. Allerdings übersah er das Warnschild, das die Stadtwache zwei Meter vor dem Gitter aufgestellt hatte.

Auf dem Schild war ein Drache abgebildet, der im Schacht hockte, Feuer nach oben spie und einen Kochtopf auf dem Gitter erhitzte. Der Drache war natürlich nur ein Symbol, weil das Feuer durch Solarenergie erzeugt wurde, seitdem die Drachen vor vier Jahren in eine andere Dimension ausgewandert waren. Die ungewöhnliche Kochplatte (offiziell: Kochgitter) wurde noch von ein paar traditionellen Lettorts benutzt, die sich partout keinen Herd mit Induktions- oder Glaskeramik-Kochfeld anschaffen wollten.

Das Beste an dem Kochgitter war, dass man es nicht anschalten musste. Es genügte, wenn man etwas darauf stellte. Nach einer Minute schossen Flammen hinauf, die das Wasser im Topf *sofort* auf einhundert Grad erhitzten.

»Krummi«, sagte Dirk. »Du bist meine Nummer Eins. Du musst mich vor 'ner Meuterei schützen.«

»Ich sollte das machen, was für die Besatzung gut ist«, überlegte Krummschnabel. »Dirk, frag dich einfach vor jeder Entscheidung: Was würde Birdie jetzt tun? Wahrscheinlich ist es das genaue Gegenteil von dem, was du tun würdest.«

Krummschnabel lief weiter und kehrte zu seinen Kollegen zurück.

Dirk verweilte noch am Brunnen und schüttelte uneinsichtig den Kopf. »Was würde Birdie jetz' tun? Das genaue Gegenteil von dem, was ich tun würde«, wiederholte er. »Als ob ich schon mal 'ne schlechte Entscheidung getroffen hab'. Meine Amtszeit verläuft absolut fehlerfrei bisher!«

Eine neunköpfige Entenfamilie watschelte an ihm vorbei. Die Entenmutter blieb abrupt stehen, als sie sah, worauf Dirk sich gestellt hatte.

»Hey, pass auf!«, rief sie auf Mandelin, doch Dirk konnte sie nicht verstehen.

Der Entenvater sprang auf Dirk zu und stieß den viel schwereren Dodo mit seinem Schwung vom Eisengitter. Meterhohes Feuer schoss aus dem Schacht, ehe Ente und Dodo ungebraten im Straßenstaub landeten.

Die Mutter kam mit ihren sieben Küken angelaufen. Dirk war geschockt.

»Oh Göttin!«, rief er. »Vielen Dank!«

»Ah, du sprichst Parrot«, sagte die Entenmutter. »Das konnte ich nicht ahnen, sonst hätte ich dich gleich in der Papageiensprache gerufen. Hatte ich in der Schule als erste Fremdsprache.«

Dirk war mehr als verblüfft. »Danke. Ihr seid sehr nett für Enten.«

Die Mutter machte große Augen. »Bist du schon mal einer Ente begegnet, die nicht nett zu dir war?«

»Ja«, sagte Dirk mit einem breiten Lächeln. »Das is' bestimmt ein- oder zweimal vorgekommen.«

»Kaum zu glauben! Aber schwarze Schafe gibt es wohl in jeder Familie.«

»Sind Schafe nich' weiß?«, wunderte sich Dirk. »*Ah!* Ach so. Ja, ich glaub', ich versteh', was du meinst. Vielen Dank noch mal. Ihr habt mir das Leben gerettet.«

Seine Offiziere eilten herbei.

»Dirk, was ist passiert?«, rief Birdie.

»Es is' alles gut ausgegangen«, sagte er fröhlich. »Ich wurde noch rechtzeitig von 'ner Ente in den Dreck gestoßen!«

Die Papageien plünderten in der Zwischenzeit den Frachtraum.

»Mulzbohnen, Mulzbohnen!«, rief Heribert und verteilte sie an seine hungrigen Artgenossen. »Widerliche Mulzbohnen bis zum Abwinken!«

Die beiden ehemaligen Anwaltsgehilfen saßen auf einer Kühlbox.

»Weißt du noch«, schwelgte Gei in schönen Erinnerungen, »wie gut es uns früher als Haustieren ging? Krummschnabel hat für mich immer ein Nachtmahl aus der Küche gestohlen, nachdem seine Eltern mich bereits beim Abendbrot gemästet hatten. Sei ehrlich, Schwesterchen, vermisst du diese Zeit nicht auch? Da habe ich mich geliebt gefühlt. Das Haustier eines Schuljungen. Heute bekommen wir nur noch kaltes Standardfutter.«

»Du wirst noch genauso geliebt wie damals«, sagte Papa, »obwohl ich glaube, dass du als Küken total verwöhnt worden bist. Ich bin bei Dirks Familie auch satt geworden. Er hat bloß nicht zugelassen, dass ich mich überfresse. Du hattest ständig Magenschmerzen!«

»Trotzdem war früher alles besser«, behauptete Gei. »Wie gern wäre ich wieder ein Haustier, das von morgens bis abends verwöhnt wird. Kinder lassen sich voll einfach manipulieren.«

»Ach Bruderherz, hast du wirklich geglaubt, es würde ewig so weitergehen? Dann bist du ziemlich blauäugig.«

»Jedenfalls«, sagte Gei, »war meine Sehnsucht nach den alten Zeiten der Grund, warum ich auf der Raumstation abgehauen bin. Es hatte nichts mit dir zu tun. Falls ich mir eines Tages doch einen jüngeren Fütterer suche, kannst du gern mitkommen.«

»Ich könnte meine Familie niemals verlassen«, sagte Papa.

»Großartig!«

»Dirk und Krummschnabel gehören ebenfalls zu unserer Familie. Deshalb würde ich bei ihnen bleiben, Gei. Tut mir leid.«

»Oh, verstehe.«

Am nächsten Morgen trafen sich die Offiziere in der Kantine, weil während des Landurlaubs Besorgungen gemacht werden mussten.

Goliath erschien verspätet zur Besprechung.

»Tolle Nachrichten, Freunde!« sagte er und ließ sich auf dem Frühstückstisch der sechs Dodos nieder. »Der Computer und ich haben heute Nacht den ersten Übersetzungschip für Dodos fertiggestellt. Ich nenne ihn Instant-

Mandelin-Crashkurs-für-Dodos, oder kurz *Imcfd.* Ein echter Zungenbrecher. Wer möchte ihn haben?«

Birdie wollte sich den Mikrochip genauer ansehen.

»Ich sollte erst einmal überprüfen, ob er ungefährlich ist«, sagte sie. »Eigenartig, der Chip sieht aus wie einer von meinen.«

Goliath lächelte. »Das könnte daran liegen, dass ich ihn in deinem Rechenzentrum gefunden habe.«

»Aber ... Aber auf allen Mikrochips waren wichtige Daten enthalten!«, erschrak Birdie. »Was hast du dafür gelöscht?«

»Ach, auf diesem Chip war nur rockige Spaßmusik drauf. Oder spaßige Rockmusik. Wie man's nimmt.«

»Oh, nein!«, rief Birdie. »Du hast alle Alben von *Die Doktoren* gelöscht! Ich kann nicht leben ohne Punkrock für Akademiker!« Sie sank von ihrem Stuhl zu Boden.

Ihre Kollegen beugten sich über den Tisch. Sie glaubten, Birdie wäre in Schockstarre gefallen.

»Keine Panik!«, sagte Krummschnabel. »Ich habe alle Doktoren-Lieder. Sogar die B-Seiten.«

»Ach, echt?«, fragte Birdie erleichtert. Sie richtete sich wieder auf und nahm Haltung an. »Musik ist das Einzige, was mich bei meiner Arbeitsbelastung durch den Tag rettet. Darum entschuldigt, *falls* ich kurz von der Rolle war.«

»Schon gut«, sagte Dirk. »Kein Dodo is' perfekt! Selbst mir is' vor vielen Jahren mal ein Fehler unterlaufen!«

»Äh, ja«, sagte Birdie. »Vielen Dank, Dirk.«

»Wer will nun meinen Chip?«, fragte Goliath.

Nala schüttelte den Kopf und die anderen Dodos starrten an die Decke.

»Freiwillige vor«, sagte Goliath.

Er sah auf Anton, der reflexartig seine Augen schloss und zu schnarchen begann.

»Schlechter Schauspieler«, brummte Goliath.

»Hm«, grübelte Dörtie. »Ich glaube, er ist wirklich

eingeschlafen.« Sie hob ihren Fuß und trat Anton in die Seite. »Hey, Schlafmütze, was treibst du nachts?«

»Entschuldigung«, sagte Anton gähnend. »Notschna und Tjomny haben die ganze Nacht laute Schlagermusik gehört. Es war kaum zu ertragen. Sie haben sich noch nicht an den normalen Tag-Nacht-Rhythmus gewöhnt und sind erst vor einer Stunde zu Bett gegangen.«

»Ausgerechnet Schlager!«, sagte Dörtie. »Wie grauenvoll. Warum hast du sie nicht auf die Brücke geschickt?«

»Das wollte ich ja«, erwiderte Anton, »aber sie haben sich geweigert, weil die Akustik im Bad besser wäre.«

Goliath seufzte tief. »Das ist alles wahnsinnig interessant. Leider bringt es uns nicht weiter. Wer nimmt jetzt den Übersetzungschip? Bedenkt doch mal: Wir bereisen die Mandelmilchstraße in der Hoffnung, uns auf einem Planeten niederzulassen. Früher oder später braucht jeder von euch einen Chip. Ihr seid viel zu faul für einen Sprachkurs.«

»Ist der Mikrochip sicher?«, fragte Nala.

»Bestimmt«, antwortete Goliath.

Birdie war nicht überzeugt. »Ich sollte vorher ein paar Diagnosen ausführen.«

»Unsinn«, sagte Goliath. »Das hat der Computer schon getan. Der Übersetzungschip ist so ungefährlich wie Geis.«

»Wenn das so ist«, sagte Krummschnabel, »nehme ich den Chip. Gei flucht neuerdings auf Mandelin, wenn ihm etwas nicht in den Kram passt. Das nächste Mal erlebt er eine böse Überraschung.«

»Klasse!«, sagte Goliath und drückte Krummschnabel den Chip an den Schädel.

Sichtbare Datenströme flossen wie Blitze in Krummschnabels Gehirn.

Birdie war besorgt. »Sieht mir nicht nach einer harmlosen Form der Datenübertragung aus.«

Als die Übertragung abgeschlossen war, starrte Krummschnabel einen Augenblick ins Leere.

»*Úbisum?*«, erkundigte er sich.

»Das Mandelin«, bemerkte Nala, »klingt dieses Mal seltsamer.«

»Hoppla«, sagte Goliath. »Wieso spricht er plötzlich Ladayn?«

»Sag du es uns.«

Goliath hielt dem Chefingenieur noch einmal den Mikrochip an den Kopf.

»*Whereami?*«, fragte Krummschnabel, nachdem ein letzter Blitz in sein Gehirn geströmt war.

»Ah, Mandelin«, sagte Goliath. »Du bist noch immer in der Kantine.«

»Whatdidyoujustsay?«

»Oh, oh! Jetzt versteht er kein Parrot mehr!«

»Dodisch heißt das«, behauptete Krummschnabel. »Ich verstehe alles. Hab' dich bloß verkohlt.«

»Sehr witzig«, erwiderte Goliath. »Gut, dann können wir die Massenproduktion starten. Wie hieß der Bordcomputer? Fortifor? Fortinein?«

»Sein Name ist Fortituu«, sagte Birdie. Sie richtete ein paar ernste Worte an den Kakadu. »Ab sofort werden alle Daten vor dem Löschen auf meinem persönlichen Rechner gespeichert. Ist das klar?«

»Klar wie Kloßbrühe.«

Nala hüstelte. »Leute, was wollten wir eigentlich besprechen? Ich steh' etwas unter Zeitdruck mit meiner Feier.«

»Die muss warten«, sagte Birdie. »Wir müssen Lebensmittel besorgen und brauchen einen Plan. Darum sind wir hier.«

»Prima!« sagte Nala und stand auf. »Gebt mir Bescheid, wenn der Plan steht. Ich gehe jetzt die Einladungen für meine Feier ausdrucken und übergebe sie der Eilpost. Ihr solltet sie bis Mittag in den Flügeln halten. Bis dann!«

Sie rannte aus der Kantine.

»Ganz schön ungehorsam«, kommentierte Dirk und seine Offiziere nickten brav.

»Du«, sagte Birdie, »solltest mal mit ihr reden. Als deine zweite Stellvertreterin kann ich es auch machen. Nach ihrer Feier, versteht sich.«

»Japp, nach der Feier«, bestätigte Dirk. »Ich möchte nich', dass sie mich auslädt.«

»Geht mir auch so«, sagte Birdie. »Kommen wir zu den Lebensmitteln. Wenn wir ausschließlich Mulzbohnen auf unserem Weiterflug mitnehmen, meutert die Besatzung. Das garantiere ich dir, *mein Käpt'n*. Dann ist dein Amt Geschichte.«

Birdie hatte Dirk schon gelegentlich Käpt'n genannt, oft so respektlos wie möglich. Durch das vorangestellte »mein« hatte sie zum ersten Mal zugegeben, dass er ihr Chef war. Er wusste, was sie ihm damit sagen wollte. Von nun an musste er weise Entscheidungen treffen, sonst würde sie die Meuterei persönlich anführen.

»Das«, sagte Dirk, »können wir auf keinen Fall zulassen. Hat jemand eine Idee, wo wir schmackhaftes Essen finden?« Er sah hoffnungsvoll zum Kakadu.

»Jeden Mittwoch«, sagte Goliath, »ist in Königsstadt der Galaktische Markt. Glücklicherweise ist morgen Mittwoch. Wir können ein paar Lebensmittel von der Erde besorgen, doch Vorsicht: Kuukarier hauen einen gern übers Ohr.«

»Was gibt es«, fragte Birdie, »auf diesem Planeten für Tage?«

»Berdeil hat vier Wochentage«, sagte Goliath. »Startwoch, Mittwoch, Endwoch und Freitag. Am Freitag wird nicht gearbeitet, wie der Name schon sagt. Ein Tag ist einunddreißig Erdenstunden lang. Darum sind vier ...«

»Darum sind vier Wochen auf Berdeil«, rechnete Birdie im Kopf, »*fast* so lang wie drei Wochen auf der Erde. Das stimmt. Wären die Tage auf Berdeil doch eine halbe Erdenstunde länger. Hach.«

»Was wäre dann?«, fragten Anton und Dörtie.

»Mathematik, ihr Lieben, Mathematik«, sagte Birdie verträumt.

Bis Mittag waren auch die restlichen Besatzungsmitglieder und Haustiere auf den Beinen.

Die Vögel merkten schnell, dass es nichts Besonderes zu sehen gab, wenn man Landurlaub auf einer Grünfläche vor den Stadtmauern machte. Sie drehten Videofilme vom Gras oder von sich selbst, wie sie mit den steifen Wächtern am Tor posierten. Kurz darauf verloren sie die Lust daran.

Dodernikus und Dodileo Dodilei holten ihre Liegestühle aus dem Maschinenraum und stellten sie in die heiße Mittagssonne. Die nächsten Besatzungsmitglieder folgten auf dem Fuße, und nach einer halben Stunde hatte sich die gesamte Mannschaft auf der Grünfläche verteilt. Es gab weder Sand noch Meer, doch die Vögel verbrachten ihren ersten Urlaubstag wie sie ihr Leben auf Mauritius verbracht hatten. Faul herumliegen und dabei verdummen.

Es zeigte Birdie, dass ein paradiesisches Leben überall in der Galaxis anstrengend war. Sie wollte in ihrem Urlaub etwas erleben und nicht geistig verkümmern.

»Es gibt ein Nachbarschaftstreffen«, erzählte Goliath ihr. »Wobei der Begriff sehr weit gefasst wird, weil alle anderen Planeten der Mandelmilchstraße als Berdeils Nachbarschaft gelten.«

Das Nachbarschaftstreffen war ein kultureller Austausch für Raumfahrer im Norden der Stadt, fern des Schlosses und seines königlichen Tyrannen.

Krummschnabel schloss sich Birdie zu einem Spaziergang in den Norden an. Goliath durfte wieder als ihr

Reiseführer fungieren – unter der Bedingung, dass er während der gesamten Führung den Schnabel hielt.

Nachdem sie das Stadttor passiert hatten, zog Krummschnabel einen Brief aus seinem Gefieder hervor.

»Hast du schon die Einladung gesehen?« fragte er. »Nalas Papagei hat sie mir vorbeigebracht.«

»Nein, habe ich noch nicht«, sagte Birdie. »Meine Post geht immer ins Tierkrankenhaus. Die Papageien scheinen zu glauben, dass ich dort wohne.«

»Die Feier steigt übermorgen in Nalas Kabine«, erzählte Krummschnabel. »20 Uhr unserer Zeit.«

»*Unserer Zeit?* Dann ist es ja hier Nachmittag.«

»Etwas komisch ist es schon, denn am Ende der Einladung steht „u. A. w. g.“ – *und abends wird getanzt.*«

»Ähem«, räusperte sich Birdie. »Eigentlich bedeutet es *um Antwort wird gebeten*. Wir sollen uns demnach anmelden, wenn wir hingehen wollen.«

»Ich dachte immer, es heißt *und abends wird getanzt*«, sagte Krummschnabel.

»Da bist du einem Satiriker auf den Leim gegangen«, erklärte sie, »aber deswegen musst du dich nicht grämen. Wenn eine Frau einem Mann „u. A. w. g.“ schreibt, hat es noch mal eine ganz andere Bedeutung.«

»Und die wäre?«

»Um Abstand wird gebeten.«

Krummschnabel verzog keine Miene. »Liebe Birdie, zum Glück besitzt du Doktortitel in fünf Wissenschaften, denn mit einer Karriere als Komikerin wird es wohl nichts.«

»Pfff!«, erwiderte sie.

Goliath führte Krummschnabel und Birdie auf Schleichwegen am Schloss vorbei.

Sie erreichten den Norden, in dem ein rauerer Wind wehte. Schlangen spuckten Gift von den Dächern und betrunkene Echsen übergaben sich in Mülltonnen. Es war, kurz gesagt, nicht die vornehmste Gegend.

Die Vögel betraten ein altes Industriegebiet mit Lagerhallen und stillgelegten Schornsteinen.

»Das ist die alte Schaumwollspinnerei«, erklärte Goliath. »Ich weiß, ich sollte meinen Schnabel halten, aber auf Berdeil wurden früher Schaumwollschafe gezüchtet. Inzwischen nutzen viele Künstler das Gelände. Maler, Autoren und Bildhauer zum Beispiel.«

»Der Abschaum der Gesellschaft also«, sagte Birdie.

»Ja«, sagte Goliath, »aber man trifft hier auch gebildete Leute, weil es Kneipen und Kampfsporthallen für die Raumfahrer des Nachbarschaftstreffens gibt.«

»Hurra, endlich Kultur!«, jubelte Birdie.

Dirk las die Einladung auf seinem Liegestuhl. »Hm, *u. A. w. g.* Was soll das bedeuten?«, fragte er die Pilotin.

»Für dich und Dörtie heißt es *um Anstand wird gebeten*«, sagte Nala. »Für die restlichen Gäste ist dieser Hinweis nicht nötig.«

»Hihi«, kicherte Dörtie. »Ich wollte dir für die Feier deine Federn frisieren. Jetzt entstelle ich dich lieber mal, während du schläfst.«

»Untersteh dich!«, rief Nala. Sie rückte ihren Liegestuhl näher zu Anton und unterhielt sich mit ihm.

Dörtie war eifersüchtig auf jede Frau, die mit Anton sprach. Sie verengte ihre Augen und lauschte dem Gespräch der Pilotin und des Navigators.

»Glaubst du«, fragte Nala, »dass wir unseren Wunschplaneten noch finden werden? Wir sind schon Monate unterwegs!«

»So ist es eben«, sagte Anton. »Wer zur Oase möchte, muss erst mal in die Wüste laufen.«

»Sehr poetisch«, fand Nala.

»Nicht immer führt der schnellste Weg zum Kuchen.«

»Ich hatte dich schon beim ersten Mal verstanden. Und jetzt habe ich auch noch Hunger.«

Sie beobachteten die Gänse, die über der Stadt flogen. Die Papageien schliefen im Schatten – unter den Liegestühlen der Dodos.

Drei Vögel gingen in eine Bar. Sagte der eine zu den anderen, dass er jemanden kennt.

»Gusu! Meine zeitreisende Freundin!«, rief Goliath eine humanoide Frau von dem Planeten Dalmatina. Ihre schneeweiße Haut war mit schwarzen Flecken versehen.

»Psst! Willst du mich umbringen?«, fragte Gusu erschrocken. »Hier wimmelt es von Halunken, die nur darauf warten, die Geschichte umzuschreiben.«

Das war den Halunken gegenüber ungerecht. Sie waren Schmuggler, die längst im Geld schwammen, aber sich nicht zur Ruhe setzten, weil der Nachwuchs fehlte. Die jungen Leute wollten heutzutage lieber studieren, statt einen unanständigen Beruf zu erlernen. Hinzu kamen die Nachtschichten und die Wochenendarbeit im Schmuggelgeschäft, die zusätzlich abschreckend wirkten.

Gusu hätte sich keine Sorgen um ihre gefleckte Haut machen müssen. Den Schmugglern mangelte es ironischerweise an der nötigen Freizeit für Zeitreisen.

»Ach, keine Angst«, sagte Goliath zu Gusu. »Ich habe dich bewusst auf Parrot angesprochen. Das kann außer uns keiner.«

Birdie sah sich die Zeitreisende aus nächster Nähe an. »Wo hat denn eine flügellose Lebensform Dodisch gelernt?«

Gusu war verwirrt. »Dodisch?«

Goliath hüstelte. »So nennen diese komischen Riesenhühner meine Sprache«, erklärte er.

»Ach so!«, sagte Gusu. »Ich spreche vierzehn Sprachen fließend. Die richtige Sprache kann einem das Leben retten. Vor allem Papageien sind sehr hilfsbereit.«

Birdie und Krummschnabel prusteten und krümmten sich vor Lachen, bis ihnen die Augen tränten.

»Papageien und hilfsbereit!«, riefen sie abwechselnd. »Ich kann nicht mehr!«

Zur Überraschung der Dodos zeigten Goliath und die Zeitreisende keine Reaktion.

»Oh, das hast du ernst gemeint?«, sagte Birdie nach dem zehnminütigen Lachanfall. Sie sah zu Krummschnabel. »In welch verrückte Welt sind wir hier nur geraten?«

Gusu streichelte Goliaths Federhaube. »Ich habe ihm mein Leben zu verdanken«, erzählte sie. »Lasst uns draußen weiterreden. Die Halunken starren euch schon seit zehn Minuten an.«

Sie stellten sich auf den Parkplatz vor ein verdrecktes schwarzes Raumschiff. Das Schiff war eigentlich weiß, wirkte jedoch schwarz, weil etliche Dreckschichten darauf lagerten. Auf diesen Dreckschichten befand sich noch eine zusätzliche Dreckschicht, die das „schwarze" Schiff verdreckt aussehen ließ.

»Wow, Gusu«, sagte Goliath. »So unauffällig sah dein Raumzeitschiff seit Jahren nicht aus. Wo hast du so viel dunklen Sand gefunden?«

»Zwei Kilometer in nördlicher Richtung wurde unter Königin Margaret früher Bergbau betrieben. Dort gab es mehr als genug. Ich kann es kaum erwarten, wieder in den Weltraum zu fliegen, damit sich der ganze Dreck ablöst.«

»Ich verstehe das nicht«, sagte Krummschnabel.

»Kein Problem, Vogelmann«, sagte Gusu. »Ich erkläre es dir. Königin Margaret, Reginalds Mutti, hatte den Bergbau wiederbelebt. Sie war eine Leugnerin des Klimawandels. Als Reginald auf den Thron stieg, hat er wieder auf erneuerbare Energien gesetzt wie seine Oma, Königin Hildegard. Man könnte Reginald fast mögen, wenn er nicht so süchtig nach Hinrichtungen und Eroberungen wäre.«

Goliath nickte. »Hätte ich euch alles bei der Stadtführung erzählen können, aber ich musste ja meinen Schnabel...«

»Nein, nein!«, sagte Krummschnabel. »Ich verstehe nicht, warum Gusu ihr Schiff absichtlich verschmutzt.«

»Wohl aus Tarnung?«, vermutete Birdie.

»Ganz genau, Vogelfrau«, sagte Gusu. »Das habe ich von Goliath gelernt. Ein professioneller Raumschiffdieb kann selbst den besten Zugangsschlüssel knacken. Doch wer käme auf den Gedanken, dass sich hinter dieser Rostlaube ein wertvoller Schlitten verbirgt?«

»Raffiniert«, sagte Birdie. »Und die Idee stammt von dir, Goliath?«

»Quasi«, antwortete der Kakadu. »Ich bin eigentlich schwarz.«

»Du bist blau«, sagte Krummschnabel.

»Seht ihr!«, fühlte sich Goliath bestätigt. »Ich habe euch alle getäuscht. Ich bedecke mein oberes Federkleid mit dem blauem Puder meines Unterkleids.«

Birdie konnte sich keinen Reim darauf machen. »Du tarnst dein schwarzes Gefieder mit dunklem Blau?«, fragte sie. »*Im Ernst?*«

»Ja klar«, sagte Goliath. »Was ist daran falsch?«

»Also, hmm ... ich kann nicht nachvollziehen, was du damit bezweckst.«

»Ich möchte nicht geklaut werden.«

»Das ergibt überhaupt keinen Sinn!«, fand Birdie.

»Na schön, es ist ein Paarungsritual. Angeblich finden Weibchen gepuderte Männchen attraktiver«, erklärte Goliath.

»Und? Stimmt es?«, war Birdie neugierig.

Der Kakadu ließ den Kopf hängen. »Falls es eine Wirkung gibt, verpufft sie sofort wieder, weil es alle Männchen machen«, jammerte er.

»Das tut mir leid«, sagte Birdie mit viel Mitgefühl.

Krummschnabel interessierte sich für die Funktionsweise des Raumzeitschiffs, doch Gusu zögerte, den Dodos das Geheimnis preiszugeben.

»Du«, sagte Goliath, »kannst ihnen vertrauen.«

»Na schön«, sagte Gusu, als sie in Krummschnabels unschuldiges Gesicht blickte. »Du kennst doch einen Warpantrieb, nehme ich an?«

»Ja, wir haben auch einen Worpantrieb. Unsere Raumzeitkrümmungsmaschine.«

Gusu nickte. »Ich habe einen Warpantrieb gebaut, der die Raumzeit rückwärts verzerrt, wenn ich den Rückwärtsgang einlege. Ich reise also in der Zeit zurück. Logisch.«

»Das ist völlig unmöglich!«, stieß Krummschnabel hervor.

»Nein, ist es nicht«, erwiderte Gusu. »Ich hab's halt drauf.«

»Solches Eigenlob höre ich in letzter Zeit oft«, stellte Krummschnabel fest. »Bist du zufällig mit Pilzen verwandt?«

Die Zeitreisende zuckte mit den Schultern. »Nicht, dass ich wüsste.«

Krummschnabels Wissensdurst war noch nicht gestillt. »Und wie gelangst du in die Zukunft?«

»Ich habe einen siebten Gang eingebaut«, erklärte Gusu, »der mich schneller in die Zukunft reisen lässt, als wir es jetzt gerade tun. Wir nennen es fälschlicherweise Gegenwart, aber eigentlich reisen wir immer in die Zukunft.«

»Interessante Sichtweise«, sagte Krummschnabel. »Nach meinem Verständnis ist die Gegenwart stets die Zeit, in der man sich gerade befindet.«

»Nun ja, ich bin weder Physikerin noch Philosophin«, gab Gusu sich bescheiden. »Ich bin bloß eine begnadete Erfinderin und Ingenieurin. Wenn ich den siebten Gang einlege, wird die Zeit verzerrt, sodass ich sie mit meinem Schiff überhole. Ich lande also in der Zukunft.«

»Völlig unmög…« Krummschnabel unterbrach sich, weil er sich an die verrückte Technik der Maroner erinnerte. »Ich halte es für *unwahrscheinlich.*«

»Damit kann ich leben«, sagte Gusu. »Ich fürchte, ich muss jetzt langsam los. Ich habe vor drei Tagen einen Zahnarzttermin und will ihn nicht verpassen.«

»Ist dein Termin in drei Tagen«, fragte Goliath, »oder war er vor drei Tagen?«

»Weder noch. Mein Termin wird vor drei Tagen sein. Es existiert keine gute Grammatik für Zeitreisende.«

Birdie war angeekelt, aber nicht nur von der Grammatik. »Es gibt Ärzte für Zähne? Igitt, igitt!«

Auch Krummschnabel verzog angewidert sein Schnabelgesicht. »Da können wir von Glück reden, dass wir keine Zähne haben. Gucken wir uns noch den Schleimkampf der Riesenschnecken an?«, fragte er seine Kollegen.

»Klaro«, antwortete Birdie.

»Geht schon mal vor«, sagte Goliath. »Der Schleimkampf hat erst vor fünf Jahren begonnen. Ich komme nach.«

»Denkt daran«, sagte Gusu, »dass es heute Abend gewittern wird, also bleibt nicht zu lange. Ihr müsst nicht auf den blauen Himmel starren, ich weiß es wirklich besser.«

Die Dodos verabschiedeten sich von der Zeitreisenden und schlenderten zur Kampfsporthalle.

»Gusu«, sagte Goliath, »ich habe eine Bitte an dich. Kannst du mir ein Raumzeitschiff bauen? Ein kleines reicht mir.«

»Dafür würde ich viele Jahre brauchen.«

»Ach, komm«, sagte Goliath. »Vergiss nicht, wie ich dich auf Hinterwald vor den Hinterwäldlern gerettet habe. Wenn ich nicht *gratis* übersetzt hätte, müsstest du dir über deine Zukunft schon lange keine Gedanken mehr machen.«

»Stimmt schon, aber ...«

»Du hast gesagt, dass du in meiner Schuld stehst«, fügte Goliath hinzu. »Nun kannst du sie begleichen.«

»Ich dachte, das hätte ich bereits«, sagte Gusu. »Der Dodo lebt.«

»Darum habe ich dich nicht gebeten. Jedenfalls noch nicht.«

Die Zeitreisende gab nach, weil sie wusste, wie stur ein Kakadu sein konnte.

»Ok, Goliath, aber danach sind wir quitt. Wann soll ich dir das Schiff vorbeibringen?«

»Gleich wenn du fertig bist.«

»Das ist mir klar«, sagte Gusu seufzend. »Mit meinem Raumzeitschiff kann ich dir deins vorbeibringen, wann immer du magst. Sogar in deiner Vergangenheit. Obwohl es heißt, dass Lieferungen in die Vergangenheit für Verwirrung beim Empfänger sorgen, weil er die Bestellung noch nicht aufgegeben hat.«

»Verstehe. Dann bring mir das Schiff, sobald ich mich mit den Dodos auf einem Planeten niedergelassen habe.«

»Meinst du jetzt vor dem Sternenkrieg oder danach?«

»Wie bitte?!«, rief Goliath. »Ein Sternenkr...«

»Vergiss es«, sagte Gusu schnell. »Ich habe mich in der Zeit geirrt. Berufsrisiko.«

»Bloß gut! Du hast mir gerade einen schönen Schrecken eingejagt.« Er reichte ihr zum Abschied den Flügel. »Dann werden wir uns bald wiedersehen?«

Gusu lächelte. »Zeit ist relativ«, sagte sie. »Du wirst mich früher wiedersehen.«

Am nächsten Morgen gingen Birdie und Goliath mit fünfzig Besatzungsmitgliedern (die ebenso viele Schubkarren vor sich herschoben) zum Galaktischen Markt. Papa und Gei schlossen sich zunächst an, flogen dann aber voraus, weil Gei es aus irgendeinem Grund eilig hatte.

An den Schubkarren befanden sich Querstangen auf Schnabelhöhe. Somit konnten die Dodos ihre Flügelchen ausruhen und die Schubkarren mit ihren Schnäbeln führen.

»Wir brauchen Pandanus«, sagte Birdie.

»Ich weiß nicht, ob sie so etwas haben«, sagte Goliath, »aber Ananas hat euch auch nicht umgebracht. Wichtig ist, dass wir uns alle Früchte vorher ansehen. Auf diesem Markt darf man nicht die Katze im Sack kaufen.«

»Warum sollte man auch eine Katze im ... Ist das eine deiner exotischen Redewendungen?«, fragte Birdie stirnrunzelnd. »Es wäre lieb, wenn du dich damit ein bisschen zurückhalten könntest. Dodos kennen Katzen, Affen und Schweine nur aus Seefahrerberichten. Außerdem hast du vergessen, dass wir nichts kaufen können. Wir werden Möbel von unserem Schiff eintauschen müssen.«

»Birdie«, sagte Goliath kopfschüttelnd. »Die Papierscheine, die Reginald dir gegeben hat, sind Geld.«

»Echt jetzt? Bedrucktes Papier?? Ihr verwendet keine Goldmünzen??? Donnerwetter!!!!«

»Münzen benutzen wir auch«, sagte Goliath. »Du kannst die Scheine jetzt aus deinem Federkleid hervorholen.«

»Ich habe sie Gei gegeben«, sagte Birdie. »Er meinte, er hätte dafür eine Verwendung. Kam mir schon etwas seltsam vor, aber da die Scheine grün sind, dachte ich, dass er sie als Ersatzfedern an seine Schwester kleben will. Die Arme hat auf dem Raumhafen ein paar Schwanzfedern verloren.«

»Du hast ihm doch nicht die ganzen vierzigtausend Kronen gegeben?«, hoffte Goliath.

»Oh. Das ist viel, oder? Tja, du hättest mir mal eher verraten können, was es mit dem Blätterbündel auf sich hat. Geld! Darauf wäre ich nie gekommen! Für mich war es bloß Papier, das wertvollen Platz in meinem Federkleid eingenommen hat.«

»*Wann?!*«, rief Goliath entsetzt. »*Wann* hast du es Gei gegeben?«

»Vor zehn Minuten«, sagte Birdie.

»Ach so?«, sagte Goliath ein wenig erleichtert. »Dann kann er noch nicht alles ausgegeben haben. Hoffentlich. Ich finde ihn!«

Er stieg dreißig Meter in die Luft und verschaffte sich einen groben Überblick über die hundertfünfzig Marktstände. Dennoch waren seine Augen zu schwach, um einen vierzig Zentimeter kleinen Papagei zu erkennen.

Adler müsste man sein, dachte Goliath.

Er ließ sich wieder fallen und flog zu den Imbissbuden und Getränkeständen. *Darauf hätte ich gleich kommen müssen!*

»Hunger habe ich eigentlich nicht«, sagte Papa, die mit ihrem Bruder an einer Waffelbude vorbeilief. »Aber es sieht alles so lecker aus.«

»Gei!«, rief Goliath, der über den Sittichen kreiste. »Wie viel Geld hast du noch?«

»Psst!«, sagte Papa. »Schrei nicht so laut. Es soll doch nicht jeder hören.«

»Entschuldige«, flüsterte Goliath. Er landete zwischen den Geschwistern. »Also? Was ist noch übrig von den vierzigtausend Kronen?«

Gei rechnete im Kopf. »Neununddreißigtausendneunhundertsechsundneunzig!« sagte er. »Ich habe mir nur eine Heiße Koffeinschokolade im Stand-Chofé geholt. Mann, ich strotze vor Energie und Tatendrang! Lasst uns um die Wette fliegen. Wer als Erstes beim Schloss ist. Auf die Plätze, fertig ...«

»Stopp!« sagte Goliath. »Gib mir erst das Geld. Birdie und ich müssen Futter und Kaffee kaufen.«

»Kein Problem«, sagte Gei. »Wie viel brauchst du?«

»Neununddreißigtausendneunhundertsechsundneunzig.«

»Nee, das geht nicht. Dann wäre ich ja pleite.«

Papa seufzte. »Nun mach schon«, sagte sie. »Dann flieg ich auch mit dir durch die Gegend, bis das Gift nachlässt.«

»Das war kein Gift«, sagte Gei. »Das war voll lecker … uh, mit meinem Magen stimmt was nicht.«

Goliath kam ein Verdacht. »Du hast keinen pflanzlichen Milchersatz getrunken, sondern Kuhmilch, oder?«

»Ja klar«, sagte Gei. »Die Verkäuferin hat erwähnt, dass sie eine Kuh ist und ihre Milch aus Eigenproduktion stammt. Da wäre es unhöflich gewesen, Nein zu sagen.«

»Vögel vertragen keine Milch«, erklärte Goliath. »Aber wer kann einem guten Kakao schon widerstehen? Mit dem richtigen Medikament ist das alles kein Problem. Behaltet fünfzig Kronen und fliegt zur Apotheke in der Scharlatanstraße. Wenn ihr euch beeilt, überlebt Gei.«

»*ÜBERLEBT?!*«, riefen die Geschwister.

»Wenn ihr euch beeilt«, wiederholte Goliath. »In der Apotheke gibt's Gegengift.«

Die orangene Mähne der Apothekerin reichte bis zum Boden, weshalb sie sich hüpfend fortbewegte, um nicht über ihre Haare zu stolpern.

»Guten Tag, wie kann ich dir behilflich sein?«, fragte sie.

»Mein Magen … mir ist übel … hab' Heiße Schokolade getrunken«, stammelte Gei, der von Papa gestützt werden musste.

»So, so«, sagte die Apothekerin. »Vögel sollten überhaupt keine Milch trinken. Das kann sonst böse enden.«

»Ach, tatsächlich?«, erwiderte Gei scharf.

»Ich empfehle dir Tropfen von der Firma *Rettdichfix*. Sie zersetzen die Kakaomilch im Handumdrehen und schädigen deine Magenwände nur zu läppischen dreißig bis fünfzig Prozent.«

»Her damit!«

Die Apothekerin machte einen Hüpfer nach hinten und nahm eine längliche Schachtel vom Regal. »Das macht dann neunzehn Kronen und fünfundneunzig Cents.«

»*Wucherpreis!*«, behauptete Gei. Er hatte das Wort auf dem Markt aufgeschnappt und schnell begriffen, dass es eigentlich immer zutraf.

»Was hast du denn erwartet?«, empörte sich die Apothekerin. »Wir sind die Halsabschneider-Apotheke in der Scharlatanstraße. Wir stehen zu unseren Namen! Ach, weißt du was? Sagen wir lieber fünfzig Kronen.«

»Du hast die Scheine in meinem Flügel gezählt, oder?«, fragte Gei.

»Jepp«, sagte die Apothekerin. »Fünfzig Kronen sind immer noch ein Schnäppchen, wenn es um Leben und Tod geht.«

Papa verstand kein Mandelin und musste es auch nicht, weil sie ihren Bruder nur zu gut kannte.

»*NUN GIB IHR ENDLICH DAS GELD!*«, schrie sie.

»Guck mal«, sagte Goliath und zeigte auf einen Süßigkeitenstand. »Dort gibt's tolles Essen.«

Birdie zählte elf Kinder, die für Bonbons Schlange standen.

»Wenn es Kinder lieben«, sagte sie, »ist es zu süß und ungesund. Das ist die goldene Regel. Wir sollten alle ein bisschen auf unsere Ernährung achten.«

»Das tue ich«, sagte Goliath. »Ich lebe ernährungsbewusst.«

»Ach, wirklich?«

»Ich ernähre mich bewusst von süßen und fettreichen Speisen, weil sie lecker sind.«

Birdie rollte mit den Augen. »Du hast wohl heute einen Clown gefrühstückt?«

Sie kamen an einem Backwarenstand vorbei.

»Mmh«, sagte Goliath. »Stollen schmecken super.«

»Das Gebäck sieht aus wie eine zuckersüße Fettbombe«, bemängelte Birdie.

»Nein, nein«, sagte Goliath. »Das siehst du falsch. Stolle ist äußerst gesund. Sie besteht zum Großteil aus getrockneten Weintrauben und gilt deshalb als Obst.«

»Wir gehen erst mal weiter. Wo finden wir das echte Obst, Goliath? Dort haben sie hoffentlich Ananas. Und wie heißt der Nachtisch, den du uns in der Gaststätte serviert hast?«

»Apfelmus.«

»Genau«, sagte Birdie. »Wir benötigen unbedingt die Frucht, aus der man Apfelmus macht.«

»Apfel.«

Der Kakadu warf einen flüchtigen Blick nach hinten, auf die nicht enden wollende Schlange an Dodos und Schubkarren.

»Das wird lustig mit der Truppe«, sagte er.

»Wie meinst du das?«, fragte Birdie.

»Wir müssen einmal den ganzen Marktplatz durchqueren. Das gesunde Essen versteckt man immer im hintersten Abschnitt des Marktes.«

»Warum das?«

»Weil es keiner möchte.«

Die Geschwister saßen vor der Apotheke auf einer Treppenstufe.

Gei hob das Fläschchen Rettdichfix ins Licht.

»Ich habe nur das halbe Gegengift gebraucht!«, sagte

er. »Eine Heiße Koffeinschokolade kann ich noch trinken! Wo gibt's hier welche? Zurück zum Markt! Los! Komm!«

»Warte«, sagte Papa. »Was ist los mit dir? Du bist total aufgedreht. Es ist gut, dass du kein Geld mehr hast.«

»Ach, stimmt«, erinnerte er sich. »Kakadus und Apotheken haben mir mein ganzes Geld genommen. Die Apothekerin hat übrigens erwähnt, dass das Koffein stärker wirkt, wenn die Milch im Magen zersetzt wurde. Das dürfte der Grund sein, warum ich mich so wach fühle. Da hilft nur Sport! Auf zum Schiff! Wer als Letztes neben dem Fusionsreaktor sitzt, ist eine lahme Ente!«

Er schwang sich in die Lüfte, raste die Hauswand hoch und verschwand über dem Dach.

»Du liebe Zeit!«, sagte Papa und jagte ihrem Bruder nach.

Die Sonne spiegelte sich auf den Solaranlagen der zehntausend Dächer von Königsstadt. An diesem späten Vormittag hatten die Geschwister den Luftraum für sich allein, da die Pendler bereits mit ihren Raumschiffen zur Arbeit geflogen waren.

Nach drei Minuten erreichten sie die Seekuh. Sie schossen durch den Frachtraum, ehe sie in das Papageienkommunikationsröhrensystem abbogen.

Papa hatte zu ihrem Bruder aufgeschlossen, konnte ihn aber in der Komm-Röhre nicht überholen, weil er absichtlich in der Mitte flog.

»Du hast mir den Weg versperrt«, sagte sie, als sie sich neben den Stammplatz ihres Bruders setzte. »Ich bin schneller als du und das weißt du genau.«

»Logisch. Du bist auch leichter und schlanker«, sagte Gei.

»Hast du dich jetzt ausgetobt? Geht's dir besser?«

»Nein. Ich habe das Gefühl, ich könnte Bäume ausreißen. Auf in die nächste Runde!«, rief er.

Er sprang von der Stange und flog zurück in die Komm-Röhre.

»Och!«, seufzte Papa.

Birdie und Goliath drehten bereits die zweite Runde auf dem Markt. Sie hatten noch drei Dodos im Schlepptau. Die anderen Besatzungsmitglieder waren bereits mit vollen Schubkarren zum Schiff marschiert.

Birdie hielt einen Stift im Schnabel und einen Zettel in ihrem Flügel. Sie hatte sich die Futtermengen und Kalorienangaben notiert. Jetzt musste sie lediglich im Kopf ausrechnen, wie lange das Futter reichen würde. Sie steckte den Stift zurück in ihr Gefieder.

»Schade, dass die Kuukarier keine Früchte aus Mauritius hatten«, sagte sie. »Ich verlasse mich auf deine Erkenntnisse, dass Bananen, Melonen und Birnen ungiftig sind.«

»Du solltest froh sein«, sagte Goliath, »dass die Kuukarier noch nie auf Mauritius waren, sonst hätten sie auch regelmäßig Dodos entführt. Immer in kleinen Gruppen, dass es nicht weiter auffällt.«

»Wahrscheinlich hast du recht«, sagte Birdie. »Mir gefällt das Königreich nicht. Gauner und Betrüger auf der einen Seite – und Bürger, die sich nicht wehren, auf der anderen. Jeder ist nur auf seinen eigenen Vorteil bedacht. Ich kann nachvollziehen, dass du mit uns mitkommen möchtest. Wir sind in den letzten Monaten zu einer Familie geworden, die zusammenhält. Sogar die Sittiche haben bei Dirks Rettung geholfen, nachdem ich viel Überzeugungsarbeit geleistet hatte.«

»Du hast ihnen gedroht, dass sie sich in Zukunft selbst behandeln müssen, wenn sie nicht helfen.«

»Oh ja. Weil einige von ihnen sich aufgeführt haben wie der König höchstpersönlich. Es war natürlich eine leere Drohung. Du bist ja für einen Papagei gut erzogen, aber stell dir mal das Chaos vor, dass die Sittiche im

Tierkrankenhaus anrichten würden. Na gut, zurück zum Thema Essen. Ich habe meine Berechnungen abgeschlossen. Wir haben genug Nahrung für drei Monate. So lange sollten wir für die Reise durch die Mandelmilchstraße nicht brauchen.«

»Moment mal«, sagte Goliath. »Wir haben noch drei Schubkarren und mehr als zwanzigtausend Kronen übrig. Wir sind noch nicht fertig mit Einkaufen.«

»Warum nicht? Was haben wir vergessen?«, fragte Birdie.

»Wir brauchen noch Melasse aus Zuckerrohr, Kokosnüsse, Ananas und Kühe.«

»Wie bitte?«

»Ach, vergiss die Melasse«, sagte Goliath. »Wir kaufen besser gleich fertigen Rum. Aber eine Kuh – kein Stier! – ist unverzichtbar. Sahne hält sich schließlich nicht lange.«

»Sind das«, fragte Birdie, »alles Lebensmittel, die du für eine gesunde Ernährung brauchst?«

»Nein, aber ich habe da so eine Idee für einen neuen Drink«, sagte Goliath. »Warum fragst du?«

»Weil *ich* deine neue Tierärztin bin und deinen Speiseplan zusammenstelle. Und wir nehmen keine Kuh mit!«

»Dann bleibe ich lieber auf Berdeil.«

»Mach dein Getränk einfach ohne Sahne«, sagte Birdie. »Wir entführen keine Türsteherin und Mutter.«

»Nun ja«, überlegte Goliath, »ich schätze, dass es mit etwas mehr Kokosnusscreme auch gelingt. Dann sparen wir gleich das Geld fürs Gegengift.«

»Na also, geht doch«, sagte Birdie. »Eine Kuh hätte sowieso nicht in die Schubkarre gepasst.«

»Stimmt! Mein Denkfehler.«

Kapitel 11: Verloren im Weltraumurlaub

Die Worpmaschine war fürs Erste repariert. Krummschnabel hatte sie den ganzen Morgen auf weitere Anzeichen von Verschleiß untersucht. Mit einer Worpmaschine verhielt es sich wie mit einem Fahrrad. Man konnte den Fahrradschlauch flicken, wenn er einen Platten hatte. Noch besser war es, den alten, löchrigen Schlauch gegen einen neuen auszutauschen. Allerdings nahm man selten einen Ersatzschlauch auf eine Radtour mit. Auch Krummschnabel hatte es versäumt, eine zweite Worpmaschine einzupacken. Er hätte mindestens zehn Tage gebraucht, um eine neue zu bauen, sofern man das nötige Material aufgetrieben hätte.

Der Chefingenieur wusste, dass er die Maschine nicht unendlich reparieren konnte. Bevor man einen Fahrradschlauch zum fünften Mal flickte, warf man ihn lieber in den Müll.

Birdie und Goliath kehrten soeben vom Einkaufen zurück, als Krummschnabel sie im Frachtraum mit den schlechten Nachrichten überfiel.

»Wir können es uns nicht mehr leisten, jedes Sonnensystem anzufliegen, wie am Anfang unserer Reise«, sagte er. »Das hält der Worpantrieb nicht durch. Der Schiffscomputer kann keinen Kurs berechnen, solange wir von der Mandelmilchstraße keine Sternkarten besitzen.«

»Hmmmm«, grübelte Birdie. »Man wird doch sicher irgendwo Karten bekommen können. Nicht wahr, Goliath?«

»Es gibt Navis zu kaufen«, sagte der Kakadu. »Das sind kleine Navigationscomputer für die Raumschiffe. Doch die helfen uns nicht weiter, weil sie uns nichts über die Beschaffenheit der Planeten sagen.«

»Ach du Schreck«, sagte Birdie. »Wir müssen also wirklich einen Planeten nach dem anderen abfliegen? Dann sollten wir vorher Ersatzteile für den Worpantrieb holen.«

»So einfach ist das nicht«, sagte Goliath. »Es gibt über tausend bewohnbare Welten in der Mandelmilchstraße. Wenn wir alle besuchen, brauchen wir Jahre! Größtenteils sind sie auch schon von intelligenten Lebewesen *besetzt*. Wobei man über die Intelligenz einiger höherer Lebewesen streiten kann. Zum Beispiel fanden die *Debben* von *Moron IV* Schwimmhallen langweilig, weshalb sie sich Freibäder gebaut haben – natürlich komplett überdacht, weil es bei ihnen ständig regnet. Ein kleines antzibalisches Mädchen hat die Debben später gefragt, warum es auf Moron IV nur Schwimmhallen gibt und keine Freibäder.«

»Goliath«, sagte Birdie mit Nachdruck, »wir brauchen Informationen über die Schwerkraft jedes einzelnen Planeten. Damit können wir möglicherweise einige Welten und Sternensysteme von vornherein ausschließen.«

»Spitzenidee. Es gibt ein Institut für astronomischen Quatsch, in dem wir die Schwerkraft der Himmelskörper erfragen können. Wenn ich mich nicht irre, liegt das Institut nur ein paar Straßen hinter dem Stadttor. Zwei Minuten Flugweg, maximal.«

»Uns interessiert eher die Entfernung zu Fuß«, sagte Birdie.

»Ach ja! Das vergesse ich immer«, sagte Goliath. »Ich muss mir einfach vorstellen, dass ihr Strauße oder Emus seid. Die können nämlich auch nicht fliegen.«

»Das ist wirklich sehr interessant«, erwiderte Birdie so ironisch wie bissig. »Streu ruhig weiter Salz in die Wunde!«

Papa kam von ihrem siebzehnten Rundflug zurück. Ihr Bruder folgte einen Augenblick später und ließ sich erschöpft auf Krummschnabel Rücken nieder. Die Wirkung des Koffeins ließ allmählich nach.

Dirk lag auf seinem Liegestuhl und genoss die Sonne. Doch von einer Sekunde zur nächsten war sie verschwunden. Er öffnete die Augen und sah drei Vogelschemen, die über ihm flatterten. Es waren Goliath, Gei und Papa.

»Hey«, sagte Dirk, »ihr steht mir in der Sonne!«

Birdie erschien an seiner rechten Seite, so wie er es gewohnt war.

»Du liegst den ganzen Tag in der Sonne, Dirk.«

»Hier gibt's kein Fernsehen«, erwiderte er. »Was soll ich da machen? Ich hab' Urlaub.«

»Und in diesem steht jetzt Kultur auf dem Programm«, erklärte Birdie. »Auf zum Institut für Astronomischen Quatsch.«

»Das is' ein merkwürdiger Name für ein Institut.«

»Ja, fand ich auch. Los, schwing deinen Hintern hoch. Wir warten alle auf dich.«

»Nee, ich bin ein Kulturbanause«, sagte Dirk. »Ich wünsch euch viel Spaß.«

Krummschnabel erschien an seiner linken Seite. »Dirk, möchtest du nicht unser neues Zuhause sehen? Deinen Traumplaneten?«

»Aber zurzeit is' die perfekte Mittagssonne, um Bubu ... um ein Mittagsschläfchen zu machen. Können wir nich' morgen früh gehen?«

»Nein«, sagte Birdie entschieden. »Morgen früh willst du wieder ausschlafen, weil du Urlaub hast.«

Dirk überlegte. »Jetz' steh ich vor 'nem echten Dilemma, Nummer Zwo. Ausschlafen oder Mittagsschlaf.«

»Komm jetzt endlich.«

Nach einer viertel Stunde erreichten die sechs Vögel einen Tempel aus Sandstein, das *Königliche Institut für Astronomie und Raumfahrt*. Der Tempel war zwölf Meter hoch und fünfzehn Meter breit, und sein Dach wurde auf der Vorderseite von acht Säulen getragen. Hinter den beiden mittleren Säulen lag eine moderne Eingangstür aus Stahl.

Goliath flog zu einem Empfangshäuschen, das zwischen

den Tempel und das Bowlingcenter gequetscht worden war.

Die anderen Vögel bewunderten den Tempel. Er war einst für die vermeintliche Glücksgöttin Miss Fortune errichtet worden. Zweifel an ihrer Eignung als Glücksgöttin kamen zum ersten Mal auf, als sie an einem Freitag, dem 13. von einer schwarzen Katze unter eine Leiter gelockt wurde. Danach fiel ein Eimer mit klebrigem Pech von der Leiter auf Miss Fortune, sodass sie blind auf Glatteis lief und gegen einen Spiegel schlitterte, der in tausend Scherben zerbrach. Die Folge war, dass ihre Anhänger in den nächsten sieben Jahren auf tragisch-kuriose Weise das Zeitliche segneten. Miss Fortune selbst wurde beim nächsten Götter-Meeting zur Unglücksgöttin ernannt, durfte aber als Trost ihren Namen behalten. Anschließend hatte der Tempel als Touristenattraktion nicht mehr viel getaugt. Mittlerweile wurde er von Astronomen besetzt, die nicht an Götter glaubten, weshalb sie Miss Fortune gleichgültig waren. Besucher sollten sich jedoch vor ihrer Unglückssträhne in Acht nehmen.

»Junge, Junge«, sagte Dirk. »Wenn wir für die Bekloppte Polly so ein Bauwerk errichtet hätten, dann hätt' sie uns bestimmt sofort ins Paradies fliegen lassen.«

»Ich weiß nicht«, sagte Krummschnabel. »Ich glaube nicht mehr an Götter. Meine Religion ist einzig und allein die Wissenschaft.«

Dirk bemitleidete seinen alten Schulfreund. »Das tut mir wirklich leid um deine Seele. Du wirst mir fehlen im Paradies.«

»Ähem!«, sagte Gei zu Krummschnabel. »Wenn ich du wäre, würde ich deinem treuen Haustier täglich fünf üppige Mahlzeiten hinstellen. Falls du dich irrst und die Götter existieren, könnte ich bei Mütterchen Polly ein gutes Wort für dich einlegen.«

Papa rüffelte ihren Bruder. »Du denkst doch bloß an dich, Vielfraß.«

Goliath kehrte zurück, bevor Gei eine Rechtfertigung eingefallen war.

»Wir dürfen reingehen, sollen aber die Unordnung entschuldigen«, sagte der Kakadu. »Sie hatten gestern Abend ihr Sommerfest und mussten es wegen des Gewitters drinnen feiern.«

Was die Vögel in der Forschungseinrichtung sahen, hätten sie als wildes Chaos beschrieben. Dabei achteten sie nicht auf die Pappteller und Essensreste vom Sommerfest, sondern auf die neun Lettorts, die hektisch durch die Gegend rannten. Ihre Anweisungen erhielten die Lettorts von einem Geschöpf, das auf einem Labortisch stand. Es war ein neuseeländischer Kakapo.

»Das ist ja mega«, sagte Goliath glücklich, weil er die Worte eines Kakapos nicht übersetzen musste. »Da kann ich mal die Füße hochlegen.«

Birdie staunte. »Noch ein exotischer Riesenpapagei!«

Die Dodos blickten auf den grünen Papagei in der weißen Kinderjacke als wäre er eine Zooattraktion. Goliath sprang zu ihm auf den Tisch und sie begegneten sich auf Augenhöhe.

»Na, was geht ab?«, fragte der Kakadu den Kakapo.

»Es geht hier ziemlich rund«, antwortete der Astronom. Er unterhielt sich zum ersten Mal seit Monaten in seiner Muttersprache. »Wir versuchen einen Raumstrudel zu erzeugen, um die Reisezeit von A nach B zu verkürzen. Die Berdeiler Verkehrsschiffbetriebe haben schon wieder eine Preiserhöhung angekündigt, was meinem Chef sauer aufstößt. Er fliegt dreimal pro Woche mit dem Shuttle-Schiff um den halben Planeten. Aber vermutlich wolltest du das gar nicht wissen. Sag mal, was bringst du für Freunde? Sind sie von der Erde? Die berüchtigten Dudus, die beinahe eine Revolution angezettelt hätten?«

»Dodos. Ja, genau«, sagte Goliath. »Und zwei grüne Papageien.«

»Ach, jetzt sehe ich die beiden Sittiche«, sagte der Kakapo-Astronom. »Die sind aber klein und niedlich!«

Gei fühlte sich beleidigt. »Hey, du langes Elend!«, rief er. »Wie ist die Luft da oben?!«

»Keine Ahnung«, erwiderte der Kakapo. »Zum Glück kann ich nicht fliegen, denn du bist der Beweis, dass Höhenluft dem Gehirn schadet.«

Papa schüttelte den Kopf. »Typisch Männer.«

»Wenn die Herren«, sagte Birdie, »dann fertig sind, Nettigkeiten auszutauschen, können wir vielleicht unser Anliegen vortragen.«

»Na gut«, sagte der Kakapo. »Wie kann ich euch behilflich sein?«

»Wir wollen nach Hause telefonieren«, sagte Goliath. »Kleiner Scherz. Wie brauchen Informationen über die Schwerkraft von Planeten. Meine pummeligen Freunde hier möchten nämlich fliegen. Hältst du das für möglich? Oder eher zum Schreien komisch?«

»Ich begreife das nicht ganz«, sagte der Kakapo. »Im Weltraum können sie doch schwerelos umherfliegen.«

»Ach«, sagte Dirk, »das is' einfach nich' dasselbe. Und wir können nich' ewig im All bleiben. Wir suchen einen neuen Fleck, auf dem man leben kann ... wie hieß gleich das Wort?«

»Wohnort?«, kam Krummschnabel zu Hilfe.

»Eine neue Heimat?«, ergänzte Birdie.

»Ja!«, bestätigte Dirk. »Mann, wenn ich euch nich' hätte. Ihr seid Wörterbücher ... aber welche, die herumlaufen!«

»Wandelnde Wörterbücher«, sagte Birdie genervt.

»Ganz genau!«

»Hm«, brütete der Kakapo über den Wunsch der Dodos. »Konntet ihr auf der Erde gleiten, wenn ihr mit Anlauf von einer Klippe gesprungen seid?«

»Kein bisschen«, sagte Birdie. »Und die Knochenbrüche sahen nicht besonders appetitlich aus.«

»Okay. Demnach fallen alle bewohnbaren Planeten weg, die eine Fallbeschleunigung von mehr als fünf Meter pro Quadratsekunde haben.«

Krummschnabel nickte. »Zu diesem Ergebnis bin ich auch gekommen. Das ist etwa die halbe Erdanziehungskraft. Wie viele Planeten bleiben da übrig?«

Der Kakapo rief seine beiden Assistenten und beauftragte sie, die Experimente weiterzuführen, während er fort war.

»Dann kommt mal mit in unseren 3D-Sternenraum«, sagte er danach zu den anderen Vögeln.

Er führte sie durch einen Torbogen in den hinteren Bereich der Forschungsfläche. Über einen dunklen Korridor gelangten sie zu einer roten Tür, an der ein Zettel klebte.

»Führungen«, übersetzte Goliath, »für Besuchergruppen nur nach vorheriger Anmeldung. Dreißig Kronen pro Nase, Rüssel oder Schleimriecher. ... Oh, ich weiß gar nicht, ob wir hundertachtzig Kronen dabeihaben.«

»Kein Problem«, sagte der Kakapo. »Entfernten Verwandten helfe ich doch gern.«

»Wie heißt du eigentlich?«, fragte Goliath.

»Kiwi.«

»Aber ...«, begann Goliath, als er an den Kiwi dachte, eine völlig andere Vogelart aus Neuseeland.

Kiwi, der Kakapo, zuckte mit den Flügeln.

»So heiße ich nun mal«, sagte er. »Meine Eltern gaben mir absichtlich einen Namen, den man mit meinen Heimatinseln verbindet.«

Sie betraten einen runden Raum, dessen Durchmesser fünfzig Meter betrug. Das Dach hatte die Form einer Kuppel, und Krummschnabel wusste im selben Moment, dass er sich in einer gigantischen Sternwarte befand.

Kiwi schloss die Tür und strich mit seinem Flügel über ein paar Sensoren an der Wand.

»Computer«, sprach er in den Raum, »zeig uns die

holographische Projektion der Himmelskörper. Mandelmilchstraße Delta Vierzehn.«

Milliarden Planeten und Monde erschienen als kleine Punkte im Raum.

»Nur die bewohnbaren Planeten und Monde anzeigen«, sagte Kiwi.

Übrig blieben rund tausend beleuchtete Punkte.

»Verflixt!«, sagte Dirk. »So viele Welten und so wenig Zeit, um sie zu besuchen.«

»Jetzt«, fuhr Kiwi fort, »alle Objekte anzeigen, auf deren Oberfläche es eine Fallgeschwindigkeit von unter fünf Meter pro Quadratsekunde gibt.«

»Was is' denn jetz' auf einmal los?«, fragte Dirk. »Wieso seh' ich nur noch sechs Punkte?«

»So überraschend ist das nicht«, sagte Kiwi. »Du musst verstehen, dass bewohnbare Planeten eine gewisse Schwerkraft brauchen, um ihre Atmosphäre halten zu können. Aber immerhin habt ihr sechs Planeten zur Auswahl. Versucht euer Glück.«

»Krummi«, sagte Dirk, »du bist doch auch Astronom. Hättest du uns nich' vorwarnen können?«

»Wir sind schon drei Milchstraßen ohne Erfolg abgeflogen«, erwiderte Krummschnabel. »Damit war doch klar, dass es nicht viele Planeten gibt, auf denen wir fliegen können.«

»Jungs«, sagte Birdie, die es von der positiven Seite betrachtete. »Sechs Ziele sind immer noch besser als fünf. Dann haben wir wenigstens bald Gewissheit.« Sie drehte sich zum Kakapo. »Danke, Kiwi. Könntest du uns die Koordinaten ausdrucken?«

»Natürlich. Mache ich.«

Sie verließen das Observatorium und gingen wieder in den Laborbereich.

Als sie dort ankamen, erstarrten sie plötzlich.

Die Lettorts hatten einen Raumstrudel erzeugt und konnten ihn nicht kontrollieren. Er schwebte einen Meter über dem Boden, verschluckte leichte Objekte (wie zum Beispiel Pappteller mit Essensresten) und transportierte sie an einen unbekannten Ort.

Auf einmal drehte sich der Raumstrudel zu den Vögeln. Sie duckten sich, bis er sich von ihnen abgewendet hatte.

»Ganz ruhig stehen bleiben«, sagte Kiwi seiner Vogelschar. »Dann passiert euch nichts.« In Wahrheit hielt er es für denkbar, dass der Strudel sie alle verschlingen würde.

Kiwi sah seine Mitarbeiter hinter einem Computer kauern und lief unter den Labortischen zu ihnen. Danach ließ er sich von einem Lettort auf die Computertastatur heben.

Der Raumstrudel drehte sich erneut zu den Dodos und Papageien. Gei geriet in Panik. Er breitete seine Flügel aus und flog zur Decke.

»Nein!« rief Kiwi. »An der Decke gerätst du in den Sog des Strudels!«

Doch es war zu spät. Der Raumstrudel erfasste Gei und verschluckte ihn. Es hatte nur eine Sekunde gedauert.

»Wo ist er hin?«, rief Papa. »*Wo ist er hin?!*«

Kiwi tippte mit seinen Krallen hektisch auf der Computertastatur herum, bis es ihm gelang, den Raumstrudel mit einem Kraftfeld einzudämmen. Das Monstrum schrumpfte zusammen und löste sich auf.

»Wo ist er hin?« fragte Papa erneut. Dieses Mal klang sie verzweifelt. Ihr Bruder war spurlos verschwunden.

Birdie blickte traurig zu Krummschnabel, der mit offenem Schnabel ins Leere starrte.

»Nun ja«, sagte Kiwi und nahm ein Telefon vom Tisch. »Wenn das Experiment geglückt ist, taucht er auf der anderen Seite des Planeten auf. Ich rufe dort bei unserer Zweigstelle an.«

Er ließ es fünfmal klingeln, dann sprang der Anrufbeantworter an.

»Vielleicht machen sie ein Nickerchen«, überlegte Kiwi. »Sie waren bei unserem Sommerfest und sind erst heute früh auf ihre Halbkugel zurückgekehrt. Aber ich versuche es noch mal.«

Schließlich erreichte der Kakapo jemanden am anderen Ende der Leitung.

»Ja, hallöchen, hier ist Kiwi. Nein, ich bin keine sprechende Frucht. Ja, natürlich, ich lache immer wieder aufs Neue über euren dummen Witz. Sagt mal, ist bei euch zufällig ein Papagei eingetroffen? Wie er aussieht? Klein, grün ... *Ja*, grün wie das Innere einer Kiwi. Aber mit Schnabel und Flügeln. Bei euch ist gar nichts angekommen? Auch keine Essensreste und Pappteller? In Ordnung. Sagt uns Bescheid, falls der Papagei noch auftaucht oder Teile von ihm ... Was für Teile? Na, Federn zum Beispiel. Oder Füße. Oder ein Kopf. Okidoki, wir sehen uns dann in einem halben Jahr zum Sommerfest auf eurer Halbkugel.«

»*Teile von ihm?!*«, rief Papa wütend. »Wo ist mein Bruder?«

»Oh, tut mir leid«, sagte Kiwi. »Das war gemein von mir. Die Lettorts in unserer Zweigstelle reißen ständig blöde Witze und ich habe mich davon anstecken lassen. Deinem Bruder fehlen wahrscheinlich keine Körperteile. Trotzdem sind die Aussichten nicht rosig, befürchte ich. Er könnte überall im Universum gelandet sein, und somit ist es vorstellbar, dass er in den luftleeren Weltraum gezogen wurde. Wir werden weiter nach ihm suchen, aber macht euch bitte nicht zu große Hoffnungen.«

»Es war«, murmelte Dirk, »die Rede von Landurlaub. Warum macht Gei Urlaub im Weltraum?«

»*Dirk!*«, rief Birdie schockiert.

»Entschuldigt, ich hab' nich' richtig zugehört.«

Papa konnte die Tränen nicht länger zurückhalten.

Dirk und Birdie streichelten sie und versicherten ihr, dass sie noch nicht aufgeben würden.

»Vielleicht«, sagte Birdie, »wurde Gei ganz in der Nähe wieder ausgespuckt, weil er dem Raumstrudel nicht geschmeckt hat. Wir werden mit dem Schiff einen Umkreis von fünfzig Kilometern abfliegen. Und falls wir ihn hier nicht finden, fliegen wir auf die Süd… äh, Nordhalbkugel und suchen bei der Zweigstelle weiter.«

Papa nickte bedrückt, während Krummschnabel all seine Kräfte zusammennahm.

»Dann los«, sagte er. »Worauf wartet ihr noch? Lasst uns mit der Suche beginnen.«

Die Bestürzung war gewaltig unter den Papageien. Gei hatte großes Ansehen genossen, nachdem er beim Hängematten-Hüpfrennen den Preis für die meisten Knochenbrüche gewonnen hatte.

Die Offiziere waren ebenfalls erschüttert, und Nala verschob ihre Geburtstagsfeier auf unbestimmte Zeit.

Die Vögel suchten Gei in der ganzen Provinz Königsstadt (sowie im Großraum Tdatssginök auf der gegenüberliegenden Seite des Planeten), doch am Ende fanden sie nicht einmal eine Feder. Täglich riefen sie im Institut an, in der Hoffnung, dass es eine neue Spur gab.

Der Kakapo Kiwi übernahm die volle Verantwortung für die Fehler seiner trotteligen Lettorts, obwohl er nichts dafür konnte. Nach zwei Wochen teilte er den Dodos mit, dass sie aufgeben sollten. »Wir haben Krummschnabels Nummer und melden uns bei euch, falls wir einen grünen Papagei finden. Aber um es ganz offen zu sagen: Es besteht keine Hoffnung mehr. Tut mir leid. Nehmt euch die Zeit, euren Verlust zu verarbeiten.«

Die Offiziere und Papa saßen geknickt auf der Brücke. Dirk musste als Käpt'n die schwere Entscheidung treffen.

»Wir müssen weiterfliegen, meine Freunde«, sagte er an Papa und Krummschnabel gewandt.

Birdie pflichtete Dirk bei. »Wenn wir auf Berdeil bleiben, wird der König uns früher oder später irgendetwas anhängen. Ich bin mir sicher, dass er nur darauf wartet, sich an uns zu rächen. Wir sollten unsere Mission beenden.«

»Macht doch, was ihr wollt«, sagte Papa verbittert und flog in die Komm-Röhre.

»Oh, das arme Ding«, sagte Nala.

»Goliath?«, fragte Dirk. »Hast du noch die Planetenliste?«

»Die Liste benötigen wir nicht mehr«, sagte Goliath. »Fortituu kennt sie auswendig.«

»Ahoi!«, rief der Computer erfreut. »Das ist korrekt! Der Kakadu hat mir die Koordinaten gegeben, damit ich die schnellsten Seewege berechne. Ihr könnt die sechs Häfen innerhalb von drei Tagen ansteuern – sofern euch zwei Landgänge am Tag gelegen kommen. Morgen nach dem Frühstück habe ich euren ersten Landgang geplant. Anschließend Mittagessen, Mittagsschlaf, zweiter Landgang und Abendessen. Was sagt ihr dazu?«

Dirk hätte vor Freude fast ein Liedchen geträllert. »Du hast an meinen Mittagsschlaf gedacht? Ausgezeichnet, Fortituu! Ich ernenn' dich hiermit zu meinem Dritten Offizier: Nummer Dro!«

»*Wie bitte?!*«, fragte Nala.

»Was ist mit mir?« fragte Anton.

Dörtie schüttelte ungläubig den Kopf. »So fühlt sich das also an, wenn man bei Beförderungen übergangen wird.«

»Na gut«, sagte Dirk. »Dann gibt's eben keinen Dritten Offizier, wenn ihr neidisch auf Fortituu seid.«

Er drehte sich zum Chefingenieur, der bekümmert auf seinem Stuhl saß.

»Psst«, flüsterte Dirk. »Soll ich nach der Arbeit vorbeikommen? Wir können einfach abhängen wie früher. Ein bisschen was schnabulieren und 'nen schlechten Film schauen?«

»Nein«, antwortete Krummschnabel. »Ich will vorerst keinen Besuch in meiner Kabine haben. Ich brauche Zeit für mich.«

»Ok, kein Problem«, sagte Dirk verständnisvoll. »Gib mir Bescheid, wenn du Gesellschaft möchtest.«

In der Nacht trafen sich vier Papageien auf der Krankenstation zu einer Spielrunde. Heribert und Gayo wollten Papa von Geis Verschwinden ablenken. Als vierten Spieler hatte Papa den Kakadu mitgebracht.

Sie spielten *Papageichen ärgere dich nicht*. Es war eine Mischung aus Halma und Schach, aber mit Karten, und damit im Grunde nichts anderes als Mau-Mau.

»Tut mir leid«, sagte Goliath. »Auf Herz muss ich leider meine Sieben legen.«

Gayo hatte keine Sieben und musste sich zur Strafe einen Strohhut aufsetzen.

Papa hüstelte. »Heribert guckt dir schon wieder in die Karten, Gayo.«

Gayo legte seine Karten verdeckt auf den Boden und sah Heribert finster an. »Was hast du eigentlich für ein Problem? Kannst du nicht fair verlieren? Denn verlieren wirst du so oder so!«

»Unfair gewinnen wäre mir lieber«, antwortete Heribert grinsend. »Der Hut steht dir.«

»Bei *Papageichen ärgere dich nicht*«, sagte Papa, »könnte dir jeder seine Karten zeigen. Das hieße trotzdem nicht, dass es dir was bringt.«

»Warum ist das so?«, fragte Heribert und legte ein Ass. Goliath musste sich die Augen verbinden und blind weiterspielen.

»Es liegt daran«, erklärte Gayo, »dass man nicht vorhersehen kann, welche Karte ein Spieler als Nächstes ablegt, solange er mehrere Möglichkeiten besitzt. Nehmen wir mal an, ich hätte eine Herz-Sieben und eine Kreuz-Sieben auf dem Flügel. Dann wäre es mir doch egal, mit welcher der beiden Karten ich auf eine Karo-Sieben antworte. Aber meine Wahl hat unbekannte Auswirkungen auf die Entwicklung des Spiels.«

»Chaostheorie!« fiel es Papa wie Schuppen von den Augen.

»Nein«, erwiderte Gayo, »ich glaube nicht, dass sich die Chaostheorie auf unser Kartenspiel anwenden lässt, liebe Papa. Wir können aber mal unsere Hausärztin fragen.«

»Ja, Birdie ist wirklich sehr schlau«, sagte Papa. »Für einen Dodo.«

»*Meine* Fütterin«, sagte Heribert stolz.

Goliath fühlte sich vom Gespräch ausgeschlossen. »Kann mir mal jemand sagen, was die Chaostheorie ist?«

»Ich kann es dir bildlich erklären«, sagte Gayo. »Wenn auf Hawaii eine Schildkröte zu heftig mit ihrem Fuß ins Wasser schlägt, entsteht vor Mauritius eine Flutwelle. Das ist der sogenannte Schildkröteneffekt.«

»Du kennst«, warf Heribert ein, »Hawaii doch nur aus Berichten. Wir sind im Weltraum. Hier gibt's keine Schildkröten ...«

»Es ist auch nur ein Beispiel«, stöhnte Gayo.

»... und ein Meer gibt es hier auch nicht ...«, fuhr Heribert fort.

»Es soll doch nur als Veranschaulichung dienen!«

»... also kann auch keine Flutwelle entstehen ...«

»Deine Gedankengänge sind so umwerfend wie unnötig.«

»... denn Flutwellen bestehen bekanntlich aus viel Wasser«, redete Heribert weiter, »und damit ist deine Theorie völliger Unsinn. *Hey*, wo wollt ihr denn alle hin?«

Heribert saß plötzlich allein auf weiter Flur.

»Anscheinend«, blubberte er, »verkraftet es niemand mehr, wenn man ihn auf einen Denkfehler hinweist.«

Das Papageienkommunikationsröhrensystem war auch zur Schlafenszeit beleuchtet. Gayo brachte Papa noch nach Hause.

»Tut mir leid«, sagte Gayo, als sie über der Kabine standen. »Heribert hat uns den Spaß verdorben.«

»Schon gut«, sagte Papa traurig. »Richtig ablenken konnte ich mich ohnehin nicht.«

Gayo wollte ihr Mut machen. »Ich glaube nicht, dass Gei tot ist«, sagte er. »Er wird schon zurechtkommen auf Berdeil.«

»Er ist aber wahrscheinlich tot!«, entgegnete Papa und begann zu weinen. Sie drehte sich ohne ein weiteres Wort von Gayo ab und rutschte das Rohr zu ihrer Kabine hinunter.

Gayo legte den Kopf in die Flügel. »Ich Depp!«

Dirk wachte auf. »Was? Wo? Wieso?«, fragte er.

»Ich bin's nur«, sagte Papa schluchzend und flog zur ihrer Hängematte.

»Geht's dir gut?«, fragte Dirk.

»Nein!«, sagte Papa.

»Willst du darüber reden?«

»Nein!«

»Gei wird's schon schaffen«, sagte Dirk.

»Haltet doch einfach alle euren Schnabel!«, rief Papa.

»Tschuldigung«, sagte Dirk. Er drehte sich auf die andere Seite und schlief wieder ein.

»Dirk?«, fragte Papa.

»Was? Wo? Wieso?«

»Tut mir leid, dass ich dich angeschrien habe. Aber es ist besser, wenn du mich für eine Weile in Ruhe lässt. Ich brauche Zeit für mich allein.«

»Natürlich«, sagte Dirk.

»Ab sofort«, erklärte Papa.

»Geht klar.«

»Ab dieser Sekunde!«, winkte Papa mit dem Zaunpfahl.

»Äh.«

»Du kommst bestimmt bei einem deiner Offiziere unter.«

»Oh, verstehe«, sagte Dirk.

Er stand lustlos auf, schnappte nach seinem Kopfkissen und ging zur Tür.

»Gute Nacht«, sagte Papa zum Abschied.

»Jte Ncht«, murmelte Dirk mit dem Kissen im Schnabel.

Dirk bettelte bei Anton, Nala und Dörtie nach einem Schlafplatz, aber sie ließen ihn allesamt abblitzen. Birdie musste er nicht fragen. Er wusste, dass sie ihn nicht besonders gut leiden konnte.

Am Ende blieb ihm nur sein Sessel auf der Brücke.

»Ich bin von meinem eignen Haustier aus der Kabine geworfen worden«, brummte er und schloss die Augen.

Er war gerade eingeschlafen, als die Nachtwächter Notschna und Tjomny ihn wieder aufweckten.

»Wir haben Hunger. Hast du Futter?«, fragte Notschna.

»Nö«, sagte Dirk. »Könntet ihr mich bitte schlafen lassen?«

»Du hast doch Zugang zur Fresskammer!«, sagte Notschna. »Öffne die Kammer für uns, dann lassen wir dich in Ruhe.«

»Ihr könnt keine zusätzliche Ration bekommen. Essen wächst nich' auf Bäumen.«

»Doch, tut es!«, sagte Notschna.

»Stimmt«, sagte Dirk. »Aber wir haben keine Bäume an Bord.«

»Gib uns Geis Ration!«

»Die hat der Kakadu gefressen.«

»Dann gib uns deine!«

»Lasst mich in Frieden!«, rief Dirk.

»Erst Futter!«

Es war ein wundervoller Sonntagmorgen im Weltraum. Ruhig und friedlich. Das sanfte Licht eines bezaubernden roten Nebels schien durch die Fenster. Leider war niemand wach, um den Nebel zu bewundern. Die Dodos schliefen. Die Papageien schliefen. Die Gänse schliefen. Alles schlief. Auf der Brücke schnarchten sogar die Nachtwächter, deren einzige Aufgabe es war, wach zu sein.

Doch schon ein paar Minuten später, pünktlich um 5 Uhr, klingelte wie an jedem Morgen Birdies Wecker.

Als der Alarm ertönte, sprang die Ärztin buchstäblich an die Decke. Sie fiel wieder zurück ins Nest, griff mit ihrem Fuß nach dem Übeltäter und schleuderte ihn mit voller Kraft gegen die Wand. Der Wecker trug nicht mal einen Kratzer davon und lärmte fröhlich weiter. Er war unzerbrechlich. Krummschnabel hatte ihn für Birdie gebaut, nachdem sie in der ersten Reisewoche sieben Wecker verschlissen hatte.

Heribert war ebenfalls aus dem Schlaf gerissen worden und lag kopfschüttelnd in seiner Hängematte. Natürlich würde er in zwanzig Minuten wieder einschlummern, wenn sein Frauchen zur Arbeit fuhr. Der allmorgendliche Wahnsinn ging ihm dennoch auf den Weck... auf die Nerven.

»Birdie, der Wecker klingelt immer noch«, sagte Heribert und blickte zu ihr hinunter.

Ihr Kopf war unter einem Kissen begraben, aber zumindest streckte sie jetzt ihre Beine aus dem Nest. Ihre Füße tasteten den Boden ab, auf der Suche nach der Quelle des Lärms. Nach ein paar Sekunden wurden sie fündig.

Um den Alarm auszuschalten, musste Birdie zehnmal sanft auf den Wecker drücken. Ganze zehnmal. Irgendwann würde sie es Krummschnabel heimzahlen.

Sie streckte sich und riss ihre Augen auf, denn der

Sonntag war für sie auch nur ein Tag wie jeder andere. Trotzdem behielt ihre Müdigkeit noch die Oberhand.

»Du kommst nicht«, sagte sie sich, »um einen Sprung in die Wanne herum.« Ein eiskaltes Bad war ihr bislang einziges Mittel, um nach fünf Stunden Schlaf munter zu werden.

Wenn Birdie die Wirkung der gerösteten braunen Bohnen gekannt hätte, die Goliath heimlich in seinem Zimmer bunkerte, wäre sie zur diebischen Elster geworden. Sie hätte den Kaffee als *Medizin* beschlagnahmt, weil er ihr Leben bereits ab der ersten Tasse verbessert und verschlimmert hätte.

Nach dem Bad schüttelte sie sich trocken, wie ein nasser Hund, und putzte sich noch einmal gründlich mit ihrem Schnabel.

Halb sechs schaltete Birdie im Tierkrankenhaus ihren Rechner an. Während er ein langwieriges Update installierte, ging sie zum Wandschrank, um Verbandszeug für die Papageien zu holen. Sie sah in den Schrank und seufzte, weil er leer war. Keine sauberen Verbände. Sie hatte die Wäschekörbe mit den schmutzigen Verbänden am Vorabend abholen lassen, aber völlig vergessen, dass die Wäscherei am Sonntag nicht arbeitete. Für die Offiziere gab es keine freien Tage. Abgesehen von Birdie lief auch niemand Gefahr sich totzumachen.

In der Komm-Röhre würde heute kein Berufsverkehr herrschen, doch dafür machten die Papageien regelmäßig Sonntagsausflüge zu den Fitnessstudios und Tennisplätzen auf Deck Sieben. Birdie würde mit Sicherheit fünfzig Verbände benötigen.

Sie schloss den Wandschrank und verließ das Tierkrankenhaus mit schnellen Schritten. Zum Glück hatte sie ein Deck tiefer ihre Krankenstation für Dodos.

Als Birdie in das große Bettenzimmer lief, trat sie aus Versehen auf einen Strohhut. Neben dem Hut lagen Spielkarten auf dem Boden verstreut. Sie kamen ihr bekannt vor. *Ja, ist denn das zu fassen!*, dachte sie. *Ich besitze genau den gleichen Kartensatz! Und der kleine Strohhut ... Also das ist ja wirklich verrückt, denn mein Papagei hat auch so einen ...*

»Heribert!« sagte sie laut und verärgert. »Habt ihr heimlich mit meinen Karten gepokert?«

Sie bekam keine Antwort. Nicht im eigentlichen Sinne. Sie hatte auch gar nicht mit einer Antwort gerechnet, weil sie allein im Zimmer stand. Doch sie glaubte, dass sie ein gedämpftes Geräusch gehört hatte. Einen schwachen Klagelaut.

Sie schaute sich im Zimmer um, entdeckte jedoch nur die siebzig leeren Betten. *Nein, alles nur Einbildung. Ich bin allein.*

Nachdem sie das Kartenspiel und den Strohhut in ihrem Schreibtisch eingeschlossen hatte, öffnete sie den Wandschrank und atmete erleichtert auf. Fünfhundert Verbände würden eine Woche reichen.

Auf einmal wurde ihr unheimlich zumute.

Sie drehte ihren Kopf und sah auf das zweite Bett am Eingang. Und sie erschauderte. Unter dem Bettlaken bewegte sich etwas sanft auf und ab.

Vielleicht nur ein Palmendieb? Vielleicht nur eine Spinne?, machte sie sich Mut, während sie beinahe geräuschlos zu dem Bett schlich.

Als sie näher herantrat, konnte sie die Ausmaße des Körpers besser einschätzen. Das *Ding* war viel größer als ein Krebs oder eine Spinne! Birdie bekam Angst und wusste nicht, was sie dagegen tun konnte. Sie überlegte, wie ein Dodo normalerweise in solch einer Situation reagierte. *Ach ja, stimmt*, erinnerte sie sich und hielt sich an das Altbewährte.

Ihre panischen Schreie weckten das ganze Deck.

Dirk zitterte vor Angst unter seinem Laken. Da die Schreie nicht enden wollten, geriet er in Panik und begann ebenso aus vollem Hals zu schreien.

Plötzlich herrschte Stille.

Dirk atmete tief durch. Angriff war ausnahmsweise die beste Verteidigung gewesen. Er zog das Laken von seinem Kopf und erblickte die verschreckte Birdie. Als sie sich erkannten, schrien sie von Neuem das ganze Deck zusammen.

»Himmel, Aas und Zwirn!!!«, schimpfte Birdie. »Was zum Geier machst du hier?«

»Papa hat mich praktisch rausgeworfen«, erklärte Dirk.

»Oh. Sie braucht wohl ...«

»Zeit für sich«, beendete er ihren Satz.

»Jeder verarbeitet einen Verlust auf seine Weise«, sagte Birdie. »Sich abzuschotten hilft aber selten.«

»Erzähl das mal ihr und nich' mir.«

»Wie auch immer. Du musst dir eine andere Kabine suchen«, verlangte sie. »Hier kannst du nicht bleiben.«

»Wir haben aber keine freie Kabine mehr. Das Schiff is' komplett ausgebucht. Der Kakadu hat ein ganzes Zimmer für sich allein beansprucht, weil wir ihn nich' bezahlen. Dabei frisst er schon dreimal so viel wie unsre Papageien. Obwohl er nur doppelt so groß is', wohlgemerkt.«

»Dirk, der Kakadu bringt das sechsfache Gewicht von Heribert auf die Waage. Dafür frisst er eigentlich wenig.«

»Jedenfalls hab' ich keinen anderen Schlafplatz«, betonte er.

»Och«, seufzte Birdie. Ihr hilfsbereites Herz machte einen Vorschlag, der ihrem Verstand missfiel. Aber noch gab es sicher eine andere Möglichkeit. »Auf der Krankenstation muss alles steril bleiben. Warum fragst du nicht einfach Krummschnabel? Er hat ja nun mehr Platz.«

»Wie bitte?«, fragte Dirk.

Birdie biss sich auf die Zunge. »Das war dumm ausgedrückt. Aber er lässt dich bestimmt bei sich schlafen.«

»Er möchte im Moment auch allein sein«, erklärte Dirk. »Geis Verschwinden hat ihn sehr mitgenommen.«

»Was ist mit deinem Kapitänszimmer auf der Brücke?«, fragte sie.

»Umdekoriert zur Kabine des Kakadus.«

»Ach so, verstehe. Hm. Hmm. Hmmm. Nun ja, du schläfst manchmal tagsüber auf deinem Sessel ein. Wäre das nicht auch nachts was für dich?«

»Weißt du«, fragte Dirk, »wie unbequem man auf 'nem Sessel die Nacht verbringt?«

»Och! Dann schläfst du halt für ein paar Tage in meiner Kabine«, sagte Birdie und bereute es bereits. »Hoffentlich lässt Papa dich schnell wieder einziehen, sonst drehe ich vermutlich durch.«

»Und wo schläfst du dann?«, fragte Dirk.

»In meinem Nest natürlich«, sagte sie. »Du bekommst eine Hängematte neben Heriberts.«

»Meine Hängematte muss aber größer sein als die vom Papagei.«

»Das ist mir klar«, sagte Birdie augenrollend.

»Das is' echt nett von dir«, fand Dirk, der sein gefiedertes Leib aus dem Bett zwang. »Ich dachte immer, du kannst mich nich' leiden.«

»Ach, das ist noch untertrieben«, erwiderte Birdie lächelnd. »Ich kann dich nicht ausstehen, aber leider ist meine Nächstenliebe manchmal grenzenlos.«

»Da hab' ich aber ein Glück. Die andern Offiziere sind sauer auf mich, weil ich Fortituu befördern wollte.«

»Das war vielleicht eine Schnapsidee!«

»Meine erste dumme Idee auf der ganzen Reise«, behauptete Dirk.

»Aha«, sagte Birdie. »Möchtest du lieber im Frachtraum schlafen?«

Kapitel 12: Geschlüpft zum Überleben

Nach dem Frühstück flog die Besatzung zum Planeten Kronus, der nur 47 Prozent Erdbeschleunigung besaß. Die Dodos hegten große Hoffnungen, dass ihre Weltraumreise an diesem Tag endete. Birdie und Dörtie betrachteten Kronus' Messwerte und gaben grünes Licht für eine Außenmission.

Nala landete die Seekuh in einer Welt aus Schnee und Eis.

Wenn die Vögel die Temperaturen auf Roerlinga für Kälte gehalten hatten, wurden sie nun eines Besseren belehrt. Als sich die Frachtluke öffnete, fingen sie alle an zu bibbern. Die Sittiche und Gänse wanderten schnurstracks zurück in ihre warmen Nester.

Die Dodos unterdrückten diesen Drang für ihren Traum. Sie sahen Schnee, so weit das Auge reichte. Er bedeckte die Landschaft und achthundert Vogelfüße, die im weißen Nass versunken waren. Wie auf Befehl begann er nebenbei vom Himmel zu rieseln.

»Schneetropfen?«, fragte Nala.

»Schneeflocken«, sagte Goliath.

Dörtie sprang sich für ihr ersten Flugtest warm, während ihre Artgenossen sich dicht zusammendrängten (Gruppenkuscheln), um sich wie Kaiserpinguine vor dem eisigen Wind zu schützen.

Dirk kamen Zweifel.

»So leicht waren wir auf 'nem Planeten bisher noch nie«, bemerkte er. »Trotzdem fühl' ich mich wesentlich schwerer als bei Dörties Testerfolg im Frachtraum.«

»Ob wir fliegen können«, sagte Birdie, »ist nicht nur von der Fallbeschleunigung abhängig, sondern auch von den Lufteigenschaften. Der Auftrieb spielt eine wichtige Rolle. Wie gut trägt die Luft unsere Körper? Auf der Erde fallen eine Feder und ein Stein in einem Vakuum gleich schnell. In der normalen Luft sinkt eine Feder deutlich langsamer zu Boden.«

»Und wir haben viele Federn«, stellte Dirk fest.

»Ganz genau«, sagte Birdie.

»Halbe Schwerkraft, aber viel zu kalt zum Leben«, fasste Dirk es zusammen. »Befindet sich der Planet wirklich in der Lebenszone?«

»Natürlich«, erwiderte Birdie. »Sonst wären wir bereits erfroren. Unter dem Meereseis gibt es fließendes Wasser und sauerstoffspendende Pflanzen. Für eine Dauer von drei Monaten im Jahr sollten Temperaturen über zehn Grad herrschen, sodass an Land Fruchtpflanzen wachsen. In dieser Zeit müssen wir genug Vorräte für den langen Winter sammeln.«

»Neun Monate Winter?!«, fragte Dirk entsetzt. »Hier können wir auf keinen Fall bleiben. Wir sollten es lieber am Äquator versuchen.«

»Wir sind am Äquator«, sagte Birdie.

»Mach keinen Quatsch.«

»In allen anderen Regionen ist es zu kalt zum Leben.«

»Was du nicht sagst«, murrte Dirk. »Wir müssen auf diesem Eisplaneten für 'ne Klimaerwärmung sorgen, wenn wir hier leben wollen. Das bedeutet, ordentlich Treibhausgase in die Atmosphäre pumpen, indem wir alles anzünden, was brennt.«

Er entfernte sich ein paar Schritte von der wärmenden Gruppe und befahl Dörtie, den ersten Flugtest durchzuführen.

Dörtie breitete ihre Flügel aus, nahm zwei Meter Anlauf und sprang ab. Sie kam aus dem Schnee, sie sah auf den Schnee, sie lag in dem Schnee. Die Schwerkraft siegte.

Danach starteten die anderen Dodos Flugversuche – mit genauso großem Misserfolg. Dodernikus und Dodileo kritisierten sich gegenseitig für ihre Technik und gingen streitend auseinander.

Als Birdie die Astronomen sah, schoss ihr ein Gedanke durch den Kopf. Sie schlitterte auf plattgetretenem Schnee zu Dodernikus und fiel beim Abbremsen hart auf ihren Dodo-Popo.

»Hallo Dodernikus«, sagte Birdie, nachdem sie sich hochgerappelt hatte. »Als ich zur Schule ging, hat mein Geschichtslehrer erzählt, dass du nicht bloß ein großer Astronom und Mathematiker warst ... entschuldige, du lebst ja noch. Stimmt es, dass du auch ein erfahrener Arzt *bist*? Oder lag mein Lehrer da falsch?«

»Nein.«

»*Nein?*«, wunderte sich Birdie. »Auf welche meiner Fragen hast du jetzt mit Nein geantwortet?«

»Auf deine zweite natürlich«, sagte Dodernikus, »weil sie die erste gleich mit beantwortet.«

»Sehr schlau. Magst du mich unterstützen?«

Dodernikus nickte. »Ich habe seit Jahrzehnten nicht mehr als Arzt gearbeitet, aber ich helfe dir gern, wann immer Krummschnabel auf meine Erfahrung und Genialität verzichten kann. Benutzt man noch Hammer und Kneifzange für Herzoperationen?«

»Beim Jupiter!«, rief Birdie und fiel vor Schreck in unberührten Tiefschnee. »Vergiss es! Ich komme schon allein klar. Irgendwie.« Sie seufzte entmutigt und blieb einfach liegen.

Nach dem Mittagessen in der Kantine kehrten die Offiziere auf die Brücke zurück.

»Weiter geht's«, sagte Dirk. »Weckt mich, wenn wir auf dem Planeten Majestus ankommen.«

Die Pilotin wollte das Schiff starten, doch es wehrte sich.

»Heiliger Falkenschnabel!« rief Nala. »Die Antriebsdüsen sind eingefroren! Sie haben volle Energie, aber wir bewegen uns nicht.«

Dirk öffnete seine Augen wieder. »Was is' los? Wir können nich' weiterfliegen?«

Nala schüttelte den Kopf. »Die Triebwerke müssen sich erst wieder aufwärmen. Das kann dauern! Ich fürchte, dass wir eine Weile festsitzen werden.«

»Das versteh' ich nich'«, sagte Dirk und sah zum Chefingenieur. »Im Weltall is' es doch viel kälter. Warum sind die Triebwerke dort noch nie eingefroren?«

»Weil es im Weltraum«, sagte Krummschnabel, »keine Atmosphäre gibt. Wärme kann dort nur in Form von Strahlung verloren gehen. Hier auf Kronus liegt das Problem in der eisigen Luft und der hohen Luftfeuchtigkeit. Dagegen sind die Triebwerke nicht gefeit. Ich habe auch nicht vorhergesehen, dass wir in einer so kalten Gegend landen. Schnee kannten wir bisher nur aus Horrormärchen.«

»Na gut«, sagte Dirk seufzend. »Wie lange brauchen die Düsen, um warm zu werden? Deine Einschätzung, Krummi?«

»Ich gehe davon aus, dass sie in fünf bis zehn Stunden wieder Betriebstemperatur erreicht haben. Die zweite Außenmission können wir wahrscheinlich morgen Vormittag machen.«

»Du liebe Polly«, erschrak Dirk. »Wir verlieren 'nen halben Tag.«

Krummschnabel zuckte mit den Achseln. »Nach neun Wochen kommt es auf einen halben Tag Verzögerung auch nicht mehr an.«

Auf den nächsten vier Gesteinsplaneten war den Dodos ebenfalls kein Flugerfolg gegönnt, aber sie konnten hoch und weit springen, weshalb sie die Hoffnung nicht aufgaben. Es gab nur einen Haken: Allmählich gingen ihnen die Planeten aus.

Der vierte Tag seit ihrer Abreise von Berdeil war angebrochen, und die Seekuh befand sich auf dem Weg zur sechsten Welt.

»Guten Morgen«, sagte Dirk, als er kurz vor 11 Uhr auf die Brücke kam. »Wie lautet unser nächstes Ziel?«

»Brockus«, antwortete Nala. »Fortituu hat mir vor zwei Stunden die Koordinaten übermittelt – als unser Dienst begann, Käpt'n.«

Dirk sah sich um. Von seinen Offizieren waren allein Nala und Dörtie anwesend.

»Ich bin«, sagte er, »nur schwer aus den Federn gekommen. Birdies Wecker hat mich mitten in der Nacht aus dem Schlaf gerissen.«

»Mitten in der Nacht?«, fragte Dörtie.

»Ja, 5 Uhr! Is' das zu glauben? Sagt mal, meine Damen, wo steckt eigentlich Anton?«

Nala drehte sich zu ihm. »Notschna und Tjomny haben nach ihrer Schicht in der Kantine *gefrühstückt*. Mit anderen Worten: Sie haben die Küche geplündert.«

»Ach so«, sagte Dirk. »Das heißt, Anton ...«

»... wurde von wütenden Köchen zum Aufräumen verdonnert«, sagte Nala.

Birdie stieg aus dem Fahrstuhl und sah alles andere als glücklich aus.

»Dirk!«, rief sie. »Seitdem der Kakadu die Komm-Röhre benutzt, ist das Tierkrankenhaus noch voller als üblich!«

Goliath war so groß, dass bei seinem Flug durch die Komm-Röhre zu wenig Platz für den Gegenverkehr blieb. Die Sittiche wurden vom Kakadu jedes Mal gegen die Wände gedrückt.

»Ein Drittel unserer Haustiere«, fuhr Birdie fort, »klagt über Schmerzen. Wenn du mich fragst, sollte Goliath nur noch den Aufzug benutzen dürfen. Ich werde es ihm auch schonend beibringen.«

»Mach es so, Nummer Zwo«, sagte Dirk. Er hatte nicht zugehört.

»Du kannst«, drohte sie, »heute Nacht gern auf der Brücke schlafen, wenn du mich weiter ignorierst.«

»Entschuldige, ich hab' dir doch gesagt, dass du machen kannst, was du für richtig hältst. Du machst es doch am Ende sowieso!«

»Hm, da hast du natürlich Recht«, gab Birdie zu. »Trotzdem möchte ich, dass du mir zuhörst.«

»In Ordnung!«, sagte Dirk, »Ich bessre mich. Versprochen!«

»Na, wir werden sehen. Dann gehe ich mal Goliath suchen, denn die Mehrarbeit halte ich nicht lange durch.«

Sie eilte zurück zum Fahrstuhl.

»Wo willst du hin?« fragte Dirk.

»Sag mal, hast du mir schon wieder nicht zugehört?« stellte Birdie die Gegenfrage. »Ich habe dir eben gesagt ...«

»... dass du den Kakadu suchst«, sagte Dirk. »Aber seine Kabine is' doch dort drüben!« Er zeigte auf sein ehemaliges Kapitänszimmer auf der rechten Seite der Brücke.

»*Ah*«, sagte Birdie und machte kehrt. »Das hattest du erwähnt. Verzeihung. Ich muss mir schon zu viele Sachen merken.«

Sie stellte sich vor Goliaths Zimmer und hob ihren Fuß, um anzuklopfen. In diesem Moment öffnete der Kakadu die Tür und ihr Fuß landete in seinem Gesicht.

Goliath gähnte. »Euer lautes Gequatsche hat mich geweckt«, sagte er mürrisch.

»Es ist um elf«, warf Birdie ein.

»Ich bin ein Papagei.«

»Was hat das damit zu tun?«

»Mit Ausschlafen?«, fragte Goliath. »Gar nichts.«

»Ich kann dir nicht folgen«, sagte Birdie.

»Es heißt *Papageien*-Kommunikationsröhrensystem«, erläuterte Goliath. »Ein Kakadu ist ein Papagei und deshalb fliege ich durch die Röhre! Fahrstühle sind doof. Kapiert?«

»Und ich bin deine Vorgesetzte«, hielt Birdie dagegen. »Du benutzt ab sofort den Fahrstuhl! *Kapiert?*«

Goliath senkte den Kopf. »Ja, selbstverständlich, entschuldige,«, antwortete er kleinlaut.

»Prima!«, sagte Birdie fröhlich. »Dann kann ich mich jetzt um meine Patienten kümmern.«

Sie rannte zum Lift.

Dörtie rief Goliath von der anderen Seite der Brücke. »Komm mal bitte kurz zu mir!«

»Moment!«, sagte der Kakadu. »Zuerst muss ich Frühsport machen.«

Goliath flog ein paar hundert Runden im Kreis und nutzte dafür den gesamten Brückenradius. Danach landete er auf Dörties Schaltflächen und begann zu taumeln.

»Jetzt habe ich einen schlimmen Drehwurm«, sagte er. »In der Komm-Röhre wäre mir das nicht passiert.«

»Hast du noch mal über mein Angebot nachgedacht?«, fragte die Wissenschaftsoffizierin.

»Dörtie, zum letzten Mal: Ich stehe für eine Sittich-Kakadu-Kreuzung nicht zur Verfügung.«

»Hach, schade«, sagte Dörtie. »Dann brauch ich wohl ein anderes Hobby für unser neues Zuhause.«

»Ich hoffe, dass wir das Zuhause schnell finden«, gestand Goliath, »denn ich erwarte dort eine Lieferung.«

»Keine Sorge. Morgen erreichen wir unsere neue Heimat!«, war Dörtie überzeugt. »Brockus hat die niedrigste Gravitation von allen bewohnbaren Planeten, mit einer Fallbeschleunigung von 1,1 Meter pro Quadratsekunde. Dort bin ich fast 89 Prozent leichter als auf der Erde. Ich bin unter ähnlichen Bedingungen schon geflogen, kurz nach unserer Abreise. Das war zwar nur im Frachtraum, aber mit Auf- oder Rückenwind wird es noch viel einfacher! Oh, meine Polly, morgen bin ich berühmt. Ist das nicht irre? Der erste Dodo, der fliegen kann. Wuuuhuuu!«

»Du glaubst also, dass du die Mammutaufgabe bewältigen kannst?«, hakte Goliath nach.

»Was ist denn nun schon wieder ein Mammut?«, fragte Dörtie augenrollend.

»So etwas Ähnliches wie ein Elefant. Du weißt schon, der riesige graue Rüsselträger aus dem Restaurant, der den Universalübersetzer zertrampelt hat? Mammuts sind Verwandte von ihm und tragen braunes Fell.«

Plötzlich sah Dörtie den Kakadu durch schmale Augen an und lächelte bedrohlich. »Um ehrlich zu sein: Als Biologin interessiere ich mich mehr für das Sezieren von Tieren und weniger für die Tiere selbst. Gerade auf exotische Kreaturen war ich schon immer scharf.«

»Warum schaust du mich da so komisch an?«, fragte Goliath.

»Ich bin halt Wissenschaftlerin«, antwortete Dörtie. »Darum nimm es bitte nicht persönlich. Es ist einfach meine Pflicht, herauszufinden, ob die Eingeweide eines Kakadus genauso aussehen wie die unserer Papageien.«

»HILFE!«, schrie Goliath und flog zur Decke.

»Dörtie!«, riefen Dirk und Nala fassungslos, bevor sie ihre Kollegin vor Vergnügen kichern hörten.

Goliath seufzte und ließ sich wieder auf die Schaltflächen fallen. »Wirklich sehr witzig, haha.«

»Fand ich auch«, sagte Dörtie grinsend. »Aber jetzt noch mal zu den Mammuts. Stammen die von der Erde? Müssen sie ja eigentlich, wenn sie mit den Elfants verwandt sind.«

»*Elefanten*«, sagte Goliath. »Ja, Mammuts lebten ursprünglich auf der Erde, bis sie dort vor ein paar Jahrtausenden ausstarben, weil es ihnen zu warm wurde. Zum Glück gehörten sie auch zu den ersten Tieren, die von den alten Kuukariern entführt wurden.* Es gilt als äußerst schwierig, ein Mammut zu bezwingen, weil es so groß ist.«

---

* Die Nachkommen entführter Mammuts leben auf Äona, einer kalten Welt am Ende der Mandelmilchstraße, wo sie von den Nachkommen entführter Säbelzahntiger gejagt werden.

»Und deswegen nennst du meine Mission eine Mammutaufgabe, verstehe«, sagte Dörtie. »Aber du wirst schon sehen, wie ich der Schwerkraft trotze. Wäre doch gelacht, wenn nicht!«

Die Planeten Brockus und Krong erschienen vor ihnen. Krong bot einen seltenen Anblick, denn er hatte aufgrund seines roten Gesteins und seiner blauen Ozeane eine rotblaue Oberfläche. Mit hundertfünfzig Prozent Erdanziehungskraft kam er für die Dodos aber nicht als Wohnort in Frage.

Nala schaltete den Autopiloten aus und steuerte die Seekuh in Brockus' Umlaufbahn.

Als die Vögel Brockus betraten, wurde ihnen extrem warm ums Herz. Birdie zog ein Thermometer aus ihrem Federkleid, das innerhalb weniger Sekunden auf 45 Grad kletterte, obwohl die beiden Sonnen hinter dichten Wolken verborgen waren. Nala war nicht etwa in einer subtropischen Wüste gelandet, sondern am Südpol, in der kältesten Region des Planeten.

Die Mannschaft sah auf die halb vertrocknete Graslandschaft. Goliath entdeckte einen kleinen Obststrauch, der sich sehr einsam fühlen musste.

Anton atmete schwer. »Der Sauerstoff ist hier ziemlich knapp.«

»Ach«, sagte Goliath, »ich finde ihn ausreichend.«

Die Papageien begannen vergnügt durch die Gegend zu hüpfen, als wäre der Planet ein gigantisches Trampolin. Aber wie bei jedem Hobby, das sie ausübten, war ein Unfall vorprogrammiert. So stieß Goliath mit drei Sittichen in der Luft zusammen und fiel unglücklich auf seinen Flügel.

Die Dodos bekamen davon nichts mit. Sie beobachteten

aufgeregt, wie Wissenschaftsoffizierin Dörtie sich in Startposition stellte.

»Gib ihr Saures!«, rief Anton, der seine Telefonkamera bereithielt, um den historischen Moment für die Nachwelt festzuhalten.

»Wem soll ich Saures geben?«, fragte Dörtie irritiert.

»Der Schwerkraft!«

Dörtie zuckte mit den Achseln und richtete ihre volle Konzentration auf die Mammutaufgabe, wie Goliath es genannt hatte. Sie würde der erste Dodo sein, der am Himmel flog.

Dies ist der Augenblick, dachte sie, *in dem ich mir ein Denkmal setze und mich unsterblich mache! Meine Chance, in die Annalen einzugehen und Geschichte zu schreiben! Okay, vermutlich war das jetzt doppelt doppeltgemoppelt, aber egal.*

Mit einer Mischung aus laufen und hüpfen, die nur bei geringer Schwerkraft möglich war, setzte sich Dörtie in Bewegung. Sie »laufhüpfte« mit flatternden Flügeln die Startbahn entlang, während sie von ihren Artgenossen angefeuert wurde.

Meine große Stunde ist gekommen, wusste Dörtie. *Dies ist der Augenblick!*

Sie sprang aus dem Gras, flog fünf Meter – dem Boden so nah, dem Himmel so fern – und machte eine Bauchlandung auf dem einzigen grasfreien Fleck weit und breit.

Die Menge verstummte und die Kameras verschwanden in den Federkleidern.

Dörtie lag am Boden. »Die Luft ist viel zu dünn für Sport!«, keuchte sie und machte keine Anstalten, wieder aufzustehen.

Die übrigen Dodos schämten sich für Dörties blamablen Auftritt. Doch auch sie bekamen Probleme, sobald sie ein Fuß vor den anderen setzten.

»Da … bleibt«, sagte Krummschnabel, »einem … ja … die … Luft … weg.«

»Anscheinend«, sagte Birdie, »benötigen ... wir ... mehr ... Sauerstoff ... als Papageien ... weil ... wir ... *größer* ... sind.«

»Zurück ... aufs Schiff!«, rief Dirk. »Und nimmt ... mal jemand ... Dörtie mit ... Sie is' ... auf dem Boden ... eingeschlafen.«

Die Besatzung schlich die Rampe hinauf.

Birdie und Krummschnabel fuhren mit dem verletzten Goliath auf die Krankenstation, während ihre Kollegen auf die Brücke zurückkehrten.

»Das war ja mal ein Schuss in den Ofen«, sagte Dörtie, als sie wieder auf ihrem Platz saß.

»In der Tat«, sagte Anton.

»Fortituu?« fragte Dirk. »Gib Nala die Koordinaten für den nächsten Planeten.«

»Hallihallo!«, meldete sich der Schiffscomputer. »Das war der letzte Planet mit geringer Schwerkraft.«

»Was? Das kann's doch nich' gewesen sein«, sagte Dirk.

»Und ob!«, sagte Fortituu. »Ihr habt nicht mitgezählt? Kronus, Majestus, Steinus, Felsus, Rockus und Brockus. Sechs Planeten.«

»Oh nein«, erschrak Nala. »Und nun?«

»Ach Leute, nehmt es nicht so schwer«, piepte Fortituu. »Matrosen, wie ihr es seid, sind auf der See zu Hause. Ihr könnt die Schwerkraft ausschalten und durchs Schiff schweben. Nur Fliegen ist schöner. Hoppla, sorry.«

Dirk seufzte. »Wir wollen nich' unser ganzes Leben auf dem Weltallschiff verbringen. Ich will nich' durch Räume schweben, ich will zu den Wolken fliegen.«

»Du«, spöttelte Fortituu, »kannst ja der Galaxis noch die Gründung einer Hafermilchstraße anbieten und ein paar Milliarden Sterne herzaubern.«

»Nee, lass mal«, sagte Dirk genervt.

»Segelt einfach weiter. Immer weiter dem Sonnenuntergang entgegen! Wenn ihr mich nun wieder entschuldigen würdet. Piep.«

Die Niedergeschlagenheit verbreitete sich wie eine Seuche auf der Brücke.

»Lasst uns«, sagte Dörtie, »irgendwo ins weite, trostlose Nichts fliegen. Zurück nach Mauritius kann ich nicht.«

»Die Schmach wäre viel zu groß«, pflichtete Anton ihr bei.

Dörtie wiederholte Fortituus letzte Worte und schnaubte verächtlich. »*Segelt einfach weiter. Immer weiter dem Sonnenuntergang entgegen*... Pah! Wisst ihr, wo die Sonnen wirklich untergehen? Für immer?«

Dirk nickte. »Ich weiß, was du meinst. Nala, setz Kurs auf das schwarze Dingsbums im Zentrum der Milchstraße.«

»Du meinst das Schwarze Loch?«, fragte die Pilotin. »Krummschnabel nannte es *Vielfraß*, nicht wahr?«

»Ja, genau«, sagte Dirk. »Ein Schwarzes Loch war das. Ich möchte wissen, ob es tatsächlich so schön is', wie Krummi glaubt.«

»Aye, Käpt'n.«

»Hoffen wir«, ergänzte Dirk, »auf 'nen Anblick, der unsre Stimmung hebt.«

Dörtie zuckte gleichgültig mit den Achseln. *Wenn das Schwarze Loch unsere Stimmung nicht hebt*, dachte sie, *fliegen wir eben hinein*. Sie legte ihre Füße auf die Schaltflächen, schloss ihre Augen und sagte: »*Klatsch!* macht es an der Wand. Es ist vorbei, Spiegelei.«

Birdie schlug sanft mit einem Hammer auf Goliaths linken Flügel.

»Ein Stückchen weiter hinten«, sagte Goliath.

Krummschnabel lief wieder einmal nachdenklich auf

und ab, wenn auch zum ersten Mal auf der Krankenstation.

»Wir«, sagte er, »könnten es noch auf Planeten anderer Galaxien versuchen.«

Goliath schüttelte den Kopf. »Dazu müssten wir aber erst aus unserer Galaxie herauskomm… Aua! Pass doch auf!«

»Hab dich nicht so«, erwiderte Birdie. »Dein Flügel ist nur leicht verdreht und nicht gebrochen.«

»Raumstrudel!«, rief Krummschnabel. »Auf Berdeil. Der grüne Riesenpapagei …«

»Kakapo«, hauchte Goliath mit schmerzverzerrtem Gesicht.

»… wollte Raumstrudel erzeugen«, sagte Krummschnabel. »So können wir in andere Galaxien gelangen!«

»Und was mit deinem Haustier Gei passiert ist, hast du wohl vergessen?«, fragte Goliath wenig einfühlsam.

Birdie hüstelte. »Wohl eher verdrängt«, sagte sie. »Meine Diagnose. Tut mir leid.«

»Schon gut«, sagte Krummschnabel. »Ihr habt ja recht. Aber wir können noch die hochentwickelten Pilze fragen, ob sie mit ihren Teleports eine Möglichkeit sehen.«

Goliath konnte ihm nicht mehr folgen. »Teleports? Hochentwickelte Pilze? Ich glaube, ich steh auf dem Schlauch.«

»Maroner. Von ihnen hatten wir den Universalübersetzer. Eins steht jedenfalls fest: Kein Dodo wird nach Mauritius zurückgehen wollen. Der Spott unserer Mitbürger war schon vor unserer Abreise unerträglich.«

»Wohl wahr«, sagte Birdie. Sie stand auf ihrem rechten Bein und wickelte mit ihrem linken einen Wundauflage um Goliaths Flügel. Für sie war es eine Routinehandlung, weshalb ihre Augen zum Fenster wanderten.

»Wir fliegen mit Worp«, bemerkte sie.

Krummschnabel sah aus dem Fenster. Die Sterne rasten an ihnen vorbei.

»Mit maximaler Worpgeschwindigkeit sogar«, sagte er.

»Aber wohin?«, wunderte sich Birdie. »Fortituu, wie lautet unser neues Ziel?«

»Ahoi!« meldete sich der Schiffscomputer. »Es sieht so aus, als ob wir mit *Volldampf* in das Schwarze Loch im Galaktischen Zentrum *segeln*! Dumme Idee, wenn ihr mich fragt. Ihr solltet mal ratzfatz den Anker werfen!«

Die drei Vögel rannten zu den Fahrstühlen.

»Noch eine Minute und fünf Sekunden«, sagte Nala, »bis wir in den Sog des Vielfraßes geraten. Ich muss bald bremsen.«

Sie sahen die Umrisse des Schwarzen Loches. Ein dunkler Kreis, der von dicken Lichtwellen scheinbar umrandet und halbiert wurde. Es war eine Sinnestäuschung – eine verzerrte Sicht der Dodos auf den Vielfraß, weil seine gigantische Masse Raum und Zeit krümmte.

Das Schwarze Loch riss Materie und Sternenlicht an sich wie ein unbarmherziges, nimmersattes Ungeheuer.

Die Augenweide raubte den Offizieren den Verstand.

»Wundervoll«, sagte Dörtie.

»Wir sollten langsam bremsen«, sagte Dirk verzaubert.

»Ja«, sagte Nala, in deren Augen sich das Schwarze Loch spiegelte. »Das sollten wir wirklich tun.«

Bremsen wird völlig überbewertet, flüsterte eine dunkle, anziehende Stimme den Offizieren ins Ohr. *Kommt zu mir, dann werden alle eure Wünsche erfüllt. Ich lasse euch fliegen, so wie ihr es euch immer erträumt habt.*

Niemand war in der Lage sich zu bewegen. Begeistert starrten sie auf das drohende Unheil, das sie in einen Bann gezogen hatte, aus dem sie sich nicht mehr befreien konnten.

Am anderen Ende des Schiffes hastete Krummschnabel aus dem Fahrstuhl. Er sprang über das Treppengeländer und landete eine Ebene tiefer neben der Worpmaschine. Doch er stand auf der falschen Seite. Ohne zu zögern warf er sich auf die Maschine und rutschte über ihre glatte Oberfläche. Er fiel auf der anderen Seite herunter und sah das Pedal, das er am Fuß der Maschine angebaut hatte. Darüber klebte die Notiz: »WorpNotbremse. Denk nicht mal im Albtraum daran!«

Krummschnabel zuckte mit den Achseln. Er ignorierte seine eigene Warnung und trat in letzter Sekunde auf die Bremse.

Ruckartig zerrte das Schiff an der Raumzeit und die Warpblase zerplatzte.

Die Seekuh wurde durch den Raum geschleudert und wirbelte um ihre Achse, als jagte sie ihrer eigenen Schwanzflosse hinterher. Das Schwarze Loch verlangsamte ihren Kreisflug, zog sie jedoch näher zu sich. Der Besatzung blieben läppische dreihundert Kilometer, um dem Vielfraß mit dem altmodischen Düsenantrieb zu entkommen.

Auf der Brücke waren die Offiziere kräftig durchgeschüttelt worden.

»Ich habe nix gemacht!«, beteuerte Nala. »Was ist mit uns passiert? Ich kann mich nicht erinnern, warum wir hier sind. Oh, nein! Der Antrieb funktioniert nicht mehr! Jemand muss die Worp-Notbremse betätigt haben. Und der Maschinenraum hat auch den normalen Düsenantrieb abgeschaltet!«

»Aber warum?«, fragte Dirk, der wie seine Offiziere aus einem Dämmerzustand erwacht war. »Wenn ich Krummi zu fassen kriege.«

»Leute!«, sagte Dörtie. »Sind wir nicht ein bisschen zu nah am Schwarzen Loch?«

Birdie kam aus dem Fahrstuhl gestürmt und stauchte ihre Kollegen schon von weitem zusammen.

»Seid ihr denn von allen guten Geistern verlassen?!«, rief sie. »Wie kann man nur so dumm sein!«

Goliath hechelte hinterher und blies ins gleiche Horn: »Also echt mal! Ihr seid doch keine selbstmörderischen Lemminge!«

»Äh ... genau«, sagte Birdie. »*Wir sind Dodos! Geschlüpft zum Überleben!*«

Nala erinnerte sich nun. »Aber ... aber«, stammelte sie. »Es war wie ... in einem bösen, wunderschönen Traum.«

»Es gibt immer einen neuen Traum«, sagte Birdie. »Nur weil es mit dem Fliegen nicht klappt, müsst ihr nicht gleich die ganze Mannschaft in den Abgrund reißen!«

»Das wollten wir auch gar nicht«, sagte Dörtie, die versuchte ihre Gedanken zu sortieren. »Zugegeben, mir war vor einer halben Stunde alles egal. Ich war niedergeschlagen. Ab morgen hätte ich mich krankgemeldet, ein paar Tage mit meinen Büchern im Nest verbracht und danach wäre wieder alles in Ordnung gewesen. Wie man es halt macht, um neue Kraft zu tanken. Aber das Schwarze Loch ist mir nicht ganz geheuer. Es hat meinen Kummer gespürt und mir versprochen, mich glücklich zu machen. Ich habe noch nie an Magie geglaubt, aber das war *seltsam.*«

»Ach?«, fragte Birdie spitz. »Jetzt ist also das Schwarze Loch an allem schuld?«

»Ja!«, erwiderten Anton und Nala.

Dirk nickte. »Ich hab's auch so empfunden.«

»Sag ich doch«, fügte Dörtie an.

Damit hatte Birdie nicht gerechnet.

»Eigenartig, dass ihr mal alle einer Meinung seid«, fand sie.

Kommt zu mir, sagte die dunkle, anziehende Stimme. *Ich armes schwarzes Ding bin ganz allein.*

»*Oh*«, sagte Birdie traurig. »Das Schwarze Loch ist sehr einsam. Vielleicht sollten wir mal kurz zu ihm fliegen und es trösten ... *Was zum Krubbermarf!*«, wiederholte sie Smocks Ausdruck. »Das Schwarze Loch will uns verschlingen. Es benutzt schwarze Magie!«

»Das ist unwissenschaftlich«, sagte Goliath. »Schwarze Magie gibt es nicht.«

»Ja, ja, natürlich, ich weiß«, erwiderte Birdie unsicher. »Alles Einbildung.«

»Dieser verzaubernde Anblick«, sagte Nala und deutete auf das Brückenfenster, das nur den leeren Weltraum zeigte. »Also, ich meine das Schwarze Loch, das gleich wieder auftaucht, wenn die Seekuh ihre Runde gedreht hat. Hach, da ist es ja. Wir sollten nicht mehr direkt hineinschauen, sondern es nur aus den Augenwinkeln beobachten. Ich will nicht sterben!«

»Spitze«, sagte Fortituu. »Das will ich auch nicht. Darum wollte ich euch mal lieb drauf hinweisen, dass das Schiff noch auf den riesigen schwarzen Meeresstrudel zuströmt.«

»Fortituu«, sagte Birdie schnell, aber ohne Panik, »gib Krummschnabel Bescheid, dass er die Antriebsdüsen einschalten soll.«

Der Computer erklärte den Vögeln, dass es im Maschinenraum keine Lautsprecher gab. Außerdem hatte in seiner Jobbeschreibung nichts von *Nachrichten überbringen* gestanden.

Goliath fackelte nicht lange. Mit seinem kräftigen Schnabel löste er seinen Verband und schüttelte ihn vom Flügel. »Ich bitte um Erlaubnis, für diesen Notfall die Komm-Röhre benutzen zu dürfen.«

»Nein«, sagte Birdie. »Du musst deinen Flügel schonen. Ich fahre in den Maschinenraum.«

»Dann eben ohne Erlaubnis. Heute will ich der Held sein«, sagte Goliath und flog in die Komm-Röhre.

Die Seekuh schwamm durch die Weiten des Raums.

Zwei Tage waren vergangen, seitdem die Vögel um ein Haar ihr blaues Wunder im Schwarzen Loch erlebt hatten.

»Wie lange noch bis zur Mandelmilchstraße?«, fragte der Käpt'n.

»So um die siebzigtausend Jahre«, antwortete Nala. »Wessen Idee war es gleich gewesen, zu einem Schwarzen Loch zu fliegen?«

Der Worpantrieb war nach der Notbremse außer Betrieb.

»Du hast mitgemacht!«, erinnerte Dirk seine Pilotin.

»Ja, schon«, gab Nala zu. »Ein Käpt'n steht jedoch in der Pflicht, weise und verantwortungsbewusst zu handeln.«

»Echt jetz'?«, fragte Dirk verwundert. »Warum hat mir das nich' mal eher jemand gesagt? Ich dachte immer, man muss schnelle Entscheidungen aus dem Bauch heraus treffen können. Weise handeln? Dann war ich für den Job ja völlig ungeeignet.«

»Ja«, sagte Anton. »Und zwar vom allerersten Tag an.«

Nala und Dörtie nickten stumm. Danach kramte die Pilotin ihr Telefon aus dem Federkleid.

»Wollt ihr«, fragte sie, »noch einmal Dörties großen Moment sehen?«

Die Offiziere versammelten sich um Nalas Platz und schauten sich ein Video von Dörties missglücktem Flugversuch auf Brockus an.

»Keine historischen Filmaufnahmen«, sagte Nala, »aber immerhin etwas zum Lachen.«

Dörtie machte Anton schöne Augen. »Hast du nicht auch ein Video gemacht, mein Piepmatz?«, fragte sie.

»Ja«, erwiderte Anton schüchtern. »Aber ich war mit nicht sicher, ob du es sehen wolltest ... mein *Vöglein.*« Er legte sein Flügelchen auf ihren Rücken.

»Ach, na klar«, sagte Dörtie und begann zu strahlen. »Ich kann auch mal über mich selbst lachen.«

Während das Schiff auf Autopilot weiterflog, fand sich die gesamte Besatzung im Frachtraum ein. Die Dodos hatten per Briefwahl darüber abgestimmt, wo sie sich dauerhaft niederlassen wollten.

»Na, Krummi, altes Haus«, versuchte Dirk sich bei seinem Chefingenieur einzuschleimen. »Wie geht's, wie steht's? Wann is' der Worpantrieb wieder ganz?«

»In zehn Stunden«, sagte Krummschnabel.

»Supi, ich geb' dir zwanzig Stunden.«

»Ist ja gut, ich schaffe es auch in fünf.«

»Guter Junge!«, freute sich Dirk.

Anton Pawlowitsch stellte das Ergebnis der Wahl vor. Er räusperte sich. »Alle 400 Dodos waren stimmberechtigt. Abgegeben wurden 401 Stimmen. Das Votum fällt jedoch so eindeutig aus, dass mir der Wahlbetrüger herzlich egal ist. Zuerst die gute Nachricht: Niemand will nach Mauritius zurückkehren.«

Alle Dodos jubelten, während über einhundert Papageien buhten.

»Nur eine kleine Minderheit an Papageien«, sagte Anton. »Würden die Herrchen und Frauchen ihre Haustiere bitte unter Kontrolle bringen?«

Man teilte Anton mit, dass Notschna und Tjomny die Rädelsführer waren.

»Es liegt an ihrem Schlafmangel«, erklärte Anton achselzuckend. »Kommen wir wieder zum Wahlergebnis. 56 Dodos möchten sich auf Berdeil ansiedeln und vom König unterdrücken lassen. Die überwältigende Mehrheit – mit 344 Stimmen – bevorzugt es, zu den gastfreundlichen Pilzen auf Roerlinga auszuwandern.«

Dörtie rannte schreiend aus dem Frachtraum. »Ich will nicht in den Knast! Ich will nicht in den Knast!«

Anton hielt einen Augenblick inne, bis seine Freundin nicht mehr zu hören war.

»Und eine Person«, fuhr er fort, »hat *Neuguinea in Asien* auf seinen Wahlzettel geschrieben und dort sein

Kreuz gesetzt. Da haben wir ja unseren Wahlbetrüger. Goliath, Haustiere sind nicht stimmberechtigt.«

»Was zum Geier?«, wunderte sich der Kakadu. »Ich bin kein Haustier! Ich gehöre niemandem!«

»Ein Kakadu«, sagte Anton, »ist ein Papagei und damit ein Haustier. Auch ohne Besitzer. Basta.«

»Hmm«, überlegte Goliath. »Dann gehöre ich mir selbst? Damit kann ich leben. Allemal besser, als Untertan zu sein. Es ist erschreckend, dass sechsundfünfzig Dodos die Tyrannei auf Berdeil bevorzugen. Dort verliert man schon den Kopf, wenn man dreimal beim Falschparken erwischt wird.«

Niemand hatte Goliath zugehört. Diese Erfahrung machte er inzwischen überall auf dem Schiff, wenn er über Berdeils Schreckensherrschaft sprach.

»Ich muss angenehmere Gesprächsthemen finden.«

An den Fahrstühlen gesellte sich Birdie zu Dirk und Krummschnabel.

»Roerlinga ist eine gute Wahl«, sagte sie. »Es wird allerdings schwer, Präsident Maronhat zu überzeugen, weil wir Dörtie nicht ausgeliefert hatten.«

Krummschnabel nickte. »Sie wird nicht auf Roerlinga willkommen sein.«

»Aber«, sagte Dirk, »um Maronhat milde zu stimmen, kann Dörtie sich doch mal für ihre Mannschaft opfern. Sie wandert bestimmt nur ein paar Jahre ins Gefängnis.« Er sah zu Birdie. »Außerdem hat sie ’ne tolle Anwältin und Psychologin.«

»Schleimer«, sagte sie lächelnd. »Nun, zumindest hat Dörtie in ihrem Wahn niemanden umgebracht. Es wird trotzdem eine Herausforderung, ihre Unzurechnungsfähigkeit vor Gericht zu beweisen. Macht euch keine Sorgen, ich bekomme das schon irgendwie hin. Weil ich gut bin.«

Kapitel 13: Flieg in Frieden

Die Seekuh flog am nächsten Tag zur Welt Roerlinga, nachdem Krummschnabel die Worpmaschine in Rekordzeit repariert hatte.

Dörtie hatte sich in ihre Kabine verkrümelt und war nicht zum Dienst auf der Brücke erschienen.

Ihr Käpt'n war darüber alles andere als erfreut.

»Sie hat auch keine Krankmeldung abgegeben«, sagte er. »Dann muss ich ihr wohl 'ne Rüge aussprechen.«

»Mann«, staunte Goliath, »bei euch geht's vielleicht harmonisch zu. Im Königreich blüht einem Offizier sofort ein Erschießungskommando.«

»Goliath, bitte«, sagte Nala gereizt. »Wir kommen eben aus einer fortschrittlichen Gesellschaft. Du musst nicht immer Vergleiche zum Reich eines Tyrannen ziehen. Käpt'n, wir sind in sieben Minuten da.«

»Na super«, sagte Dirk. »Jetz' soll ich wohl die Verhandlungen mit Maronhat alleine führen, oder was? Wo sind mein Erster Offizier und Nummer Zwo, wenn ich sie mal brauche? Diese Faulenzer.«

Goliath räusperte sich. »Sie stehen voll und ganz hinter dir.«

»Na, das will ich doch hoffen«, sagte Dirk. »Ansonsten wär's Meuterei.«

»Dreh dich um!«, sagte Nala.

Dirk tat wie ihm geheißen. Sein Blick fiel auf seine beiden höchsten Offiziere. In Verlegenheit brachte ihn das noch lange nicht.

»Na sowas!«, sagte er. »Wo kommt ihr denn auf einmal her? Ich hab' euch gar nich' kommen gehört.«

»Offensichtlich«, sagte Birdie mit schmalen Augen und bösem Blick.

»Wir sind gerade angekommen«, erklärte Krummschnabel, »und wollten uns nicht in euer Gespräch drängen.«

»In Zukunft«, sagte Dirk, »setzt ihr euch gleich auf eure Plätze, wenn ihr auf meine Brücke kommt.«

»Ja, ja, Dirk«, sagte Birdie grinsend.

»Das heißt: Jawohl, Käpt'n.«

»Ja, ja, Dirk. Du bist nur noch für sechs Minuten Käpt'n. Und dann werfe ich dich aus meiner Kabine.«

Sie erreichten Roerlingas Sonnensystem und Krummschnabel zückte sein Telefon aus seinen Federn.

»Es ist sicher besser, wenn wir anrufen«, sagte er, »und kurz erwähnen, warum wir hier sind.«

»Zu spät!«, rief Anton. »Ein Begrüßungskommando ist bereits zu uns unterwegs!«

»Das is' ja nett«, sagte Dirk. »Ich hatte eher Bomben erwartet.«

»Glückwunsch«, sagte Nala. »Das Begrüßungskommando sind vier Kampfjets. Schön, dass es dich nicht überrascht, Käpt'n. Was machen wir jetzt? Wieder umdrehen?«

Plötzlich klingelte Krummschnabels Telefon. Er sah zu Birdie. Sie nickte.

»Schalt auf Lautsprecher«, sagte sie. »Ich regele das.«

Maronhat verzichtete dieses Mal auf jedwede Begrüßung. »Was wollt ihr hier?«, fragte er.

Die vier Kampfjets hatten die Seekuh in Roerlingas Umlaufbahn eingekreist.

»Einen wunderschönen Guten Tag«, sagte Birdie. »Vielen Dank, Herr Präsident, dass du vier silberne Kampfjets als Eskorte zu uns geschickt hast. Mir ist bewusst, dass unser heutiger Besuch nach der plötzlichen Abreise eine unerwartete Überraschung für dich darstellt ...«

Dirk verdrehte die Augen, weil Birdie so hochtrabend sprach.

»... doch wir möchten dir, als Zeichen unserer Anerkennung, etwas schenken. Zum einen erfreut es mich, dir mitteilen zu dürfen, dass ich Dörtie von ihrer Krankheit geheilt habe und sie nun keiner Fliege mehr etwas zuleide … na gut, sie ist Biologin, darum sollten sich Fliegen weiter vor ihr in Acht nehmen … aber sie wird keinen Maroner jemals wieder bedrohen. Sie schämt sich so sehr für das, was sie Champino und Amanita antun wollte, dass sie sich nicht mal mehr aus ihrer Kabine traut. Sie ist bereit, sich für ihre Tat vor euren Gerichten zu verantworten und deshalb überbringen wir sie dir als Geschenk.«

»Ok, na dann bis gleich«, antwortete Maronhat und legte auf.

»Das ist alles?«, wunderte sich Birdie über die knappe Antwort.

»Der Anruf«, sagte Krummschnabel, »wurde ihm bestimmt wieder als Ferngespräch berechnet.«

»Vermutlich weiß er«, murmelte Dirk, »dass es sich mit Gelaber wie mit der Körperpflege verhält: Manchmal is' weniger mehr. Jetzt müssen wir nur noch Dörtie aus ihrer Kabine zerren.«

Zehn Minuten später standen der Käpt'n und Birdie mit drei Sicherheitskräften vor Dörties Kabinentür.

Birdie klopfte an. »Huhu. Wir sind gerade gelandet. Wäre schön, wenn du unser neues Zuhause kennenlernst.«

»Hab' ich schon gesehen!«, rief Dörtie. »Fand ich nicht so pralle. Ich geh nicht in den Knast!«

»Woher«, fragte Dirk, »willst du überhaupt wissen, dass du ins Gefängnis wanderst? Vielleicht gibt's hier auch die Todesstrafe.«

»Du bist keine Hilfe!«, tadelte Birdie ihn. Sie drehte sich wieder zur Tür und rief: »Ach Dörtie, mach dir darüber mal keine Sorgen! Du warst total plemplem und jetzt bist du nur noch so verrückt wie ein durchschnittlicher Dodo. Ich habe sogar Dirk für das Entweihen eines Baumes freibekommen. Lass mich das mal machen!«

»Dann mach mal!«, rief Dörtie. »Erzählt mir dann, wie

es gelaufen ist. Ich bleibe bis zum Freispruch in meiner Kabine.«

»Ich muss dich aber in den Zeugenstand rufen, Teuerste. Um zu beweisen, dass du wieder gesund bist.«

»Nö. Zischt ab!«

»Was glaubst du denn«, fragte Birdie, »für wie geheilt die Maroner dich halten, wenn unsere Sicherheitskräfte dich in den Gerichtssaal zerren müssen?«

»Das würdet ihr nicht wagen!« rief Dörtie, doch sie klang selbst nicht überzeugt.

»*Aufmachen!*« rief die neue Sicherheitschefin. »Sonst knallt's!«

Bei ihrer zweiten Ankunft auf Roerlinga interessierte sich fast niemand für die Vögel – abgesehen von Maronhat, drei Richterinnen und einer Handvoll Polizisten.

Anton zitterte. »Hätten wir uns vor der Briefwahl mal an das Wetter erinnert.«

Es regnete in Strömen bei neun Grad Celsius.

»Boah, nee«, sagte Goliath, »hier ziehe ich nicht hin. Ich habe nichts gegen Regen, aber warm sollte er sein.«

Maronhat stand mit den Gesetzeshütern vor seiner Präsidentenhütte. Sie hatten wasserdichte Universalübersetzer dabei.

Dörtie versteckte sich hinter Anton, bis Birdie und Krummschnabel die Wissenschaftsoffizierin nach vorne schubsten.

»Ich ... ich ...«, stammelte Dörtie. »Ich weiß gar nicht, wo ich anfangen soll. Ich kann nicht glauben, was für ein schlechter Dodo ich gewesen bin. Nach drei Stund...«

»Ähem!« räusperte Birdie sich.

»... nach drei Wochen Therapie habe ich mich selbst nicht mehr erkannt. Ich hasse den Dodo, der ich vorher war. Ich hoffe, dass es Champignon und ...«

»Ähem!«

»… ich meine Champino und Ama… Anit… der Stabschefin gut geht«, sagte Dörtie und verbeugte sich tief vor Maronhat. »Ich stelle mich aus *freien* Stücken.«

Maronhat sah zu den in schwarzen Roben gekleideten Richterinnen und nickte. Die drei Richterinnen wandten sich ab und stießen mit ihren Pilzköpfen aneinander, bevor sie sich berieten.

»In ein paar Sekunden«, sagte Maronhat, »werden das Urteil und Dörties Strafe verkündet.«

»Was zum … «, begann Dörtie entsetzt. Sie sah verzweifelt auf ihre Anwältin.

»Was soll das heißen?« fragte Birdie. »Wie können Urteil und Strafe bereits verkündet werden? Dörtie plädiert auf Unzurechnungsfähigkeit aufgrund einer ernsthaften Geisteskrankheit!«

»Jetzt übertreib's mal nicht gleich«, flüsterte Dörtie.

»Wir haben«, ergänzte Birdie, »eine Verhandlung oder eine Anhörung erwartet!«

»Sie hat gestanden«, sagte Maronhat. »Dass sie Reue zeigt und eine Therapie gemacht hat, wird von den Richterinnen berücksichtigt. Vielleicht.«

»Na toll«, sagte Dörtie.

Die Richterinnen drehten sich wieder zu Maronhat und den Vögeln.

»Sind«, fragte Maronhat, »die ehrenwerten Richterinnen zu einem Urteil gekommen?«

»Noch nicht«, antwortete die Vorsitzende Richterin. »Es fehlt ein psychologisches Gutachten der Angeklagten und ein Nachweis der erfolgreichen Behandlung. Wir müssen ihre Therapeutin befragen, sonst gibt es keine mildernden Umstände.«

Birdie trat einen Schritt nach vorn. »Ich bin Dörties Psychologin.«

»Sowie ihre Anwältin?«, staunte die Richterin. »Das ist … praktisch. Dann komm mal mit.«

»Nehmt«, sagte Maronhat, »für das Gespräch ruhig mein Wohnzimmer.«

Birdie folgte den Richterinnen in die Hütte.

Die Papageien standen auf der Lichtung und behielten ihre Fütterer genau im Auge. Abgesehen von Heribert, dessen Frauchen verschwunden war, als er mal eine Sekunde zum grauen Himmel geblickt hatte.

»Und was passiert jetzt?«, fragte Papa.

»Nichts«, antwortete Heribert. »Wir müssen warten. Im kalten Regen.«

»Ist ja nichts Neues«, sagte Papa. »Wie ist es mit zwei Dodos in *deiner* Kabine?«

»Anstrengend. Willst du Dirk wiederhaben?«, fragte Heribert hoffnungsvoll.

»Nein«, sagte Papa. »Noch nicht. Aber bald.«

Nach einer halben Stunde kehrten Birdie und die Richterinnen zurück. Amanita und Champino folgten ihnen, zur Überraschung der Dodos.

»In Anbetracht des Geständnisses«, sagte die Vorsitzende Richterin, »sowie der glaubhaft wirkenden Reue der Angeklagten, Dörtie Dodo, und unter Berücksichtigung der Aussagen ihrer behandelnden Therapeutin, Chefin und Hausärztin, jeweils Dr. Birdex Pert, die zudem eine ausgezeichnete Anwältin ist, wird ... wird ... verflixt, jetzt hab' ich Blödpilz den einzigen wichtigen Teil des Satzes vergessen.«

»Jedes Mal«, sagten die anderen Richterinnen kopfschüttelnd.

Die Vorsitzende Richterin hüstelte und begann erneut. »Es wird keine Freiheitsstrafe verhängt. Ein Freispruch wegen Unzurechnungsfähigkeit kann jedoch nicht erfolgen. Dörtie Dodo wurde nicht von einem ortsansässigen Therapeuten behandelt. Ihre Krankheit und Heilung sind damit nicht zweifellos belegt.«

Dörtie verdrehte die Augen. *Komm endlich zum Punkt*, dachte sie.

»Dörtie Dodo«, fuhr die Richterin fort, »wird sich jeden zehnten Tag in die Universitätsklinik von Maron City begeben und von Sonnenaufgang bis Sonnenuntergang behandeln lassen. Diese Anordnung gilt entweder bis an ihr Lebensende oder bis vom Leiter der Klinik bestätigt wird, dass von ihr keine Gefahr für die maronische Bevölkerung ausgeht. Außerdem ist Dörtie Dodo vom heutigen Tage an vorbestraft und muss somit den Rest ihres Lebens auf Roerlinga sesshaft bleiben. Sie darf den Planeten nur für maximal fünfzig Tage pro Jahr verlassen.«

»Liebe Dodos«, sagte Maronhat. »Zu eurer Information: Ein Jahr auf Roerlinga umfasst vierhundertelf Tage.«

Dörtie schaute aus einem anderen Grund dumm aus den Federn. »Auf ein und demselben Planeten gefangen sein«, murmelte sie. »Das ist doch eine Freiheitsstrafe.«

Krummschnabel runzelte die Stirn. »Du hast die ersten dreiundzwanzig Jahre deines Lebens auf nur einem Planeten verbracht. Wird also keine große Umstellung.«

Anton streichelte Dörtie und tröstete sie mit seinen Worten. »Im Vergleich zu Mauritius ist dieser Planet ein riesiges Zuhause.«

Die Vorsitzende Richterin schloss Dörties Akte.

»Das Urteil ist bereits rechtskräftig«, sagte sie, »weil wir keine Berufung oder Revision zulassen. Wir wünschen allen noch einen schönen Nachmittag.«

Die Richterinnen stiegen in ihre Sportwagen und rasten in den Wald.

Nala sah den Flitzern hinterher. »Nicht übel.«

Dörtie trat einen Schritt auf Amanita und Champino zu. Alle Anwesenden hielten vor Schreck den Atem an.

»Ich möchte mich auch persönlich bei euch entschuldigen«, begann Dörtie. »Ich hatte in euch nur Pilze gesehen und nicht die fühlenden und intelligenten Personen, dir ihr wirklich seid. Ich bitte um Vergebung. Ich war tatsächlich wahnsinnig – sogar in einem Maße, das für einen Dodo ungewöhnlich ist.« Sie senkte den Kopf.

»Danke für deine Worte«, sagte Amanita. »Auch bei uns gab es einst Verrückte und Kriminelle, die überzeugt waren, dass der Zweck jedes Mittel heiligt. Aber du weißt es nun besser. Das freut mich sehr.«

»Mich auch«, sagte Champino.

»Super!«, rief Dirk fröhlich. »Dann is' ja alles geklärt!«

Birdie seufzte. »Dirk, du hast den Moment ruiniert«, sagte sie. »*Oh, Maronhat?*«

Der Pilzpräsident drehte sich zu ihr. »Ja, Birdie?«

»Da Dörtie jetzt auf Roerlinga leben muss, würden wir ihr gern Gesellschaft leisten. Wir sind nach unserer langen Reise zu einer Familie zusammengewachsen.«

»Damit habe ich kein Problem, aber ihr müsst euch an unsere Gesetze halten, wenn ihr in unseren Wäldern oder Maron City leben wollt.«

»Ehrlich gesagt hatte ich eher an ein unbesiedeltes Gebiet in der Nähe des Äquators gedacht«, sagte Birdie. »So gehen wir uns nebenbei aus dem Weg.«

Maronhat wirkte überrascht. »Ihr wollt irgendwo im riesigen *Ödland* leben?«, fragte er und kratzte sich an seinen hutförmigen Kopf.

»Hm, ich habe das Gefühl, dass wir mit dem Begriff *Ödland* unterschiedliche Dinge meinen.« Birdie sah misstrauisch auf Maronhats Universalübersetzer.

»So nennen wir die Tropen und Subtropen«, sagte Maronhat. »In diesen Regionen ist es zu heiß für uns. Dort findet man nur öde Regenwälder, Palmen und Sandstrände vor.«

»Juchhu!«, rief Birdie. »Dann nichts wie ab in die Tropen!«

»Direkt in den Tropen gibt es viele gefährliche Insekten, deren Stiche ihr womöglich nicht überleben würdet. Was haltet ihr von subtropischem Klima?«

»Ja, das ist noch besser«, sagte Birdie. »Dort sollte es weniger regnen als in Regenwäldern.«

»Aber kühle Nächte!«, gab Dirk zu Bedenken.

Krummschnabel konnte damit leben. »Wir können auf dem warmen Schiff schlafen«, schlug er vor. »Dann brauchen wir uns keine Hütten bauen.«

»Du baust doch so gerne«, sagte Dirk.

»Mir wird schon nicht langweilig«, glaubte Krummschnabel. »Ich werde den Fusionsreaktor hegen und pflegen, und zusätzlich bringe ich Solarzellen an der Schiffshülle an. Dann haben wir und die kommenden Generationen für zehntausend Jahre Strom.«

»Na gut, einverstanden«, sagte Dirk. Er drehte sich zum Pilzpräsidenten. »Danke, dass wir auf Roerlinga abhängen dürfen.«

»Und ich danke euch, dass ihr mit Dörtie zurückgekommen seid«, sagte Maronhat. »Allerdings haben wir noch eine Bedingung. Ihr müsst eure Krebse mitnehmen!«

»Was für Krebse?«, fragte Birdie.

»Die braune Bande an Unruhestiftern. Wir haben sie in die Unterwelt gebracht, damit sie nicht erfrieren. Sie leben am Unterweltsee, kurz U-See, und stehlen ständig wissenschaftliche Instrumente.«

Die Dodos hatten nicht einmal gemerkt, dass die Palmendiebe vom Schiff verschwunden waren.

Birdie hatte die Krebse am wenigsten vermisst und war nicht angetan von der Idee, sie wiederzubekommen. Doch ihr blieb keine Wahl, weshalb sie schwach nickte.

»Fein«, fuhr Maronhat fort. »Dann schaut mal, ob es euch bei folgenden Koordinaten gefällt: 20 Grad Süd und 57 Grad Ost. Und esst nur die *roten* Früchte. Sie sind wie geschaffen für Träumer. Die grünen sind giftig!«

»Geht klar«, sagte Dirk.

»Wir fangen die Krebse ein und bringen sie zu eurem Schiff hoch«, sagte Maronhat.

»Hm, in Ordnung«, erwiderte Dirk ohne Begeisterung.

Alle Offiziere waren auf der Brücke. Sie starrten auf einen ruhigen Ozean.

»Ein Jahr«, fragte Nala, »hat vierhundertelf Tage auf diesem Planeten?« Sie stöhnte. »Dann muss ich bis zu meinem nächsten Geburtstag ja noch länger warten.«

»Wir sollten«, sagte Anton, »unseren Kalender von der Erde aus Tradition behalten. Für das roerlingische Jahr könnten wir einen weiteren Kalender erschaffen.«

»Gute Idee!«, fand Dörtie. »Auf diese Weise können wir zweimal Neujahr feiern!«

»Ein Tag auf Roerlinga«, sagte Krummschnabel, »ist sieben Minuten länger als auf der Erde. Ich werde einfach eine Uhr bauen, die das Datum und die Tageszeiten beider Welten anzeigt. Dafür brauche ich aber bestimmt zwei Stunden.«

»Ich geb' dir«, sagte Dirk, »sogar vier Stunden, mein Guter!«

»Ist ja gut, ich schaffe es auch in einer.«

»Ihr Lieben«, sagte Nala, »wir erreichen die Koordinaten. Schaut mal! Es ist tatsächlich Land in Sicht.«

Dirk riss die Augen auf. »Das is' ja nur 'ne Insel«, jammerte er. »Kaum größer als Mauritius.«

»Aber diese Insel«, sagte Dörtie, »muss ich mit viel weniger Dodos teilen! Nur mit euch 398 Vögeln! Und Anton.«

Die gesamte Küste der Insel war mit feinen gelben Sandkörnern bedeckt und der Käpt'n wollte sie so schnell wie möglich unter seinen Füßen spüren. Er sagte Nala, dass sie die Landung in den Sand setzen sollte, doch sie fand seine Wortwahl mehr als unglücklich. Im Übrigen hatte sie bereits erkannt, dass der Küstenstreifen zu schmal für das Schiff war. Am Ende landete sie direkt hinter dem Sandstrand und entwurzelte zwölf Palmen.

Dirk betrat als Erster sein neues Zuhause. Er beobachtete die hohen Wellen, die vor der Küste brachen und schäumten, ehe sie gemächlich am Strand ausrollten.

»Sieht aus wie auf Mauritius!«, rief Krummschnabel, der mit Birdie die Rampe heruntergelaufen kam.

Birdie atmete tief ein. »Ah, das Meer duftet wie in der Heimat. Wie nennen wir die Insel? Neu-Mauritius? Mauritius 2.0? Fremder-Planet-Mauritius? Oder lieber *Mauritius, Roerlinga* im Gegensatz zu *Mauritius, Erde?*«

»Ich fände 'nen Namen besser«, sagte Dirk, »der uns nich' an unsre garstigen Artgenossen auf Mauritius erinnert.«

»Nun«, überlegte Krummschnabel angestrengt, »wir sind *Dodos*. Und die Insel ist unser *neues Land*. Warum nennen wir sie nicht einfach *Neudodoland?*«

Was für 'n blöder Name für meine Insel, dachte Dirk und verzog sein Schnabelgesicht.

»Ich bin dafür!«, sagte Birdie, und Dirk musste sich geschlagen geben.

Die Dodos kramten ihre Telefone aus ihren Federn und schossen Selfies mit den einheimischen grünen Palmen. Erfreut stellten sie fest, dass es auf Neudodoland, wie auf ganz Roerlinga, keine anderen Vögel gab, die sich über ihre Flugunfähigkeit hätten lustig machen können.

Die Sittiche und Gänse erkundigten die Insel aus der Luft, während die Palmendiebe Birdies Musiksammlung stahlen und im Sand vergruben.

Nach einer Stunde auf Neudodoland lagen hunderte Dodos am Strand in der Sonne. Da sie von weitem alle gleich aussahen, war es schwierig eine bestimmte Person zu finden. Krummschnabel erkannte Dörtie und Anton nur deshalb, weil sie sich im Sand aneinanderschmiegten.

»Hey, ihr Turteltäubchen«, sagte Krummschnabel.

»Wisst ihr, wo meine wissenschaftlichen Berater sind? Sie sollen mal über meinen Kalenderentwurf schauen.«

»Sie machen auch Strandurlaub«, sagte Anton, und er deutete auf zwei kleine, hundert Meter entfernte Punkte.

Dodernikus und Dodileo Dodilei waren wieder einmal die Ersten gewesen, die sich mit ihren Liegestühlen in der Sonne platziert hatten.

»So lässt sich's leben«, sagte Dodernikus und schlürfte einen Schluck von Goliaths neuer Cocktail-Erfindung. Der Kakadu hatte den Drink etwas einfallslos *Ananas-Rum-Kokosnusscreme-Mixgetränk* getauft.

»Auf jeden«, bestätigte Dodileo, ebenfalls mit einem Cocktailglas im Flügel. »Ein schöner Lebensabend für dich, alter Mann.«

Unter den Palmen wuchsen hunderte Obststräucher, deren rote Früchte Pfirsichen ähnelten.

Dirk saß zwischen der Seekuh und einer Palme, die Nala bei der Landung verschont hatte. Er blickte zurück auf die Reise und wurde glücklich und traurig zugleich. Es war ein bittersüßes Gefühl. Das Abenteuer hatte ihn aus seinem tristen Alltag befreit, aber die Mission war gescheitert. Birdie hatte gesagt, dass es immer einen neuen Traum gab. Dirk war sich nicht sicher, ob das für ihn zutraf. Doch er würde die Augen offen halten.

Er wünschte sich, dass das Obst auf dieser Insel schmeckte. Ja, das war sein nächster kleiner Traum, und gleich würde er wissen, ob er sich erfüllte. Er streckte seinen Fuß zu einem Strauch und pflückte eine Frucht, die im Sonnenlicht glitzerte. Er schnupperte daran, fand ihren Duft angenehm süßlich und verschlang sie in drei Bissen.

Kurz darauf fühlte er sich ungewöhnlich leicht. Zehnmal leichter als auf Brockus. Er breitete seine Flügel aus und flog zu einer weißen Wolke, die einsam den blauen Himmel entlang kroch.

Was für ein Gefühl! So hatte er es sich erträumt! Frei

wie ein Vogel sauste er durch die Wolke. Seine Flügel waren so klein wie eh und je, aber dieses Mal verlor er nicht an Höhe. Und er wachte auch nicht auf.

»Ey, Alter, ich kann fliegen?«, fragte er verblüfft, weil sich sein größter Wunsch doch noch erfüllte. Er ließ sich vom Wind zum Strand tragen und rief seine Artgenossen: »Die roten Früchte! Mann, is' das geiles Zeug, Leute! Ich kann fliegen!«

»Äh, Käpt'n?«, sagte Dörtie verwundert und besorgt.

Anton hielt Dirk an einem Flügel fest, damit er nicht ins Meer lief.

Dirk geriet ins Straucheln.

»Lass mich los«, rief er, »oder wir stürzen ab! Oh oh, zu spät!«

Er fiel genau in jenem Augenblick nach vorn, als sich der Ausläufer einer Welle näherte. Sein Kopf landete im Meerwasser und die Illusion war vorüber.

»Was zum Henker?«, fragte Dirk. »Die rote Frucht hat mich fliegen lassen!«

»Du bist nicht geflogen«, sagte Dörtie.

Auf Dirks Stirn bildeten sich Falten. »Wirklich nich'?«

Anton schüttelte den Kopf.

»Aber«, sagte Dirk, »meine Sinne haben es gespürt. Der Flugwind, die kältere Höhenluft, alles wirkte so real. Kommt mit zu den Obststräuchern und versucht es selbst.«

Dörtie und Anton aßen eine rote Frucht und spürten sogleich den Wind unter ihren Flügeln.

Es dauerte keine fünf Minuten, bis alle Dodos von dem Obst naschten. Sie *flogen* über den Strand und den dahinter liegenden Palmendschungel.

Als die Papageien von ihrem Ausflug zurückkehrten, verstanden sie die Welt nicht mehr.

Heribert ließ sich vor Birdie nieder.

»Aus dem Weg!«, forderte Birdie ihr Haustier auf. »Du befindest dich in meiner Flugbahn.«

»Birdie? Was ist los mit dir?«, fragte Heribert, weil sein Frauchen mit wild schlagenden Flügelchen an ihm vorbeirannte.

Goliath kam von seiner Strandbar angeflogen und erklärte Heribert, was geschehen war.

»Die roten Früchte bewirken Halluzinationen bei den Dodos.«

»Hallu-was?«, fragte Heribert.

»Sinnestäuschungen«, sagte Goliath. »Die Dodos bilden sich ein, fliegen zu können. Ihre Augen sehen nur noch, was sie sehen wollen. Und nicht nur das. Sie hören den Flugwind und fühlen ihn auf ihren Federn. Die Früchte täuschen alle ihre Sinne. Mit anderen Worten: Die Dodos halluzinieren.«

»Ach du meine Güte«, sagte Heribert. »Und was tun wir dagegen? Wie bringen wir sie davon ab, die Früchte zu essen?«

»Überhaupt nicht«, erwiderte Goliath. »Überleg doch mal. Davon haben eure Fütterer geträumt. Wenn sie die Sinnestäuschungen für die Wirklichkeit halten, sind sie glücklich.«

Heribert wurde nachdenklich, stimmte aber zu.

»Birdie sagt immer: Glück ist ein Gemütszustand«, erinnerte er sich. »Jetzt verstehe ich, was sie meint. Die Obststräucher gibt es übrigens auf der ganzen Insel. Ich habe selbst schon rote Früchte gegessen, wie alle Papageien. Sie enthalten viel Zucker, aber kein Gift, glaube ich. Warum in Pollys Namen bekommen die Dodos Sinnestäuschungen und wir nicht?«

»Das frage ich mich auch«, sagte Goliath. »Ich schätze, der Fruchtzucker steigt uns nicht zu Kopf, weil wir keine unerreichbaren Träume haben.«

Nala feierte noch am selben Abend ihren achtzehnten Geburtstag nach. Dank der Früchte wurde es eine Mischung aus Strand- und Wolkenparty.

Die Pilotin begrüßte Dirk überschwänglich. »Der große Visionär ist endlich da!«, sagte sie ihren Gästen. »Ein Hoch auf Dirk!«

Als der Jubel abgeklungen war, gesellte Krummschnabel sich zu seinem alten Schulfreund.

»Jetzt bin ich neugierig, Dirk. Fühlen sich die Halluzinationen besser an als deine Träume vom Fliegen?«

»Auf jeden Fall, Krummi«, sagte Dirk. »Es wirkt wirklicher als die Wirklichkeit, findest du nich'? Das Beste is' natürlich, dass der Traum sich nich' zum Albtraum entwickelt. Und es is' auch gesünder. Ohne den Absturz steigt mein Blutdruck nich' so stark an.«

Gusu, die Zeitreisende von Dalmatina, traf während der Party mit ihrem Raumzeitschiff ein. Goliath fiel auf, dass ihr schwarzes Haar an den Schläfen grau geworden war. Sie überbrachte dem Kakadu eine kleine fliegende Untertasse und trank einen Cocktail nach dem anderen.

»Ich wusste nicht«, sagte Gusu, »dass es in dieser Zeit schon Piña Coladas gibt. Ich dachte, sie werden erst in sechshundert Jahren erfunden.«

»Wie bitte? Pinerkohlader?«, fragte Goliath.

»Piña Colada. Wie nennst du den Cocktail denn?«

»Ananas-Rum-Kokosnusscreme-Mixgetränk.«

»Ja ... nee«, sagte Gusu. »Piña Colada klingt besser. Woher hast du das Rezept?«

»Es ist mir in einem kleinen Tagtraum eingefallen«, erzählte Goliath, »als ich noch gedacht habe, dass die Dodos mich als Kellner verpflichten wollen.«

»Hm«, sagte Gusu achselzuckend und leerte ihr fünftes Cocktailglas. »Tausende Welten haben unabhängig voneinander Warpantriebe erschaffen. Da ist es auch nicht so unwahrscheinlich, dass auf zwei Welten der gleiche Drink erfunden wird. *Hmm.* Eigentlich stammen Piña Coladas und Kakadus von der gleichen Welt. Egal. Das könnte alles zum Guten für euch wenden. Biete jedem, der dir etwas Böses will, den Cocktail an. Damit gewinnst du Verbündete. Also dann.« Sie hob den Kakadu in ihre Arme und drückte ihn zum Abschied. »Leb wohl.«

»Warum sagst du mir Lebewohl?«, fragte Goliath. »Werden wir uns nie wiedersehen?«

»Wahrscheinlich nicht«, sagte sie. »Aber wir haben beide Raumzeitschiffe, also sag niemals nie.«

Nachdem Gusu fortgeflogen war, schob Goliath sein Schiff die Seekuh hinauf.

Plötzlich sah er einen großen Dodoschatten, der seinen eigenen kleinen Schatten verdeckte. Der Kakadu drehte sich schnell um.

Birdie blickte ihn mit finsterer Miene an und deutete auf seine Untertasse.

»Was ist das?«, fragte sie in ihrem anwaltlichen Verhörton. »Dein Ein-Mann-Zeitschiff?«

»Mein Ein-Kakadu-*Raum*schiff«, behauptete Goliath. »Du weißt schon. Nur für kurze Ausflüge.«

»Aha«, sagte Birdie misstrauisch. »Ändere ja nichts an der Geschichte.«

»Du würdest es doch nie erfahren«, sagte Goliath.

»Oh, glaub mir, eine Tierärztin erfährt alles von ihren Patienten.«

Goliath grinste. »Zum Beispiel, dass deine Patienten sich ihr ganzes Leben dumm gestellt haben? Das hättest du auch in hundert Jahren nicht gemerkt.«

Am fünften Tag *flog* Dirk einmal mehr durch den Palmenwald Neudodolands. Die letzten 96 Stunden waren die glücklichsten seines Lebens gewesen.

Auf seinem Rückflug zum Strand bekam er Hunger, nachdem er es versäumt hatte, sich seinen Reiseproviant gut einzuteilen. Er fand an seinem Landeplatz jedoch nur grüne Früchte vor.

Sind wohl noch nich' ganz reif, dachte er und biss in eine grüne Frucht, weil er Maronhat nicht zugehört hatte.

Dirk gähnte und wurde schläfrig. »Wahnsinn, es wird alles so ruhig«, sagte er. Sein Körper begann sich zu entspannen und er biss noch einmal in die Frucht. Die Zeit schien still zu stehen, sein Herzschlag verlangsamte sich. Er lief weiter durch den Palmendschungel, bis seine Muskeln erschlafften. Der Rest der grünen Frucht fiel aus seinem Flügel und er kroch unter eine Palme für seinen Mittagsschlaf.

»Morgen beginnt unser neuer Kalender«, teilte Krummschnabel Birdie mit. »Fortituu hat gesagt, dass ich nicht so bescheiden sein soll, also habe ich ihn *Krummschnabels Roerlingischen Kalender* genannt. Aber wir können meinen Namen auch weglassen, wenn es zu prahlerisch wirkt.«

»Ach Quatsch«, sagte Birdie. »Der Name ist gut so. Ehre, wem Ehre gebührt. Ich unternehme mal einen Ausflug, bis später.« Sie verschlang eine rote Frucht und breitete ihre Flügel aus.

»Alles klar« sagte er. »Ich zeige Dirk unseren Kalender.«

Auf der Suche nach Dirk lief Krummschnabel zwei Stunden den Strand auf und ab. Er fragte die sonnenbadenden Dodos, ob jemand den Käpt'n gesehen hatte.

Anschließend ging er auf die Seekuh und klopfte an Birdies Kabine, wo Dirk nach wie vor wohnte.

Schließlich fuhr er zu Papas Kabine.

»Ich kann ihn nirgendwo finden«, sagte Krummschnabel.

»Vielleicht«, sagte Papa, »ist er auf der Insel spazieren gegangen.«

»Möglich. Aber dass er so lange fort ist, sieht ihm nicht

ähnlich. Die Insel ist groß. Ich werde Goliath bitten, Dirk aus der Luft zu suchen.«

Papa hatte ein mulmiges Gefühl. »Ich helfe Goliath bei der Suche«, beschloss sie.

Sie fanden den Kakadu hinter übereinandergestapelten Obstkisten – seiner Strandbar.

Mit jeder Sekunde wuchs Papas Sorge um Dirk. Seit der Ankunft auf Neudodoland war sie in ihrer Kabine geblieben. Auch jetzt entging ihr, dass die Dodos wie verrückte Hühner durch die Gegend rannten, weil sie flügge geworden waren.

»Es wird bald dunkel«, sagte Papa. »Wir müssen uns beeilen, solange wir noch alles sehen können.«

»Dann brechen wir sofort auf«, sagte Goliath. »Dirk kann maximal zehn Kilometer gewandert sein.«

»Ich behalte den Strand im Auge«, sagte Krummschnabel, »für den Fall, dass er hier auftaucht.«

Goliath und Papa flogen tief durch die Palmen.

Sie entdeckten Dirk einen Kilometer vom Strand entfernt und landeten auf seinem Bauch.

»Glaubst du, er ist …?«, begann Papa entsetzt. »Atmet er noch?«

»Ich weiß es nicht«, erwiderte Goliath.

Sie versuchten ihn wachzurütteln. Ohne Erfolg.

»Ich finde«, sagte Goliath, »dass er glücklich und friedlich aussieht. Wahrscheinlich schläft er nur. Bleib bei ihm, ich hole Hilfe.«

Nach vierzig Minuten kam der Kakadu mit Birdie zurück.

Birdie lachte, als sie Dirk unter der Palme sah.

»Diese Schlafmütze«, sagte sie. »Er schläft doch, oder?«

»Du bist die Ärztin«, sagte Goliath.

»Ach ja, stimmt! Aber, na ja, ich fliege gerade, also sollten wir lieber einen Termin in meiner Schiffspraxis ausmachen.«

»Lande mal bitte«, sagte Goliath mit aller Geduld, die er noch aufbringen konnte.

»Ok«, sagte Birdie. »Einen Moment, ich setze zur Landung an ... SAG MAL, HAST DU KEINE AUGEN IM KOPF?! HALT DICH GEFÄLLIGST VON MEINER BAHN FERN! HAST DEINE FLUGERLAUBNIS WOHL IM LOTTO GEWONNEN, DU TROTTEL!«

Papa sah von Dirk auf. »Mit wem redet Birdie?«, fragte sie Goliath.

»Mit einem Dodo, der ihre Flugbahn kreuzt«, erklärte er.

»Aber Dodos können nicht fliegen«, sagte Papa. »Sie steht direkt neben uns!«

»Im Moment stehen alle Dodos neben sich. Es ist eine lange Geschichte. Du hast in deiner Kabine Einiges verpasst. Oh, *Birdie?* Bist du schon auf dem *Boden?*«

»Lenk mich nicht ab, Kakadu!«, erwiderte sie. »Du siehst doch, dass ich gerade im Landeanflug bin. Oh, verflixt ... HILFE!!!«

»Ich glaube, sie hat einen Vogel«, sagte Papa, als sie die sanften Flügelschläge ihrer Ärztin beobachtete.

Goliath nickte. »Die Sinnestäuschungen scheinen die Dodos nicht klüger zu machen«, sagte er und untertrieb damit gewaltig.

»Puh!«, atmete Birdie erleichtert auf. »So, da bin ich. Eine etwas holprige Landung, aber nun ja. Nur Übung macht den Meister.«

»Dann untersuche Dirk mal bitte«, sagte Goliath.

»Muss ich ihn dafür anfassen?«, fragte Birdie.

»Ich bin kein Experte, aber: JA! DAS MUSST DU!«

»Bleib doch mal ganz ruhig, Goliath«, sagte Birdie gekränkt. »Kein Grund, gleich laut zu werden.«

Der Kakadu seufzte und sah auf den Sonnenuntergang. *Wäre ich doch nur im Königreich geblieben*, dachte er. *Das Leben als Kellner war einfacher gewesen.*

Birdie legte ihren Kopf auf Dirks Brust. Als die Sekunden verstrichen, verdunkelte sich ihre Miene immer mehr.

»Oh, Sch... Schei... Scheibenkleister!«, sagte sie erschüttert. »Er atmet nicht und ich höre sein Herz nicht schlagen.«

Sie sah Reste der grünen Frucht in seinem Schnabel. Die giftige Frucht, vor der Maronhat die Dodos gewarnt hatte.

Papa flehte die Ärztin an: »Tu irgendwas!«

»Er wird doch wieder gesund?«, fragte Goliath.

Birdie schüttelte den Kopf, während Tränen von ihrem Schnabel kullerten.

Bei der Planung von Beerdigungen vergeudeten Dodos keine Zeit. Der Grund war vermutlich das heiße Klima. Vielleicht lag es aber auch an ihrem Glauben, dass die Seele eines Dodos nach dem Tod bei der Bekloppten Polly vorstellig wird. Die Hauptgöttin hebt entweder ihren Flügel (und der Dodo darf ins Paradies) oder senkt ihn (und die Seele muss eine neue Lebensrunde in einem frischen Körper drehen).

Mittlerweile war es tief in der Nacht, aber es hatte den Anschein, als wäre die Dämmerung soeben erst angebrochen. Die Vögel auf Neudodoland erlebten ein Naturschauspiel, dass sich nur alle dreizehn Jahre wiederholte: Die Vollmonde Trabana und Satluna standen zur selben Zeit am Himmel. Jede noch so kleine Wolke war wegen des Lichts mit bloßem Auge sichtbar. Erfreuen konnte sich im Moment niemand daran.

Die Trauerfeier für Dirk begann, vier Stunden nachdem Papa und Goliath ihn gefunden hatten.

Er lag in einem schwarzen Nest am Strand und sah glücklich aus – fast so, als schliefe er nur.

Zu seinen Ehren waren alle Dodos körperlich anwesend,

obwohl die meisten von ihnen geistig durch die Wolken rauschten. Einige Dutzend Papageien erschienen ebenfalls – darunter Heribert und Gayo, die vergeblich versuchten, Papa zu trösten.

Der Schock saß tief bei allen Offizieren.

Krummschnabel war nicht in der Lage, die Trauerrede zu halten, weshalb Birdie die schwere Aufgabe übernahm.

»Dirk war ein außergewöhnlicher Dodo«, sagte Birdie. »Auf Mauritius haben sie ihn einen Sonderling genannt, weil er seinen Flugwunsch auf einem fernen Planeten verwirklichen wollte. Doch dank seiner Entschlossenheit können wir heute tatsächlich den Wind auf unseren Flügeln spüren. Wer braucht schon die Realität, wenn sich die Illusion viel realer anfühlt. Dirk hat ... Entschuldigt kurz, die Wirkung lässt nach und ich will nicht abstürzen.« Sie biss in eine rote Frucht und fuhr schmatzend fort. »Dirk hat daran geglaubt, dass es einen Weg gibt. Nach dem Misserfolg auf Brockus war seine Enttäuschung lediglich von kurzer Dauer ... Na schön, okay, er hätte uns im Galaktischen Zentrum fast in unser schwarzes Verderben geführt, aber es ist sein Verdienst, dass wir diese Reise überhaupt angetreten sind. Wir werden ihm dafür ewig dankbar sein. Wir werden ihm ein Denkmal bauen und ihn als Gründervater unserer Gesellschaft auf Neudodoland ehren. Und ich bin mir sicher, dass er sich sehr darüber freuen würde, dass wir seine Trauerfeier mitten in den Wolken abhalten.«

Birdie pausierte kurz und biss noch einmal in die Frucht, ehe sie ihre Rede fortsetzte.

»Heute sind wir traurig«, sagte sie. »Traurig, weil Dirk seinen Traum nur ein paar Tage leben konnte. Doch ab morgen sollten wir uns wenigstens darüber freuen, dass er die glücklichsten Tage seines Lebens zum Schluss verbracht hat.«

Am Ende ihrer Rede sprach Birdie eine Warnung an ihre Artgenossen aus.

»Bitte denkt daran: Keine Macht den Giften! Flügel weg von den grünen Früchten! Danke. Und nun wünsche ich euch allen einen schönen Heimflug. Bitte drängelt euch nicht alle gleichzeitig aus den Wolken. Gute Landung und gute Nacht.«

Noch am frühen Morgen saß Papa mit ihren Freunden Heribert und Gayo am Strand. Sie sahen die Sonne aufgehen.

»Es tut mir leid um Gei und Dirk«, sagte Gayo.

»Ja, ich weiß«, sagte Papa und seufzte. »Ich glaube, Gei ist glücklich, wo auch immer er sich befindet. Und ich hoffe sehr, dass sich Dirk im Paradies nicht vor der Bekloppten Polly blamiert.«

»Wollen wir«, fragte Heribert, »uns zu dritt die Insel anschauen? Papa, du hast Neupapageienland noch gar nicht gesehen.«

»Ein schöner Ort«, sagte Gayo.

»Hab' keine Lust«, sagte Papa, »aber fragt mich bitte in ein paar Tagen wieder.«

Papa, Gayo und Heribert bewunderten, wie sich die Sonne auf dem Meer spiegelte. Dabei sahen sie, dass die neun Palmendiebe sich ein Floß gebaut hatten und die Insel verlassen wollten, was ihnen aufgrund der Wellen nicht gelang.

Schon bald gesellten sich weitere Sittiche zu den drei Freunden, während die Dodos mit ihrem Frühsport begannen und auf der Insel »herumflogen«.

Keine drei Monate waren vergangen, seit die Vögel die Erde verlassen hatten. Im Nachhinein entpuppte sich die Vogelwanderung als schlaue Entscheidung, da Mauritius gerade von Stockenten überrannt wurde. Die Enten waren europäische Touristen, die den Dodos alle Strandplätze wegnahmen.

Auf Roerlinga hatte man das *Jahr der fiesen Enten* dafür vorzeitig zu den Akten gelegt. Seit Mitternacht lebten die Dodos und Papageien nach Krummschnabels Kalender.

Es war das *Jahr des Glücksvogels.*

Es war stockfinster, als er erwachte. Er konnte kaum atmen, nicht einmal laut nach Luft schnappen. Und er war gefangen.

Das kann doch nicht das Ende sein, dachte er.

Er war vollständig mit Erde bedeckt und versuchte sich zu bewegen, stieß sich dabei aber nur den Kopf an einem großen Stein. Er fluchte in Gedanken. Danach hackte er seinen Schnabel in die Erde, bis ihm auch der restliche Sauerstoff ausging. Mit letzter Kraft drückte er seinen Kopf aus dem Boden.

Frische Luft strömte durch seine Lungen, während er auf einen schönen Grabstein blickte. Seinen Grabstein.

Ihm blieb keine Zeit sich selbst zu betrauern, weil acht halluzinierende Dodos als Schwarm an ihm vorbeirannten. Mit ihren wilden Flügelschlägen wirbelten sie nicht einmal Luft auf.

»Hey, stehen geblieben!«, rief Dirk, der noch bis zum Hals in seinem Grab steckte. »Welcher Spaßvogel hat mich eingebuddelt?!«

Er war so lebendig, wie ein Dodo sein konnte.

Und ein letztes Zwitschern …

In einem Gemüsefeld spielte ein blauer Junge mit seinem neuen Vogel, den er benommen in einem Brunnen gefunden hatte.

»Komm, Detlef«, rief der Junge, »ich werf' ein Stöckchen in die Luft und du fängst es!«

»Ich bezweifle weiterhin, dass mein Name Detlef ist«, sagte der Vogel. »Aber sicher kann ich mir nicht sein.« Er hatte sein Gedächtnis verloren.

»Ich kann dich auch anders nennen«, sagte der Junge. »Du hast so einen krummen Schnabel wie die Kakadus. Vielleicht nenne ich dich Krummschnabel. Die Kakadus arbeiten in einem Einkaufszentrum im All. Warst du auch schon mal im Weltall?«

»Kakadus im Weltall? Haha«, sagte der Vogel. »Hm, Moment mal. Warum weiß ich, wie ein Kakadu aussieht? Und warum weiß ich, wie ein *Krummschnabel* aussieht?«

»Keine Ahnung, Detlef«, sagte der Junge. »Hier gibt es keine Kakadus. Die leben auf der königlichen Raumstation.«

»Ach … ja! Dort war ich schon einmal«, erinnerte sich der Vogel. »Und mein Name ist die zweite Hälfte eines Tiernamens. Vielleicht *Hund* von Flughund? Oder *Kuh* von Seekuh? Nein. Doch. Oh, ich bin des Rätsels Lösung so nahe!«

»Mama winkt uns ins Haus«, sagte der Junge. »Komm, es gibt Mittag.«

Der Vogel strahlte plötzlich vor Glück.

»Mein Zuhause ist dort, wo der Herd ist«, sagte Gei und setzte sich auf die Schulter des Jungen.

Danksagungen

Ich bedanke mich bei meiner Familie für die Unterstützung. Meinem Onkel danke ich dafür, dass er mir – seit ich 13 oder 14 war – satirische Fantasy- und Science-Fiction-Romane schenkte. Meiner Mutter danke ich für die Disney-Filme.

Vielen Dank an alle, die durch Anmerkungen, Lektorat, Feedback oder in anderer Form bei der Erstellung dieses Werkes geholfen haben: Daniela O., David D., Ellen M., Hannah S.-D., Laura W., Manjuh V., Maria K., Martina S., Matthew P., Ralf M., Stefan B.

DANKE an Alexandra vom ~~Chofé~~ Café Oink in Leipzig für die Kuchen und Kekse, die vielen Heißen Schokoladen (ohne Koffein, aber mit Milch oder Milchersatz) und die gute Gesellschaft.